Os Caminhos da Ciência
e os Caminhos
da Educação

**Ciência, História e Educação
na Sala de Aula**

*Laís dos Santos Pinto Trindade e
Diamantino Fernandes Trindade*

Os Caminhos da Ciência
e os Caminhos
da Educação

**Ciência, História e Educação
na Sala de Aula**

MADRAS®

© 2007, Madras Editora Ltda.

Editor:
Wagner Veneziani Costa

Produção e Capa:
Equipe Técnica Madras

Revisão:
Maria Cristina Scomparini
Arlete Genari
Daniela Piantola

**CIP-BRASIL. CATALOGAÇÃO-NA-FONTE
SINDICATO NACIONAL DOS EDITORES DE LIVROS, RJ**

T753c
Trindade, Laís dos Santos Pinto
Os caminhos da ciência e os caminhos da educação : ciência, história e educação na sala de aula/Laís dos Santos Pinto Trindade e Diamantino Fernandes Trindade ; colaboradores Ana Paula Pires Trindade... [et al.]. - São Paulo : Madras, 2007.
Inclui bibliografia
ISBN 978-85-370-0208-7

1. Ciência - Brasil - História. 2. Ciência - Brasil - Estudo e ensino. I. Trindade, Diamantino Fernandes. II. Título.

07-0899.		CDD 509
		CDU 50 (09)
20.03.07	29.03.07	000922

Proibida a reprodução total ou parcial desta obra, de qualquer forma ou por qualquer meio eletrônico, mecânico, inclusive por meio de processos xerográficos, incluindo ainda o uso da internet, sem a permissão expressa da Madras Editora, na pessoa de seu editor (Lei nº 9.610, de 19.2.98).

Todos os direitos desta edição reservados pela

MADRAS EDITORA LTDA.
Rua Paulo Gonçalves, 88 — Santana
CEP: 02403-020 — São Paulo/SP
Caixa Postal: 12299 — CEP: 02013-970 — SP
Tel.: (11) 6281-5555/6959-1127 — Fax: (11) 6959-3090
www.madras.com.br

Os Autores

Laís dos Santos Pinto Trindade
Licenciada e Bacharel em Química pelas Faculdades Oswaldo Cruz
Doutoranda em História da Ciência pela PUCSP
Mestre em Educação pela Universidade Cidade de São Paulo
Professora de Ensino de Ciências e de Psicologia da Aprendizagem do Instituto Superior de Educação de Boituva

Diamantino Fernandes Trindade
Licenciado e Bacharel em Química pelas Faculdades Oswaldo Cruz
Pedagogo pela Uninove
Doutorando em Educação pela PUCSP
Mestre em Ciências pela City University Los Angeles
Mestre em Educação pela Universidade Cidade de São Paulo
Professor de História da Ciência e Divulgação Científica do Cefet-SP
Professor de História da Ciência e Organização da Escola do ISE Oswaldo Cruz

Os Colaboradores

Ana Paula Pires Trindade
Licenciada em Letras pela UNIFAI
Pós-graduada em Psicopedagogia pela Universidade São Marcos
Professora e coordenadora da Escola de Idiomas Wizard

Antonio Romero Lopes Neto
Professor do Curso Técnico em Mecânica de Precisão da Escola

Senai Suíço-brasileira
Professor de Física da Fundação EDUCAFRO

Luiz Felipe dos Santos Pinto Garcia
Bacharel em História pela FFLCH da Universidade de São Paulo

Márcio Rogério Muller
Licenciado e Bacharel em Física pela Universidade Presbiteriana Mackenzie
Especialista em Informática da Educação pela Universidade Federal de Lavras
Mestre em Tecnologia Nuclear pela USP e IPEN
Professor de Instrumentalização para o Ensino de Ciências do ISE Oswaldo Cruz

Marcos Pires Leodoro
Licenciado e Bacharel em Física pela USP
Mestre em Educação pela Faculdade de Educação da USP
Doutor em Educação pela Faculdade de Educação da USP
Professor de Metodologia do Ensino da Física pela UFSCAR

Raul Habesch
Aluno do Curso de Licenciatura em Física do Cefet–SP

Reinaldo Ferreira Braga
Aluno do Curso de Licenciatura em Física do Cefet–SP

Ricardo Roberto Plaza Teixeira
Licenciado e Bacharel em Física pela UNICAMP
Mestre em Física Nuclear pela USP
Doutor em Física Nuclear pela USP
Professor de História da Ciência do Cefet–SP

Utabajara Rodrigues Pinto
Licenciado e Bacharel em Biologia pela Universidade Gama Filho – RJ
Especialista em Gestão Ambiental pela Universidade de São Paulo
Professor de Biologia do Cefet–SP

Wânia Tedeschi
Licenciada em Ciências e Matemática pela Universidade Federal de São Carlos
Especialista em Magistério do Ensino Superior pela PUC–SP

Mestre em Ensino de Ciências e Matemática pela Faculdade de Educação da USP
Doutoranda em Educação pela Faculdade de Educação da USP
Professora de Cálculo Diferencial e Integral e Prática de Ensino da Física do Curso de Licenciatura em Física do Cefet–SP

Índice

Apresentação
Laís dos Santos Pinto Trindade e Diamantino Fernandes Trindade 13

Parte I: Os Caminhos da Ciência Brasileira

Os Caminhos da Ciência Brasileira: Da Colônia até Santos Dumont
Diamantino Fernandes Trindade e Laís dos Santos Pinto Trindade 19

Os Pioneiros da Ciência Brasileira: Bartholomeu de Gusmão, José Bonifácio, Landell de Moura e D. Pedro II
Diamantino Fernandes Trindade e Laís dos Santos Pinto Trindade 29

Os Caminhos da Ciência Brasileira: Santos Dumont
Diamantino Fernandes Trindade e Laís dos Santos Pinto Trindade 41

Os Caminhos da Ciência Brasileira: Os Sanitaristas
Diamantino Fernandes Trindade e Laís dos Santos Pinto Trindade 59

Os Caminhos da Ciência Brasileira: Os Físicos
Antonio Romero Lopes Neto 71

Os Caminhos da Ciência Brasileira: Os Químicos
Diamantino Fernandes Trindade e Laís dos Santos Pinto Trindade 79

A História e a Fotografia a Serviço do Estado: D. Pedro II e a Afirmação da Nação
Luiz Felipe dos Santos Pinto Garcia, Laís dos Santos Pinto Trindade e Diamantino Fernandes Trindade 89

A Energia Elétrica e as Telecomunicações no Brasil: Do Segundo Império até o Regime Militar 95
Diamantino Fernandes Trindade e Laís dos Santos Pinto Trindade 95

Parte II: Os Caminhos da Educação Brasileira

Os Caminhos da Educação Brasileira
Laís dos Santos Pinto Trindade e Diamantino Fernandes Trindade 109

História da Ciência: Uma Possibilidade para o Ensino das Ciências no Ensino Médio
Diamantino Fernandes Trindade 125

Por que Ensinar e Aprender História da Ciência?
Diamantino Fernandes Trindade 137

A Divulgação Científica e o Ensino do Cálculo no Curso de Licenciatura em Física: A Construção de uma Experiência Conjunta para o um Novo Perfil de Trabalho
Wânia Tedeschi e Diamantino Fernandes Trindade 149

O Jornal, a Revista, os Folhetins e a Internet como Instrumentos de Educação Científica na Escola
Diamantino Fernandes Trindade 159

Contra o "Efeito Vitrine" da Divulgação Científica
Marcos Pires Leodoro 171

Marcelo Gleiser e a Divulgação Científica Brasileira
Diamantino Fernandes Trindade 177

Uma Proposta Simbólica para o Ensino da Química
Laís dos Santos Pinto Trindade 187

As Independências do Brasil
Luiz Felipe dos Santos Pinto Garcia, Laís dos Santos Pinto Trindade e Diamantino Fernandes Trindade 199

Física no Café da Manhã e até debaixo d'Água
Márcio Rogério Müller 205

Interfaces entre Física, Biologia e Psicologia no livro *Física e Conhecimento Humano* de Niels Bohr
Ricardo Roberto Plaza Teixeira e Reinaldo Ferreira Braga ... 213

O Calendário Cósmico de Carl Sagan
Raul Habesch 229

A Escrita como Ferramenta para a Aprendizagem
Ana Paula Pires Trindade 235

Do Fetiche ao Espetáculo: um Breve Comentário acerca da Alienação Coletiva sob o Domínio da Mercadoria
Luiz Felipe dos Santos Pinto Garcia 241

A Utilização de Textos Alternativos para o Ensino da Biologia na Sala de Aula
Utabajara Rodrigues Pinto 247

Apresentação

Laís dos Santos Pinto Trindade
Diamantino Fernandes Trindade

Caro leitor!
O objetivo deste livro é mostrar alguns aspectos históricos da ciência no Brasil e a vivência pedagógica de vários professores comprometidos com os novos olhares da Educação, Ciência e História.

A obra é constituída de vários artigos, divididos em duas partes. A primeira aborda os caminhos da ciência no Brasil e as adversidades políticas, sociais e financeiras que permearam a vida dos nossos cientistas e pesquisadores que, com sacrifícios de toda sorte, pavimentaram a trilha por onde outros iriam caminhar e construir uma ciência brasileira. Muitos deles precisaram sair do país para buscar recursos e incentivos que não encontraram aqui.

Bartholomeu de Gusmão, José Bonifácio e Silva Telles estudaram e foram professores da tradicional Universidade de Coimbra. Santos Dumont tornou-se celebridade na França. Landell de Moura, César Lattes, José Reis e Marcelo Gleiser tiveram seus trabalhos reconhecidos nos Estados Unidos. Outros, como Carlos Chagas, Oswaldo Cruz, Emilio Ribas, Vital Brazil e Adolpho Lutz, dedicaram suas vidas ao povo brasileiro com seus trabalhos e pesquisas sobre as patologias que assolavam nosso país no início do século XX.

Ainda na primeira parte desta obra, alguns artigos abordam a significativa contribuição de D. Pedro II para o desenvolvimento e divulgação da ciência brasileira. O imperador, além de grande estudioso das ciências, incentivava financeiramente jovens talentosos concedendo-lhes bolsas de estudo na Europa.

A segunda parte aborda os caminhos da Educação no Brasil com os problemas do ensino, desde o processo de colonização até a LDB 9.394/96, e a vivência de professores na sala de aula do Ensino Médio e nos cursos superiores de Formação de Professores, mostrando alternativas para o deslocamento da visão cartesiana tradicional de ensino para uma visão holística da educação atual.

Diamantino Fernandes Trindade relata em dois artigos a importância da visão interdisciplinar da História da Ciência como instrumento para o ensino das ciências no Ensino Médio e nos cursos de Formação de Professores de Ciências. Marcos Pires Leodoro e Wânia Tedeschi mostram como a Divulgação Científica pode ser utilizada para ampliar a visão dos alunos em relação à Ciência e sua articulação com o cotidiano.

Laís dos Santos Pinto Trindade aborda as possibilidades de reformular os processos de ensino e aprendizagem em Química, de modo a criar situações que despertem outro sentido no estudo desta ciência.

Ana Paula Pires Trindade mostra como ocorreu o desenvolvimento histórico da escrita e a sua importância na formação do indivíduo. Luiz Felipe dos Santos Pinto Garcia analisa o desenvolvimento histórico do processo de alienação coletiva sob o domínio da mercadoria. Alguns aspectos da independência do Brasil, em contraponto à visão tradicional apresentada nos livros didáticos, são mostrados por Luiz Felipe, Laís e Diamantino.

Márcio Rogério Müller contextualiza situações do cotidiano no sentido de desmistificar o ensino da Física. Ricardo Plaza Teixeira e Reinaldo Ferreira Braga mostram as interações entre a Física, a Biologia e a Psicologia através do livro *Física Atômica e Conhecimento Humano* de Niels Bohr. Raul Habesch relata o trabalho de Carl Sagan que construiu uma noção da evolução do Universo por meio de um calendário cósmico e suas aplicações como recurso didático no ensino das ciências.

Fechando este trabalho, Utabajara Rodrigues Pinto apresenta algumas possibilidades da utilização de textos contextualizados nas aulas de Biologia como complemento ou alternativa ao uso do livro didático.

Apresentação

Os professores convidados para escrever este livro estão comprometidos com o novo olhar do conhecimento e compartilham, com alegria, os novos rumos da Educação que já se fazem visíveis em todo planeta. Os textos aqui apresentados, longe de serem teóricos, são resultado da vivência diária nas escolas públicas e privadas de Ensino Médio e Superior, que pode ser compartilhada com outros educadores e educandos.

Parte I
Os Caminhos da Ciência Brasileira

Part 1
Is Laughter the Best Medicine?

Os Caminhos da Ciência Brasileira: Da Colônia até Santos Dumont

Diamantino Fernandes Trindade
Laís dos Santos Pinto Trindade

O objetivo deste artigo é mostrar o desenvolvimento da Ciência no Brasil desde a colônia até a transição do século XIX para o século XX, bem como relatar o árduo e difícil trabalho de cientistas que abriram o caminho para que a Ciência e a tecnologia pudessem conquistar um lugar de destaque na vida social de nosso país.

    Mais do que em qualquer época, temos vivido situações nas quais os conhecimentos de tecnologias e de ciência são determinantes na vida das pessoas. A velocidade do crescimento das descobertas científicas e tecnológicas tem alterado profundamente o ritmo e a maneira de viver de grande parte das pessoas, o que tem levado à necessidade de rever conceitos e posturas sobre nossas ações no mundo.

    Apesar da defasagem brasileira em relação aos países do primeiro mundo, a Ciência e a tecnologia do nosso país já conquistaram uma posição importante para sua existência. Embora nem sempre tenham se desenvolvido tão intensamente como hoje, em particular, no Brasil, muitos foram, e ainda são, os obstáculos encontrados.

    Voltando no tempo e, especialmente, a Portugal, encontramos uma das mentes mais visionárias de seu tempo, o infante Dom Henrique, que se dedicava incansavelmente às ciências. Colecionou tudo o que já se escrevera sobre cosmologia e navegação e se transferiu para a sua vila de Terça Naval, junto de Sagres, fundando um seminário de estudos náuticos, virtualmente denominado de Escola Naval de Sagres, onde reuniu um grupo de matemáticos judeus, cartógrafos catalães e pilotos de várias origens. Portugal do século XV tornou-se líder em determinadas práticas técnicas e científicas de navegação em função do esforço e dedicação do infante Dom Henrique e do rei Dom João II. E Portugal fez-se ao mar...

O descobrimento ou *achamento* das terras brasileiras ocorreu no século XVI, seguindo-se uma época de combates das duas potências da Península Ibérica com países como a Inglaterra, Holanda e França, no desafio da manutenção de suas hegemonias. Nesse momento complexo, a Ciência Moderna iniciou a sua caminhada, intimamente ligada à rápida ascensão da burguesia.

Os portugueses encontraram no Brasil nativos que possuíam muitos saberes, hábitos e costumes, utilizados para estudos científicos não só dessa época, mas também dos períodos seguintes. Portanto, as primeiras técnicas brasileiras pertenciam ao leque dos conhecimentos indígenas. Eram peritos na construção de canoas; assim, da articulação das técnicas indígenas com a habilidade de navegação dos portugueses surgiram embarcações como a jangada e barcos de pesca de baleias. Cultivavam o fumo, o algodão, a mandioca, o milho, o feijão, etc. Possuíam também conhecimentos botânicos e construíam moradias com matéria-prima vegetal.

De acordo com Carneiro (2001), *a exploração colonial do Brasil exigiu um esforço científico inicial dos navegadores no sentido de obter informações geográficas e produzir uma cartografia e, em seguida, de comunicar-se com os nativos e obter informações botânicas, zoológicas e mineralógicas"*. No período seguinte da colonização, foi adaptada uma série de técnicas européias destinadas a viabilizar empresas extrativistas. As técnicas do plantio da cana-de-açúcar, desenvolvidas nas ilhas atlânticas, ganharam uma dimensão maior no Brasil em função do clima favorável e da qualidade do solo. Rapidamente os engenhos se tornaram empreendimentos pioneiros de um primeiro sistema fabril. A mineração foi outro setor de atividade econômica que aplicou técnicas oriundas da ciência européia. Os portugueses trouxeram também a construção civil e a metalurgia, que se desenvolveram com métodos europeus e com técnicas africanas trazidas pelos escravos.

Pode parecer fora de propósito escrever sobre Ciência e tecnologia no Brasil colonial, pois tudo indica que a revolução científica não chegou ao Brasil. No entanto, isto não garante que ela não tenha recebido influências e contribuições brasileiras em tal período, uma vez que com certeza modificou substancialmente o pensamento europeu em função das diferenças naturais e da própria organização social das comunidades nativas. É bom lembrar que o próprio descobrimento foi, em grande parte, resultado do potencial desenvolvimento das técnicas náuticas e do empreendedorismo do povo português.

No período colonial, não havia condições propícias para o desenvolvimento da Ciência, pois o objetivo principal da Coroa Portuguesa era o extrativismo que cumpria o projeto de enriquecimento rápido da metrópole. Nessa época, o conhecimento formal desenvolvido no país ficou a cargo de uns poucos naturalistas estrangeiros. Contudo, os nativos possuíam um saber bastante elaborado: sabiam eliminar o veneno da mandioca, tornando-a comestível; conheciam profundamente a fauna e flora locais, utilizando determinadas plantas para fins medicinais. As chamadas ciências naturais no Brasil foram inauguradas pelas mãos dos holandeses que, em 1637, trouxeram médicos e naturalistas, como Wilhelm Piso, com seu livro *De medicine brasiliensis* (1648), e George Marcgraf, que escreveu a *História naturalis braziliae* (1648). Essas publicações tornaram conhecidas, na Europa, a natureza tropical. Os holandeses construíram ainda, em Recife, o primeiro observatório astronômico nos moldes europeus.

Com a expulsão dos jesuítas em 1759, têm início as denominadas "aulas régias", ministradas por professores leigos contratados pelo Estado. Porém, apenas em 1772, essas aulas tiveram seu início efetivo com a criação de um imposto especial para esse fim, estabelecendo o ensino público primário e médio no Brasil, mas o Ensino Superior continuou sendo, ainda por muito tempo, prerrogativa da Metrópole. Existiam apenas algumas atividades de ensino científico nos mosteiros religiosos brasileiros. No Seminário Jesuíta Belém da Bahia, era ministrado um curso de Artes, em que se estudava lógica, Física, Metafísica, Estética e Matemática.

No entanto, diferentemente do que aconteceu nas colônias espanholas que, desde o primeiro século da colonização, possuíam algumas universidades, o mesmo não aconteceu no Brasil por "*oposição direta de Coimbra, ciosa de seus privilégios e prerrogativas, e rece-*

osa de uma possível competição a milhares de quilômetros de distância" (Filgueiras 1990, p. 225).

O padre jesuíta Bartholomeu de Gusmão (o padre voador), nascido na Vila de Santos em 1685, ingressou no Seminário Belém onde estudou humanidades e mostrou desde cedo o seu interesse pela Física. Conhecia os trabalhos de Descartes, Newton e Bernoulli e desenvolveu pesquisas em várias áreas do conhecimento: Matemática, Física, Filologia, Química e Astronomia. Avançou nos seus estudos científicos na Universidade de Coimbra, onde lecionou Matemática. Em 1709, apresentou ao rei Dom João V um aparelho capaz de voar, o aeróstato, um balão impulsionado por ar quente. O balão elevou-se ao ar em Lisboa, no dia 8 de agosto de 1709. Continuou seus experimentos com balões maiores, quase todos bem-sucedidos. No entanto, não foi capaz de continuar com suas pesquisas, nem de encontrar seguidores. As intrigas da corte fizeram-no cair em desgraça, sendo auxiliado pelos jesuítas quando já era perseguido pela Inquisição. Morreu indigente na Espanha em 1724.

Conforme Vargas (2001), outra atividade científica importante, na Colônia, foi desenvolvida pela Missão dos Padres Matemáticos jesuítas que veio ao Brasil em 1729, com a tarefa de elaborar mapas baseados na determinação exata das coordenadas geográficas. Essa missão era composta pelos padres Domingos Capacci e Diogo Soares. Em 1753, esteve no Brasil o jesuíta Ignácio Szentmartonyi, na função de astrônomo régio, para tratar das demarcações de fronteiras entre o Brasil e as colônias espanholas, em decorrência do Tratado de Madrid (1750).

Nessa época, o Ensino Superior era privilégio dos filhos dos grandes proprietários brasileiros, que os enviavam para estudar em Portugal. A Universidade de Coimbra foi freqüentada por mais de mil alunos provenientes do Brasil.

As reformas introduzidas a partir de 1750 na Universidade de Coimbra, com o intento de promover a nova ciência, incluíram disciplinas científicas no currículo acadêmico. José Bonifácio de Andrada e Silva tornou-se o principal cientista desta Universidade e destacou-se dirigindo a cadeira de mineralogia, criada especialmente para ele, tornando-se também o Intendente Geral das Minas e Metais do Reino. Depois de muitos anos de pesquisas bem-sucedidas na Europa, retornou ao Brasil onde iniciou sua carreira política. Morreu, em 1838, em Niterói. Mais de 400 brasileiros formaram-se em ciências em

Coimbra desde as reformas pombalinas até o final do século XVIII, inclusive Vicente Coelho de Seabra Silva Telles, que publicou, em 1788, a obra *Elementos de Chymica*. A segunda parte dessa obra, publicada em 1790, já utilizava a linguagem da nova nomenclatura de Lavoisier, mesmo tendo sido escrita um ano após a publicação do *Traité Elémentaire de Chimie*, obra que revolucionou a Química que então se estabelecia como ciência.

O Ensino da engenharia militar teve início em 1699 no Rio de Janeiro, com a fundação da *Aula de Fortificação,* que recebeu nomes sucessivos como *Aula do Terço, Regimento de Fortificação e Real Academia de Artilharia, Fortificação e Desenho.* Em 1810, foi transformada na *Academia Real Militar*, antecessora da atual Escola de Engenharia da Universidade Federal do Rio de Janeiro.

O matemático e engenheiro militar português José Fernandes Pinto Alpoim ficou famoso ao publicar dois livros: *Exame de Artilheiros* (1744) e *Exame de Bombeiros* (1748). Esse engenheiro foi ainda autor de vários projetos de edificações em nosso país. Conforme Filgueiras (1998), *"um desses edifícios é o palácio dos governadores de Vila Rica, projetado e fiscalizado por ele e executado por Manuel Francisco Lisboa, pai do Aleijadinho, e concluído em 1748".*

A inércia de uma cultura cristalizada na escravidão não permitiu o desenvolvimento da Ciência e da tecnologia nesse período. Não é de se estranhar o insucesso da Sociedade Científica do Rio de Janeiro, fundada em 1772 pelo marquês de Lavradio, Vice-Rei do Brasil. Essa sociedade contava com médicos e farmacêuticos e, por falta de incentivos e investimentos governamentais, foi fechada em 1794. Somente com a vinda da Família Real, em 1808, teve início o ensino científico oficial, como educação pública, com a criação da Escola Cirúrgica de Salvador (1808).

A transferência da Corte para o Rio de Janeiro possibilitou a criação de algumas instituições importantes como: a Academia Naval do Rio de Janeiro (1808), a Academia Militar do Rio de Janeiro (1810), a Academia Médico-Cirúrgica do Rio de Janeiro (1813), o Jardim Botânico (1818) e o Museu Imperial (1818). Após a proclamação da independência, foram criados o Observatório Astronômico (1827), a Sociedade de Medicina (1829) e o Instituto Histórico e Geográfico Brasileiro (1838).

Neste tempo, iniciou-se o ensino regular de Química e uma incipiente pesquisa, em especial na determinação da qualidade das águas. O interessante é que tal quadro não se modificou até o início do século XX, quando ainda era tida como uma disciplina auxiliar de outras ciências.

Durante o Reino Unido, alguns naturalistas estrangeiros vieram com a comitiva da arquiduquesa Leopoldina, como o médico Karl Friedrich Philipp von Martius, que tinha a tarefa de estudar a flora e fauna brasileiras para enriquecimento da ciência européia, e seu companheiro Johan Baptist Spix, que deixou um memorial científico sobre o rio Amazonas. Martius e Spix escreveram a obra *Viagem pelo Brasil* (1817-1820). Quando voltou para a Alemanha, Martius escreveu a grande obra da sua vida, *Flora brasiliensis*, texto pioneiro sobre as floras tropicais. O engenheiro militar alemão Wilhelm Ludwig von Eschwege veio ao Brasil, junto com a Corte Portuguesa, para realizar trabalhos nos campos da mineralogia e da geologia. Radicou-se no Brasil como tenente-coronel do Corpo Real de Engenheiros de Vila Rica e como intendente das Minas. Foi responsável pela instalação da fundição de ferro em Congonhas do Campo. No período de 1825 a 1880, o naturalista dinamarquês Peter Lund viveu e realizou pesquisas naturais e paleontológicas em Lagoa Santa, Minas Gerais.

O estudo das ciências teve um processo de expansão durante o Império com a criação do Museu Nacional (1823), que recebia espécimes de animais e vegetais dos naturalistas estrangeiros que visitavam o país. Gustavo Schuch de Capanema, importante geólogo e mineralogista do Império, pertenceu ao quadro de pesquisadores do Museu Nacional.

Entre 1865 e 1866, o naturalista norte-americano Louis Agassiz, que se tornou amigo pessoal de D. Pedro II, visitou o Brasil. Em 1870, o geólogo norte-americano Frederick Hartt, aluno de Agassiz, publicou o primeiro texto geral sobre geologia brasileira. Carneiro (2001) cita que, nessa época, alguns cientistas estrangeiros importantes aqui se instalaram. O suíço Émile Goeldi, o alemão von Inhering e o francês Henri Gorceix foram responsáveis por avanços na organização do Museu Imperial, depois Museu Nacional, na zoologia e na engenharia de minas.

No Segundo Império, os parlamentares discutiam se valia a pena investir em pesquisa. Em 1882, quando D. Pedro II solicitou uma verba para a participação brasileira na observação da passagem de Vênus pelo disco solar, o protesto foi geral no Parlamento e na Imprensa. A Ciência era considerada um luxo pela elite brasileira. Um ano antes fora lançada a pedra fundamental da Universidade do Rio de Janeiro, na Praia Vermelha. Este ato foi suficiente para desencadear uma feroz campanha contrária ao projeto por parte dos positivistas. Em um artigo de 1891, Miguel Lemos (chefe do positivismo) escreveu:

> Tudo parece encaminhar-se para tornar efetivo o extravagante projeto da criação de uma universidade no Brasil. Esta tentativa absurda, que só poderia gerar como resultado a sistematização da nossa pedantocracia e o atrofiamento do desenvolvimento científico, que deve assentar em um regime de completa liberdade espiritual bastaria por si só para demonstrar a incapacidade política dos nossos governos.
>
> Nesta questão, como sempre, nós positivistas fazemos o nosso dever protestando e procurando esclarecer a população, que pode ser arrastada, na melhor boa-fé, a apoiar atentados desta ordem, seduzida pela grita pseudoprogressista da ignorância letrada.

Durante o Segundo Império, tivemos algum desenvolvimento científico em virtude da grande dedicação de D. Pedro II às ciências, às artes, à literatura, à Filosofia e à Astronomia. O imperador patrocinava, particularmente, vários projetos de pesquisa de documentos relevantes à história do Brasil, no país e no exterior. Ajudou, de várias maneiras, o trabalho de alguns cientistas como Martius, Lund, Agassiz, Derby, Glaziou, Seybold e outros. Financiou os estudos de agrônomos, arquitetos, professores, engenheiros, farmacêuticos, médicos, pintores, etc. Foi também o pioneiro da fotografia no Brasil, comprando seu equipamento em março de 1840, alguns meses antes que esses aparelhos fossem comercializados em nosso país.

Em 1872, uma companhia inglesa lançou um cabo telegráfico entre Recife e Lisboa. Quando a Segunda Revolução Industrial chegou ao Brasil, D. Pedro II participou intensamente desse momento, fazendo-se presente nos processos de seleção dos pedidos de patentes de privilégio industrial.

O Brasil participou também das exposições internacionais, onde mostrou produtos, técnicas e novas ciências. Até o final do Segundo

Império, D. Pedro visitou, como convidado, as exposições de Londres (1862), Paris (1867), Viena (1873), Filadélfia (1867) e Paris (1889). Na exposição da Filadélfia, conheceu o telefone de Graham Bell e fez encomenda de vários aparelhos. No retorno dos Estados Unidos, mandou instalar linhas telefônicas entre o Palácio da Quinta da Boa Vista e as residências de seus ministros.

No Segundo Império, a engenharia adquiriu contornos importantes, em especial com os irmãos Rebouças. André Rebouças graduou-se em 1860 e estagiou na Europa, especializando-se em docas e vias férreas. Suas principais obras foram as docas da Alfândega e a do Mercado, no Rio de Janeiro. Seu irmão, Antonio Rebouças, construiu a Estrada de Rodagem da Graciosa, entre Curitiba e Antonina, além de projetar a Via Férrea Curitiba-Paranaguá em 1872. Outro engenheiro que se destacou no Segundo Império foi o padre gaúcho Roberto Landell de Moura. Estudou Física e Química na Universidade Gregoriana e foi ordenado padre, no Seminário de Roma, em 1886. Conheceu o imperador D. Pedro II e chegou a dar-lhe palestras sobre ciências. Dois anos antes da comunicação de rádio feita por Marconi, em 1895, conclui o projeto do transmissor de ondas, fazendo a primeira transmissão pública de rádio do mundo. As dificuldades financeiras e a falta de incentivos governamentais fizeram com que ele se mudasse para os Estados Unidos, onde patentou três dos seus inventos.

A transição do século XIX para o século XX foi marcada, na Ciência e na tecnologia, pelo gênio de Alberto Santos Dumont. Em 1891, após a morte de seu pai, Henrique Dumont, foi para Paris onde os balões despertaram o seu interesse. Em 1898, realizou o primeiro projeto aeronáutico, o balão esférico "Brasil", considerado na época o menor aeróstato já construído. Daí por diante construiu outros dirigíveis até chegar no "Santos Dumont 6", pelo qual recebeu o Prêmio Deustch, em 19 de outubro de 1901, após contornar a torre Eiffel e demonstrar a sua dirigibilidade. Em 23 de outubro de 1906, voou 60 metros, a 3 metros de altura, com o biplano "14-Bis", no campo de Bagatelle, em Paris. Em 1909, construiu o monoplano "Demoiselle", com o qual bateu todos os recordes aeronáuticos da época. Neste avião, fez o seu último vôo em dezembro desse mesmo ano. A esclerose múltipla foi, gradativamente, minando a sua saúde. Em 1918, construiu, em Petrópolis, a casa conhecida como *Encantada*, onde fixou residência. Com a doença tomando conta de seu corpo, foi transferido, em 1932, para o Guarujá, São Paulo, onde se suicidou em 23 de julho.

Santos Dumont não teve problemas financeiros; seu pai deixou-lhe, como herança, meio milhão de dólares. No entanto, as dificuldades encontradas pelos cientistas brasileiros durante o Segundo Império foram muitas e persistiram até a República, que teve início sob os auspícios da modernização. Apesar de tantas dificuldades, alguns "cientistas" brasileiros desbravaram o caminho para outros ao longo de quatro séculos e a ciência brasileira passou a viver, lentamente, melhores momentos desde o início do século XX.

Bibliografia

CANDOTTI, Ennio. *Cientistas do Brasil: depoimentos*. São Paulo: SBPC, 1998.

CARNEIRO, Henrique Soares. *História Social da Ciência*. São Paulo: Mimeo, 2001.

FILGUEIRAS, Carlos A. L. *D. Pedro II e a Química*. In: Química Nova, nº11, vol. 2. São Paulo: Sociedade Brasileira de Química, 1988.

_____. *Havia Alguma Ciência no Brasil Setecentista?* In: Química Nova, nº3, vol. 21. São Paulo: Sociedade Brasileira de Química, 1997.

MOTOYAMA, Shozo et. al. *500 Anos de Ciência e Tecnologia no Brasil*. In: FAPESP Pesquisa, nº 52. São Paulo: FAPESP, 2000.

SENNA, Orlando. *Santos Dumont: ares nunca dantes navegados*. São Paulo: Brasiliense, 2003.

TRINDADE, Diamantino Fernandes & TRINDADE, Lais dos Santos Pinto. *Os Pioneiros da Ciência Brasileira: Bartholomeu de Gusmão, José Bonifácio, Landell de Moura e D. Pedro II*. In: Sinergia, nº2, vol. 4. São Paulo: CEFET–SP, 2003.

VARGAS, Milton. *História da Ciência e da Tecnologia no Brasil: uma súmula*. São Paulo: Humanitas, 2001.

Os Pioneiros da Ciência Brasileira: Bartholomeu de Gusmão, José Bonifácio, Landell de Moura e D. Pedro II

Diamantino Fernandes Trindade
Laís dos Santos Pinto Trindade

O objetivo deste texto é apresentar alguns aspectos do desenvolvimento da ciência brasileira, bem como relatar o árduo trabalho de alguns cientistas que abriram os caminhos para que a Ciência e a tecnologia pudessem conquistar um lugar de destaque na vida social de nosso país.

Introdução

Apesar da defasagem científica e tecnológica brasileira em relação aos países do primeiro mundo, a Ciência e a tecnologia do nosso país já conquistaram uma posição de grande importância não só para sua existência, como também para a solução de nossas inquietantes desigualdades sociais.

Muitos foram, e ainda são, os obstáculos para o desenvolvimento da Ciência no Brasil. No período colonial, não havia condições propícias para tal, pois o objetivo principal da Coroa Portuguesa era enriquecer a metrópole. Nessa época, a Ciência brasileira ficou a cargo de uns poucos naturalistas estrangeiros, como o médico holandês Wilhelm Piso, tido como o fundador da medicina tropical, com seu livro *De medicine brasiliensis* (1648). Outro holandês, George Marcgraf, escreveu a *Historia naturalis braziliae* (1648). O engenheiro militar português José Fernandes Pinto Alpoim ficou famoso ao publicar dois livros: *Exame de Artilheiros* (1744) e *Exame de Bombeiros* (1748).

A inércia de uma cultura cristalizada na escravidão não permitiu o desenvolvimento da Ciência e da tecnologia nesse período. Não é de estranhar o insucesso da Sociedade Científica do Rio de Janeiro, fundada em 1772 pelo marquês de Lavradio, Vice-Rei do Brasil.

No período do Reino Unido, alguns naturalistas estrangeiros vieram com a comitiva da arquiduquesa Leopoldina, como o médico Karl Friedrich Philipp von Martius e seu companheiro Johan Baptist Spix, que deixou um memorial científico sobre o rio Amazonas. O engenheiro militar alemão Wilhelm Ludwig von Eschwege veio ao Brasil, junto com a Corte Portuguesa, para realizar trabalhos nos campos da mineralogia e da geologia.

O estudo das ciências da natureza teve um processo de expansão durante o Império com a criação do Museu Nacional (1823), que recebia espécimes de animais e vegetais dos naturalistas estrangeiros que visitavam o país. Gustavo Schuch de Capanema, importante geólogo e mineralogista do Império, pertenceu ao quadro de pesquisadores do Museu Nacional.

Durante o Império, os parlamentares discutiam se valia a pena investir em pesquisa. Em 1892, quando D. Pedro II solicitou uma verba para a participação brasileira na observação da passagem de Vênus pelo disco solar, o protesto foi geral no Parlamento e na Imprensa. A Ciência era considerada um luxo pela elite brasileira.

Tal estado de coisas persistiu até a República, que teve início sob os auspícios da modernização, porém as dificuldades encontradas pelos cientistas continuavam. Landell de Moura, o inventor do rádio, teve o seu pedido de utilização de dois navios, para demonstrar o alcance das ondas de rádio, recusado pelo presidente Rodrigues Alves. Oswaldo Cruz combateu a peste bubônica, a febre amarela e a varíola, mas foi vítima da Revolta da Varíola, pois a população não aceitava a imposição autoritária da vacina. Santos Dumont conseguiu sucesso na França com recursos próprios.

Apesar de tantas dificuldades, alguns "cientistas" desbravaram o caminho para outros tantos ao longo de quatro séculos. Em particular, merecem destaque pela importante contribuição à Ciência e à tecnologia brasileiras, nos seus primórdios: Bartholomeu de Gusmão, José Bonifácio, Landell de Moura e, na sua divulgação e apoio, D. Pedro II.

Bartholomeu Lourenço de Gusmão

O padre jesuíta Bartholomeu Lourenço de Gusmão nasceu em dezembro de 1685 na Vila de Santos, São Paulo. Era um dos 12 filhos de Francisco Lourenço e Maria Álvares. Foi batizado com o nome de Bertholameu Lourenço, mais adiante modificou seu nome para Bartholomeu, acrescentando ainda o nome Gusmão em homenagem ao seu tutor e amigo, o padre Alexandre de Gusmão.

Bartholomeu fez seus primeiros estudos em Santos, seguindo posteriormente para a Bahia, onde ingressou no Seminário Belém, fundado por Alexandre de Gusmão, para concluir seus estudos em humanidades. Aí mostrou desde cedo interesse e aptidão pela Física. Não se deteve apenas na teoria e mostrou seu espírito inventivo quando resolveu o problema da elevação da água a cem metros de altura. Desenvolveu o projeto no Seminário Belém e obteve um alvará para a construção do engenho. Desta forma, os escravos não necessitavam mais carregar água até o topo do morro. Bartholomeu era muito inteligente e conhecia os trabalhos de Descartes, Leibniz, Newton, Bernoulli e outros. Desenvolveu estudos em várias áreas do conhecimento: Matemática, Física, Filologia, Química e Astronomia.

Seguindo os conselhos de Alexandre de Gusmão, filiou-se à Companhia de Jesus. Como não aceitava a rigidez do seminário, que impedia os seus estudos científicos, pediu autorização para tornar-se padre secular. Em 1708, embarcou para Lisboa onde foi ordenado. Em seguida, matriculou-se na Faculdade de Cânones da Universidade de Coimbra. Aí desenvolveu, com grande habilidade, os seus estudos de Física e Matemática que tanto interesse nele despertavam desde a época do Seminário Belém.

Alguns pesquisadores citam que a observação de como uma bolha de sabão se elevava rapidamente no ar ao passar por cima de uma fonte de calor despertou em Bartholomeu a idéia de usar ar aquecido para elevar um balão. Passou então a trabalhar com afinco no projeto de um aparelho "mais leve que o ar", deixando de lado outros projetos.

Bartholomeu foi apresentado à corte de D. João V pelo duque de Carvalhal e pelo marquês de Fontes e Abrantes que mantinham ótimas relações com o monarca. Mostrou então uma "Petição de Privilégio" ao rei, onde mencionava seu "instrumento de andar sobre o ar". A petição lhe foi concedida por alvará, em 19 de abril de 1709. D. João V decidiu também alocar fundos para a construção do aparelho e concedeu-lhe ainda o cargo de Lente de Matemática na Universidade de Coimbra, com um rendimento vitalício substancial, que ele necessitava para se dedicar de corpo e alma ao seu aeróstato.

Em 8 de agosto de 1709, na sala dos embaixadores da Índia, diante de D. João V, da rainha, dos membros do corpo diplomático e das autoridades eclesiásticas, Bartholomeu fez elevar a quatro metros de altura um pequeno balão de papel pardo grosso, cheio de ar quente produzido por combustível resinoso e contendo uma tigela de barro incrustada na base de um tabuleiro de madeira. Com medo de que o fogo atingisse as cortinas, dois criados destruíram o balão, mas o experimento foi um sucesso, impressionando bastante o rei e os demais convidados.

Bartholomeu, *o padre voador,* continuou seus experimentos, quase todos bem-sucedidos, com balões de maior envergadura. Mostrou que era possível fazer um balão voar. No entanto, não foi capaz de continuar as suas pesquisas, nem de encontrar seguidores. A principal razão foi o fato de que a Corte e o povo esperavam que usasse o balão para ele mesmo voar e ele apenas pretendia demonstrar que isso era possível usando um modelo em escala. Esperava poder despertar o interesse de investidores para o seu empreendimento. Somente em 1783, os irmãos Montgolfier realizaram seu vôo épico, em Paris.

Após ter encerrado abruptamente seus experimentos com balões, dedicou-se aos trabalhos literários. Seus sermões tornaram-se famosos. Foi investido como Fidalgo-Capelão da Casa Real, em 1722. As intrigas da corte fizeram-no cair em desgraça, sendo auxiliado pelos jesuítas quando já era perseguido pela Inquisição. Foi levado para a Espanha, onde morreu indigente e com nome falso, em novembro de 1724, no Hospital da Misericórdia em Toledo. Seu corpo foi enterrado na Igreja de São Romão, na mesma cidade.

José Bonifácio de Andrada e Silva

Para a maioria dos brasileiros, José Bonifácio é o patriarca da independência, estadista e político. No entanto, esta é uma fase de sua vida que começou em 1821 quando já tinha 57 anos e após ter tido contacto com a Europa permeada pelas idéias liberais da Revolução Francesa. A sua face científica é praticamente desconhecida dos brasileiros, mas é conhecida pelos pesquisadores europeus. Pode ser considerado o fundador da Marinha brasileira, o primeiro a propor um projeto de Universidade no Brasil e o patrono da Geologia e da Mineralogia em nosso país.

Como Bartholomeu de Gusmão, José Bonifácio também nasceu em Santos. Era filho do capitão José Ribeiro d'Andrada e Maria Bárbara da Silva. Iniciou seus estudos em humanidades aos 14 anos no Colégio dos Padres em São Paulo, fundado pelo bispo D. Manuel da Ressurreição. De 1780 até 1783, estudou no Rio de Janeiro, onde seu talento literário começou a se manifestar. Seus pais enviam-no então para Portugal, para estudar na Universidade de Coimbra nos cursos de Direito e Filosofia Natural, formando-se em 1787. José Bonifácio era descendente de linhagem nobre e teve como incentivador o duque de Lafões, que o conduziu à Academia Real de Ciências, em Lisboa, onde foi admitido como sócio livre.

Em 31 de maio de 1790, casou-se com Narcisa Emilia O'Leary. Foi convidado a participar da Missão Científica à Europa instruída pelo Ministro dos Estrangeiros e da Guerra, Luis Pinto Souza. Antes de sua partida ofereceu à Academia Real das Ciências de Lisboa um trabalho intitulado *A Memória sobre a Pesca das Baleias*, um dos primeiros trabalhos com preocupação ecológica, no qual se referia à prática perniciosa da caça aos baleotes, pois as baleias só reproduzem a cada dois anos.

Em Paris, fez o curso de Mineralogia e Química com dr. Antoine Fourcroy e o curso de Mineralogia, na Escola Real de Minas, com o professor Duhamel. Foi também discípulo de René Just Hauy, fundador da Cristalografia. Nessa época, José Bonifácio escreveu, em co-autoria com seu irmão Martim Francisco, *Memória sobre os diamantes do Brasil* e, ao apresentá-lo à Sociedade de História Natural de Paris, em 1791, tornou-se um de seus membros. Nesse trabalho, relatava o melhor modo de encontrá-los e garimpá-los.

Manteve contatos com Lavoisier e Antoine Lourenço Jussier, com quem estudou Botânica. Após seus estudos na França, partiu para a Alemanha. Na cidade de Freiberg, na Saxônia, estudou com o geólogo alemão Abraham Werner. Ainda nessa cidade, assistiu às aulas de Química de Freisleben e Klotsch e de Metalurgia de Lampadius. Nessa época, fez amizade com o conhecido barão von Humboldt. Suas viagens profícuas pela Europa continuaram. Assistiu, em Pávia, às conferências de Alexandre Volta que, alguns anos depois, construiria a pilha que leva o seu nome.

Em 1796, foi para Uppsala, na Suécia, com o intuito de conhecer as coleções de Bergman, criador da classificação química dos minerais. Foi admitido como membro da Real Academia de Ciências de Estocolmo. Essa foi a fase mais importante de sua carreira, pois, com o conhecimento adquirido com Werner, deixou de ser um estudante e tornou-se um cientista. Passou a estudar fósseis e pesquisar as jazidas e minas de Arandal, Sahia, Krageroe e Laugbansita, na Suécia e na Noruega. Identificou quatro espécies desconhecidas de minerais: *petalita, espodumênio, criolita e escapolita*, o que firmou sua reputação como especialista na área. A *petalita* é empregada em joalheria e, em 1818, da sua análise, foi descoberto o elemento químico lítio; a *escapolita*, especialmente as variedades transparentes, é usada como pedra ornamental; o *espodumênio* é atualmente fonte de obtenção do lítio e usado nos cinescópios dos televisores; e a *criolita*, utilizada como fundente na fabricação do alumínio.

Em 1800, retornou a Portugal cercado de toda a admiração e respeito pelos portugueses, que se sentiam orgulhosos por sua cultura e sabedoria. Fez uma viagem por Portugal com o objetivo de reconhecer seus recursos minerais e publicou um trabalho de valor inestimável para o desenvolvimento dessa atividade. Em 15 de abril de 1801, foi instituída, na Universidade de Coimbra, a cátedra de Metalurgia para que José Bonifácio pudesse formar profissionais especializados nesta área, até então pouco valorizada na metrópole. A Carta Régia de 18 de maio de 1801 nomeou-o membro do Tribunal de Minas e Intendente Geral das Minas e Metais do Reino. Em 1802, foi empossado como secretário da Academia Real das Ciências de Lisboa e esta passou a ter um ritmo mais dinâmico e atuante. Nos dias 5 e 20 de junho de 1802, recebeu os diplomas de doutor, nas Faculdades de Direito e Filosofia, dispensado das teses e dos exames, por seu notório conhecimento. Em 12 de novembro do mesmo ano, assumiu a diretoria do Real Laboratório da Casa da Moeda de Lisboa, reestruturando e reaparelhando o órgão para os trabalhos de metalurgia, além de ministrar aulas nessa disciplina.

Durante anos o trabalho de José Bonifácio foi árduo e a remuneração reduzida. No entanto, o que lhe causou mais tristeza foi a burocracia que emperrou o crescimento de Portugal e, por conseguinte, do Brasil. Em 1807, Napoleão invadiu a Península Ibérica e a família real transferiu-se para o Brasil. José Bonifácio permaneceu e recebeu a patente de major, combatendo com galhardia as tropas invasoras do general Junot, até sua expulsão, quando foi promovido a tenente-coronel.

Contudo, o desejo de retornar ao Brasil foi grande. Pouco antes do seu retorno, propôs a criação da Universidade do Brasil que deveria se instalar em São Paulo. Seu passaporte foi expedido em 19 de agosto de 1819 e partiu para o Rio de Janeiro, depois de uma ausência de 36 anos. Seguiu para Santos onde foi recebido com demonstrações de carinho e amizade. Recebeu o barão de Eschwege, com quem fizera amizade na Europa e a quem revelou não querer se envolver com política. Sabemos que tal intenção não se consumou. Fez uma viagem mineralógica pela Província de São Paulo, que seria de vital importância para a exploração de minérios e, principalmente, do ouro, no Brasil.

Outras viagens técnico-científicas foram realizadas até que em 1821 assumiu a chefia da Província de São Paulo, tendo início a sua vida política que todos os brasileiros conhecem. Às três horas da madrugada do dia 6 de abril de 1838, no bairro de São Domingos, em Niterói, o velho cientista, filósofo e estadista morreu serenamente.

Roberto Landell de Moura

Muito tempo antes que alguns padres se tornassem fenômenos de comunicação, Roberto Landell de Moura já era um grande comunicador. Nasceu em 27 de janeiro de 1861 em Porto Alegre. Saiu do Rio Grande do Sul, aos 18 anos, para estudar Física no Rio de Janeiro. De lá foi para o seminário em Roma, onde foi ordenado padre em 1886. Estudou também Física e Química na Universidade Gregoriana, em Roma, desenvolvendo as primeiras idéias de sua teoria sobre "Unidade das forças e a harmonia do Universo", que seria referência para suas futuras invenções.

Ainda em 1886, retornou ao Rio de Janeiro para exercer a função de pároco da igreja do Outeiro da Glória e promoveu trabalhos pastorais em várias cidades brasileiras. Conheceu o imperador D. Pedro II e chegou a dar-lhe palestras sobre Ciências. Transferiu-se para São Paulo em 1892. De seus estudos estabeleceu um postulado, no qual declarava: *"Dai-me um movimento vibratório tão extenso quanto a distância que nos separa desses outros mundos que rolam sobre nossas cabeças, ou sob nossos pés, e eu farei chegar minha voz até lá"* (Meneses, 1984, p.13).

No final do século XIX, as telecomunicações, por meio de ondas eletromagnéticas, começavam a modificar as dimensões do mundo. Em 1893, o padre Landell de Moura concluiu o projeto do transmissor de ondas, fazendo a primeira transmissão pública de rádio do mundo. Sua voz emitida em um aparelho na Avenida Paulista, em São Paulo, atravessou oito quilômetros e foi ouvida, com clareza, em um receptor no alto de Santana, com a presença de várias testemunhas, inclusive C. P. Lupton, Cônsul da Inglaterra. Marconi só faria o seu aparelho dois anos mais tarde.

As dificuldades eram muitas e para aumentá-las repercutia na cidade que o padre falava com outras pessoas por meio de uma *máquina infernal,* e tinha parte com o diabo. Alguns "fiéis" desvairados invadiram seu modesto, mas precioso laboratório e destruíram todos os seus aparelhos e ferramentas. Após esse evento, ele juntou suas parcas economias e foi para os Estados Unidos, onde foi bem recebido pela comunidade científica. Lá conseguiu, após reconstruir seu equipamento, com muita dificuldade (principalmente financeira), patentear três inventos: o transmissor de ondas, o telefone sem fio e o telégrafo sem fio. O jornal *New York Herald*, por várias vezes, deu destaque aos inventos do padre gaúcho. Em 1901, recomendou a utilização de ondas curtas para aumentar o alcance das transmissões. Na época, Marconi considerou que isso era algo inútil, mas em 1924 admitiu que estava equivocado.

Criou também as válvulas de três pólos (tríodo), patenteadas em 1906 por Lee de Forest e que seriam fundamentais para o desenvolvimento futuro do rádio e da televisão. O padre gaúcho retornou ao Rio de Janeiro e pediu ajuda ao presidente Rodrigues Alves para dar continuidade ao seu trabalho. Após a negativa do governo brasileiro, muito desiludido, destruiu seus aparelhos e voltou a se dedicar ao sacerdócio.

Contudo, seu caráter investigativo levou-o novamente à pesquisa e, em 1907, descobriu que todos os corpos animados ou inanimados estão envoltos por halos de energia luminosa, invisíveis a olho nu. Ele chegou a fotografar tal efeito, que seria denominado de *Efeito Kirlian,* em 1937.

Em 1924, em uma entrevista concedida ao jornal *Última Hora*, de Porto Alegre, declarou: *Estou feliz. Sempre vi nas minhas descobertas uma dádiva de Deus*. Seus inventos, depois, como ele vislumbrara, serviriam até para comunicações interplanetárias. Morreu, desiludido com a incompreensão do governo brasileiro e com os cientistas de seu tempo, aos 67 anos de idade, no dia 30 de julho de 1928, em um modesto quarto da Beneficência Portuguesa de Porto Alegre, cercado apenas por seus parentes e alguns amigos fiéis e devotados.

D. Pedro II

Na madrugada de 2 de dezembro de 1825, às 2h30, nasceu o príncipe herdeiro Pedro de Alcântara, filho da imperatriz Maria Leopoldina de Habsburgo e D. Pedro I, imperador do Brasil. Dez dias após o seu primeiro aniversário, sua mãe, que já se encontrava enferma, faleceu. Em 7 de abril de 1831, D. Pedro I abdicou em favor de seu filho, D. Pedro II, que tinha pouco mais de 5 anos, e partiu para Portugal. José Bonifácio de Andrada e Silva foi nomeado tutor de seus filhos. Em 18 de julho de 1841, foi sagrado e coroado Imperador do Brasil em uma cerimônia memorável e suntuosa. No dia 3 de setembro de 1843, casou-se com Teresa Cristina Maria, princesa das Duas Sicílias.

D. Pedro de Alcântara João Carlos Leopoldo Salvador Bibiano Francisco Xavier de Paula Leocácio Miguel Gabriel Rafael Gonzaga, imperador do Brasil, passou à História como intelectual apreciador da liberdade. Tolerante e aberto ao diálogo, a partir da década de 1850 encabeçou um projeto para criar uma identidade nacional, uma vez que, no plano da política externa, uma monarquia encravada no continente americano gerava desconfianças. Mesmo internamente, também era preciso criar uma identidade brasileira (Schwarcz, 2000). D. Pedro II buscava a imagem de um imperador esclarecido e procurava sustentar a idéia de que a elite imperial brasileira estava empenhada no avanço científico e preparada para incorporar as conquistas técnicas modernas, como o telégrafo e a ferrovia. Amante da Ciência, registrou em seu diário pessoal que nascera para dedicar-se *"às letras e às ciências e, a ocupar posição política, preferiria a de presidente da república, ou ministro, à de imperador"*.

D. Pedro II patrocinava, particularmente, projetos de pesquisa de documentos relevantes à história do Brasil, no país e no estrangeiro.

Doou os primeiros cem mil francos à Pasteur, para que construísse seu Instituto. Ajudou, de várias formas, o trabalho de vários cientistas como Martius, Lund, Agassiz, Derby, Glaziou, Seybold e outros. Financiou ainda vários profissionais como agrônomos, arquitetos, professores, engenheiros, farmacêuticos, médicos, pintores, etc.

O imperador auxiliou de diferentes maneiras o trabalho de cientistas, tais como: Karl Friedrich von Martius, (1794-1868); Peter Wilhelm Lund; Claude Henry Gorceix; dos naturalistas Louis Couty (1854-1884), Emilio Goeldi (1859-1917) e Jean Louis Rodolphe Agassiz (1807-1873); dos geólogos Orville Derby (1851-1915) e Charles F. Hartt (1840-1878); do paisagista Auguste Glaziou e outros naturalistas que estiveram no país (Santos, 2004, p. 58). Um exemplo famoso é o de Guilherme Schuch, futuro Barão de Capanema – tomou-o sob sua proteção, enviando-o em agosto de 1841 para a Áustria, a fim de que estudasse Engenharia. Pagou a viagem, as roupas além de uma mesada regular até o término de seus estudos no Instituto Politécnico. Ao retornar, coube-lhe a tarefa da implantação do primeiro sistema de telégrafo brasileiro, em 1852. Dois anos depois, foi enviada a primeira mensagem telegráfica no Brasil, entre o Palácio de São Cristóvão e o Ministério da Guerra.

Foi também grande incentivador da fotografia no Brasil, tendo adquirido seu equipamento em março de 1840, alguns meses antes que esses aparelhos fossem comercializados no país.

A Segunda Revolução Industrial chegou ao Brasil e D. Pedro II não ficou alheio a esse momento tão importante para a burguesia. Participava pessoalmente da seleção de pedidos de privilégio industrial. O Brasil começou a participar também das exposições internacionais, onde eram exibidos produtos, técnicas e novas ciências. Até o final da monarquia, o Brasil fez-se presente nas exposições de 1862 (Londres), 1867 (Paris), 1873 (Viena), 1876 (Filadélfia) e 1889 (Paris).

Na Exposição Internacional da Filadélfia, D. Pedro II reencontrou Graham Bell, que já conhecera em Boston por ter desenvolvido um aparelho que facilitava a audição de alunos surdos da escola especializada que dirigia (Wright, 1975). Ao saudar o ilustre amigo, estendeu ao imperador um objeto em forma de taça pedindo para conservá-lo ao ouvido. Retirou-se à regular distância e falou para outro objeto de forma similar que levava nas mãos. D. Pedro deu um pulo subitamente e exclamou: "Santo Deus, isto fala!"(Guimarães, 1961).

Nessa exposição o telefone não havia despertado a curiosidade dos visitantes, nem a dos jurados. Não fosse o entusiasmo do imperador, talvez o jovem inventor permaneceria na obscuridade. D. Pedro, muito antes que o telefone fosse comercialmente explorado, encomendou-o e, quando voltou dos Estados Unidos, mandou instalar linhas telefônicas entre o Palácio da Quinta Boa Vista e as residências de seus ministros.

Durante a sua viagem à Europa, entre 1871-1872, manteve contato com alguns cientistas importantes da época: *barão Justus Von Liebig, Antoine César Becquerel, Michel Eugène Chevreul, Paul-Émile Berthelot, Jean Baptiste André Dumas, Louis Pasteur, Edmond Frémy, Paul Barbe, Alfred Nobel, Jean Joseph Baptiste Dieudonné Boussingault, Charles Adolphe Wurtz, Auguste Daubrée, dentre outros* (Santos, 2004, p. 59). O imperador correspondia-se regularmente com as sociedades científicas e cientistas da Europa, entre os quais Berthelot e Pasteur, o qual colaborou com o Brasil nos graves problemas de saúde pública, como a raiva, a febre amarela e a cólera. Foi, sem dúvida, um grande incentivador da Ciência no Brasil. Em 5 de dezembro de 1891, falecia em Paris o nosso grande monarca.

Bibliografia e Sitiografia

ALMEIDA, Alexandra Osório. *O Império ligado na Ciência*. São Paulo: Folha de São Paulo, 03/12/2000.

AULER, Guilherme. *Os Bolsistas do Imperador*. Petrópolis: Tribuna de Petrópolis, 1956.

FORNARI, Ernani. *O "Incrível" Padre Landell de Moura*. Rio de Janeiro: Globo, 1960.

GUIMARÃES, Argeu. *D. Pedro II nos Estados Unidos*. Rio de Janeiro: Civilização Brasileira, 1961.

GUIMARÃES, Fernando Luiz Campos (coord.). *José Bonifácio Cientista*. Rio de Janeiro: Mailty Comunicação e Editora, 1988.

MAGALHÃES, Gildo. *Telecomunicações*. In: VARGAS, Milton. *História da Técnica e da Tecnologia no Brasil*. São Paulo: UNESP e Ceeteps, 1995.

MOTOYAMA, Shozo (org.). *500 anos de Ciência e Tecnologia no Brasil*. In: Fapesp Pesquisa nº 52. São Paulo: Fapesp, 2000.
SANTOS, Nadja Paraense. *Pedro II, Sábio e Mecenas, e sua Relação com a Química*. In: Revista da Sociedade Brasileira de História da Ciência. Vol. 2, nº1. Rio de Janeiro: SBHC, 2004.
SCHWARCZ, Lilia Moritz. *As Barbas do Imperador*. São Paulo: Companhia das Letras, 1998.
WRIGHT, Antonia Fernanda Pacca de Almeida. *Um Turista Coroado Viaja para a América: D.Pedro II nos Estados Unidos*. Anuário do Museu Imperial. Vol. 36. Petrópolis: Ministério da Educação e Cultura – Museu Imperial, 1975.
www. emfa.pt/museu/histavi.htm
www.rudnei.cunha.nom.br/FAB/port/bartholomeu-de-gusmao.html

Os Caminhos da Ciência Brasileira: Santos Dumont

Diamantino Fernandes Trindade
Laís dos Santos Pinto Trindade

O objetivo deste trabalho é mostrar alguns aspectos históricos da evolução da aeronavegação e, em particular, a grande contribuição de Alberto Santos Dumont quanto à dirigibilidade dos aeróstatos e o desenvolvimento de aeronaves mais pesadas que o ar.

Introdução

> *Não quero patentes, recompensas, nem construo meus aviões para vender. Coloco-os à disposição de todos.*
>
> *Alberto Santos Dumont*

O desejo de voar talvez seja um dos mais antigos sonhos da humanidade e foi expresso em várias lendas e mitos. É da mitologia grega que trazemos um dos mitos mais conhecidos e que relata a possibilidade e os perigos de tal aventura.

A pedido do rei Minos, o hábil projetista Dédalo construiu um labirinto do que as pessoas ali encerradas não conseguiriam sair sem ajuda. Era uma construção com muitos corredores que se comunicavam e pareciam não ter começo nem fim. Dédalo caiu no desagrado de Minos e foi aprisionado em uma torre. Conseguiu escapar do cárcere, porém não podia sair da ilha, pois o rei mantinha intensa vigilância sobre os barcos que partiam e zarpavam.

Olhando para o alto, Dédalo percebeu que o ar seria a única saída. Com sua criatividade construiu asas, para ele e para seu filho Ícaro, usando penas de aves, fios e cera. Recomendou a Ícaro que não voasse muito alto; entretanto, exultante com o vôo, seu filho começou a elevar-se nos céus e, quando o calor do Sol derreteu a cera das asas, ele mergulhou e morreu nas águas do mar.

No mundo moderno, o projeto mais antigo de uma máquina de voar foi feito por Leonardo da Vinci, no século XV, que desenhou uma espécie de helicóptero baseado nos vôos das aves. Contribuiu também para o futuro da aeronáutica desenhando hélices e um aparelho que muito se assemelha aos pára-quedas de hoje.

Mais de dois séculos depois, o brasileiro Bartholomeu Lourenço de Gusmão deu o próximo passo no processo da conquista dos ares. Segundo alguns pesquisadores, a observação de como uma bolha de sabão se elevava rapidamente no ar, ao passar por cima de uma fonte de calor, despertou a idéia de usar ar aquecido para elevar um balão. Gusmão passou então a trabalhar com afinco no projeto de um aparelho "mais leve que o ar".

Ele fez uma "Petição de Privilégio' ao rei D. João V na qual mencionava seu "instrumento de andar sobre o ar". A petição foi-lhe concedida por alvará, em 19 de abril de 1709, e além disso, o rei alocou-lhe fundos para a construção do aparelho, concedendo-lhe ainda o cargo de professor de Matemática na Universidade de Coimbra.

Em 8 de agosto de 1709, na sala dos embaixadores da Índia, diante de D. João V, da rainha, de membros do corpo diplomático e de autoridades eclesiásticas, Bartholomeu fez elevar a quatro metros um pequeno balão de papel pardo grosso, cheio de ar quente produzido por combustível resinoso e contendo uma tigela de barro incrustada na base de um tabuleiro de madeira, *a passarola*. Com medo de que o fogo atingisse as cortinas, dois criados destruíram o balão, mas o experimento foi um sucesso, impressionando bastante o rei e os demais convidados.

Bartholomeu, *o padre voador*, continuou seus experimentos, quase todos bem-sucedidos, com balões de maior envergadura. Mostrou que era possível fazer um balão voar. No entanto, não foi capaz de prosseguir com suas pesquisas, nem de encontrar seguidores. A principal razão foi o fato de que a Corte e o povo esperavam que ele usasse o balão para ele mesmo voar, mas ele apenas pretendia mostrar que isso era possível, usando um modelo em escala. Esperava poder despertar o interesse de investidores para o seu empreendimento.

Em 19 de setembro de 1783, os irmãos Étienne e Joseph Montgolfier realizaram seu vôo épico em um balão de ar quente batizado de *Réveillon*, utilizando os mesmos princípios de Bartholomeu de Gusmão. Fizeram fogueiras com palha e com a fumaça produzida encheram um balão de 32 metros de circunferência que se elevou a 300 metros, caindo dez minutos após a uma distância de três quilômetros. Os três passageiros desse vôo foram uma ovelha, um galo e um pato. O primeiro vôo com seres humanos ocorreu em 21 de novembro de 1783 do mesmo ano, quando o marquês d'Arlandes e Pilâtre de Rozier voaram em um balão semelhante ao dos irmãos Montgolfier.

Quando das primeiras notícias dos vôos aerostáticos na França, os estudantes de Química da Universidade de Coimbra, em 1784, iniciaram um trabalho de construção de balões, tanto de ar aquecido como de hidrogênio. Segundo Filgueiras (2002):

> A *Gazeta de Lisboa* noticiava que os discípulos do doutor Vandelli (dentre eles, o brasileiro Vicente Coelho de Seabra Silva Telles) lançavam balões tanto de ar quente como do "gás proximamente descoberto pelo célebre Priestley, cujo método tende a fazer passar os vapores da água e do álcool para um tubo de metal em brasa e cheio de pequenas tachas de ferro".

O paraense Júlio Cezar Ribeiro de Souza começou a pesquisar os problemas da dirigibilidade dos vôos em 1875, domesticando urubus para estudá-los. As suas pesquisas levaram-no a construir modelos que se assemelhavam a aves de madeira, aos quais acrescentou cauda e asas confeccionadas em tecido de algodão esticado por varetas de bambu. Logo após, montou um aeróstato no formato de charuto, aplicando dois planos laterais, que formavam um pequeno ângulo longitudinal. Fez experimentos em um igarapé e conseguiu dar-lhe sentido para onde se encontrava arpoado.

Mergulhou o protótipo no fundo de um riacho e verificou que, em vez de subir no plano vertical, como ocorre com os corpos menos densos do que o meio líquido, o aparelho deslizava submerso na água e seguia uma direção oblíqua à superfície, emergindo na outra ponta do riacho.

Após seus experimentos bem-sucedidos, solicitou uma audiência ao governador do Pará para mostrar a sua teoria e não teve sucesso. Foi para o Rio de Janeiro e conseguiu um parecer técnico do renomado Instituto Politécnico Brasileiro. Com esse parecer conseguiu uma verba de 20 mil contos de réis do governo paraense e viajou para a França para construir o seu balão. O relator do parecer foi o barão de Teffé, que considerava:

> Não é ocioso lembrar que o sr. Júlio Cezar, considerando a sua máquina de voar como uma grande ave invertida, substituiu a força da gravidade que solicita o corpo do pássaro para baixo no sentido vertical (em virtude de seu peso), pela força ascensional do aeróstato que o impele para cima, isto é, no sentido oposto... Em condições favoráveis de tempo e sob as mãos de hábil manobrista, prático no manejo do leme e dos planos laterais, o aparelho do sr. Júlio Cezar poderá mover-se em uma direção oblíqua ao horizonte independente de qualquer propulsor.

Logo após conseguir a patente do seu protótipo na França e fazer a exposição da sua teoria para a Sociedade Francesa de Navegação Aérea, Júlio construiu seu balão *Victória* na oficina de Hilaire Lachambre, a melhor da época, onde Santos Dumont também trabalhou e desenvolveu seus aparelhos. Julio patenteou seu invento em 11 países. O seu protótipo teve experimentos bem-sucedidos e resolveu o problema crucial da dirigibilidade da navegação aérea, determinando a forma aerodinâmica que todas as aeronaves deveriam ter.

O segundo protótipo denominado *Santa Maria de Belém* foi também construído na oficina de Lachambre, porém não foi acompanhado de perto por Julio Cezar que, por não possuir mais recursos financeiros para a sua estadia em Paris, voltou ao Brasil. Quando o balão chegou, em 12 de julho de 1884, muitas dificuldades financeiras comprometeram o êxito do protótipo e o nosso inventor interrompeu suas pesquisas.

Conforme Barata (2004):

Quase um mês depois desse golpe sofrido por Júlio Cezar, os franceses Renard e Krebs realizaram, em 9 de agosto de 1884, o primeiro circuito fechado a bordo de um balão dirigível, de proporções semelhantes às idealizadas pelo brasileiro: 52,4 metros por 8,4. Inconformado, Julio Cezar redigiu um protesto explicando sua teoria, falando de suas patentes e do plágio ocorrido na construção do primeiro balão dirigível pelos franceses.

Mesmo sendo divulgado em vários países, seu protesto foi ignorado na França. Julio recorreu ao Instituto Politécnico Brasileiro para que se manifestasse a seu favor. Isso só ocorreu um ano mais tarde, dois anos antes de sua morte.

Os vôos planados tiveram um marco significativo, entre 1890 e 1896, com o alemão Otto Lilienthal. De acordo com Barros (2003):

> Otto Lilienthal estudou a questão da sustentação das asas e da estabilidade do aparelho e publicou, ainda em 1889, o trabalho *O vôo dos pássaros como base da arte de voar*. Lilienthal construiu seu primeiro planador em 1891, seguindo a concepção proposta por Lord Cayley: asas para dar sustentação e lemes para garantir a estabilidade. Ele conseguia manter o controle do aparelho deslocando o peso do corpo e, com isso, mudando o centro de gravidade. Chegou a construir 16 planadores e realizou saltos próximos a Berlim de uma altura que variava de 30 a 60 metros.

Outra contribuição importante para a navegação aérea foi a de Clément Ader que projetou um aeroplano, batizado de *Éole*, semelhante a um grande morcego com 14 metros de envergadura e movido por um motor a vapor. Segundo Barros (2003):

> No dia 9 de outubro de 1890, o aparelho correu numa pista improvisada nos terrenos do castelo de Gretz-Armainvilliers, próximo a Paris. Durante a corrida, as poucas pessoas presentes olhavam para verificar se as rodas deixariam o solo. O aparelho de 296 quilos de peso total deve ter atingido 36 km/h e, em cinco segundos, tudo estava terminado. O *Éole* correu os 200 metros de pista, e pairou a dúvida: parecia ter conseguido voar por uns 50 metros. As marcas das rodas sumiam a partir de um certo momento, o que confirmava a suspeita.

O brasileiro Augusto Severo de Albuquerque Maranhão também contribuiu para o desenvolvimento da navegação aérea ao desenvolver um balão semidirigido. Com a ajuda financeira do presidente Floriano Peixoto, foi para Paris e construiu o primeiro aparelho denominado de *Bartholomeu de Gusmão*. Foi transportado para o Brasil e montado no hangar do Ministério da Guerra em Realengo, no Rio de Janeiro. Esse aparelho tinha muitas imperfeições, e Severo projetou um segundo chamado de *Pax*.

Em 1902, utilizando todos os seus recursos financeiros e com a ajuda de amigos e familiares, seguiu para Paris onde pôde construir o seu novo balão. Como o dinheiro era pouco para desenvolver melhor o aparelho, realizou experiências sem os motores elétricos do projeto original. Em 12 de maio de 1902, decolou com seu mecânico Saché e fez várias manobras, realizando círculos fechados e figuras na forma de oito, mostrando a dirigibilidade do aparelho que se mostrava muito boa. Em determinado momento, a cerca de 400 metros de altura, o *Pax* explodiu e caiu na avenida do Meine, matando os dois tripulantes.

Alberto Santos Dumont

Alberto nasceu em 20 de julho de 1873 na Fazenda Cabangu, Município de Santa Luzia do Rio das Velhas, em Minas Gerais. Filho de Francisca de Paula Santos e Henrique Dumont, engenheiro formado pela Escola Central de Artes e Manufaturas de Paris, construiu, por determinação do imperador, um trecho da Estrada de Ferro D. Pedro II, que ficou mais conhecida como Central do Brasil.

Em 1879, quando Alberto tinha 6 anos de idade, a ferrovia foi concluída e a família mudou-se para Valença, no Rio de Janeiro. Após curta estadia nessa cidade foram para a região de Ribeirão Preto, no interior paulista, onde Henrique adquiriu uma fazenda de café chamada de Arindeúva. Como tinha vasto conhecimento, trazido da França, sobre as técnicas mais modernas de cultivo e colheita e com a contratação de imigrantes europeus no lugar de escravos, a fazenda tornou-se a maior produtora de café do Brasil. Henrique era chamado, pela imprensa, de "rei do café". A fazenda era tão extensa que foi necessário construir uma ferrovia com aproximadamente 96 quilômetros de extensão e contava com sete locomotivas Baldwin.

Desde pequeno, Alberto ficava fascinado com as modernas máquinas usadas na fazenda como secadoras, peneiras, descascadoras e separadoras. Aos 7 anos, guiava as "locomóveis", veículos a vapor utilizados no transporte dos frutos vermelhos do café para a estrada de ferro. Aos 12 anos, passou a dirigir as locomotivas Baldwin. Passava boa parte do tempo observando as máquinas, aprendendo a consertá-las. Tinha especial preferência pelos motores rotativos, o que o ajudou bastante na construção de suas futuras máquinas voadoras.

A fortuna da família possibilitou a contratação de professores europeus para os filhos. Os primeiros estudos de Alberto aconteceram em Ribeirão Preto. Mais adiante, estudou no Colégio Culto a ciência, em Campinas e no Colégio Moretzon, em São Paulo. Lia vários livros de engenharia que o pai trouxera da França, porém as suas obras favoritas eram de ficção científica, particularmente as de Julio Verne. Aos 10 anos já tinha lido todos os livros do autor.

Aos 18 anos, a sua vida começou a sofrer mudanças substanciais. Em 1891, seu pai sofreu sério acidente, quando percorria um trecho da fazenda; ao cair do cavalo, sofreu uma concussão cerebral que o deixou hemiplégico. Como a sua recuperação não foi satisfatória, vendeu a fazenda por seis milhões de dólares (valor bem alto para a época) e partiu para a França, com a família, para tentar um tratamento mais eficiente.

Desde o desembarque na estação de trem de Orléans, Alberto ficou deslumbrado com Paris. Visitou uma feira industrial, no Palácio das Indústrias, e ficou fascinado com o motor a petróleo. Comprou um automóvel Peugeot de 3,5 cavalos-força e o trouxe para o Brasil. Foi um dos primeiros automóveis a circular no país.

A saúde precária de seu pai agravou-se e a família voltou para a França em 1892. Durante a viagem, Henrique Dumont piorou, o que o obrigou a voltar para o Rio de Janeiro, onde faleceu em 30 de agosto daquele ano. Antes de morrer, já havia decidido emancipar o filho, adiantando-lhe sua herança de 500 mil dólares, para que pudesse ter uma vida independente. Barros (2003) descreve as palavras de seu pai:

> Já lhe dei hoje a liberdade; aqui está mais este capital. Tenho ainda alguns anos de vida; quero ver como você se conduz; vai para Paris, o lugar mais perigoso para um rapaz. Vamos ver se se faz um homem; prefiro que não se faça doutor; em Paris, com o auxílio de nossos primos, você procurará um especialista em física, química, mecânica, eletricidade, etc., estude

essas matérias e não se esqueça de que o futuro do mundo está na mecânica. Você não precisa pensar em ganhar a vida; eu lhe deixarei o necessário para viver.

Seguindo a orientação de Henrique Dumont, passou a estudar Física, Química, Mecânica e Eletricidade com o sr. Garcia, um respeitável preceptor espanhol, com quem estudou durante quatro anos. Retornou ao Brasil para visitar a família. Voltou a Paris em 1897.

A leitura do livro *Andrée au Pôle Nord em Ballon,* dos construtores Aléxis Machuron e Henri Lachambre, estimulou o seu sonho de voar. Essa obra relatava a viagem ao Pólo Norte de três aeronautas suecos: Salomon-Auguste Andrée, Nils Strindberg e Knud Fraenkel, no balão *Öern (Águia).* Quando chegou a Paris, foi procurar os construtores Machuron e Lachambre.

Em 23 de março de 1898, realizou sua primeira ascensão em um balão dos dois construtores, pagando por isso 400 francos. Juntamente com o sobrinho de Lachambre, partiu do Parque de Vaugirard e voou cerca de duas horas até o parque do castelo de La Ferriére, em um percurso aproximado de cem quilômetros. Após a viagem, declarou: *Fiquei estupefato diante do panorama de Paris vista de grande altura. Durante toda a viagem acompanhei o piloto; compreendia perfeitamente a razão de tudo quanto ele fazia. Pareceu-me que nasci mesmo para a aeronáutica.* Após essa experiência decidiu mandar construir um balão, por ele desenhado, a Lachambre, e batizou-o de *Brasil.*

Em 4 de julho de 1898, o singelo balão *Brasil* decolou do Jardim da Aclimação, o jardim zoológico do Bois de Boulogne, e elevouse nos ares de Paris. O aparelho ascendeu, com facilidade, seu piloto e o lastro. Alberto analisou o comportamento do balão e construiu um segundo modelo, o *L'Amerique,* bem maior e com espaço suficiente para carregar alguns convidados. O vôo, ao sabor dos ventos, não lhe agradava e passou a idealizar um balão dirigível, o *Santos Dumont 1 (SD-1),* de formato cilíndrico, com hélice e leme, utilizando motor a petróleo pela primeira vez na história da aviação.

Na primeira tentativa, em 18 de setembro de 1898, Alberto posicionou mal a aeronave, a qual, assim que decolou, foi empurrada contra as árvores. Dois dias após, uma nova tentativa, o balão subiu e tudo corria bem até que uma falha na válvula de manutenção do ar fez com que o invólucro se dobrasse ao meio, começando a cair rapidamente. Alberto manteve a calma e, enquanto o balão caia, gritou para alguns meninos que assistiam ao evento para que puxassem o cabo pendente, como se estivessem empinando uma pipa, fazendo com que a aeronave voasse contra o vento. Conseguiu assim um pouso menos complicado.

A essa altura já era uma figura popular em Paris e tema de várias conversas. O seu grande chapéu e sua maneira de vestir acabaram se tornando moda entre os franceses. Gradativamente foi aperfeiçoando os seus projetos e construiu, em 1899, o *SD-2*, com formato de charuto e ventilador de alumínio que mantinha a forma do invólucro. Foi destruído ao se chocar contra as árvores. Logo após veio o *SD-3*, com grande evolução na sua pesquisa sobre dirigibilidade. Nesse balão, utilizou gás de iluminação, mais barato, menos denso e menos inflamável. Com essa aeronave realizou, em 13 de novembro de 1899, aquilo que ele descreveria como "a sua mais feliz ascensão". Partiu de Vaugirard rumo ao Champ de Mars. Desde então começou a passear no ar e olhar Paris de cima.

Em 10 de julho de 1900, a imprensa noticiou que Santos Dumont testaria um novo projeto. No dia 1º de agosto, apresentou o *SD-4* aos amigos. Este modelo não tinha a cesta de vime e ele se acomodava em um selim de bicicleta e controlava o leme com um guidão. Durante duas semanas ele voou quase todos os dias com a nova aeronave. Foi apresentado na Exposição Internacional de Paris e recebeu o prêmio de encorajamento do Aeroclube da França.

Em 12 de julho de 1901, fez uma demonstração sobre Paris com o *SD-5,* que era capaz de voar com grande controle e velocidade. O Aeroclube de Paris, por meios do sr. Deustch de la Meurthe, instituiu um prêmio de cem mil francos para quem conseguisse partir de Saint-Cloud, dar uma volta completa na Torre Eiffel e voltar ao ponto de partida em menos de 30 minutos.

Alberto estava decidido a ganhar o Prêmio Deustch; em 8 de agosto de 1901, o *SD-5* subiu e, após contornar a torre, entrou em pane. Abriu então as válvulas do balão, deixando-se chocar com o telhado do Hotel Trocadero, sendo resgatado pelos bombeiros.

Em um tempo recorde, de 22 dias, construiu o *SD-6*, modelo semelhante ao anterior. Fez vários testes e, em 19 de outubro do mesmo ano, ganhou o prêmio com o tempo de 29 minutos e 30 segundos. Foi aclamado no mundo inteiro como o inventor da dirigibilidade no espaço. Distribuiu o prêmio entre os mecânicos de sua equipe e os funcionários da prefeitura da Paris.

Em 1903, projetou e construiu o *SD-7* para participar de corridas de dirigíveis. Não projetou o *SD-8* por superstição. O *SD-9*, "o carrinho aéreo", foi construído para passear por Paris e com ele visitava os amigos em seus castelos. O *SD-10* foi apelidado de "ônibus aéreo" e tinha capacidade para 12 passageiros. Iniciou a construção de uma aeronave bimotora de asa, a *SD-11*. Tentou construir um helicóptero com dois rotores, o *SD-12*. O *SD-13* era um dirigível com o invólucro dividido entre um compartimento de gás de iluminação e outro de ar quente. Em 1904, Alberto escreveu o livro *Dans l'Air*, sobre os seus experimentos de vôo e seus balões.

O *SD-14* causou furor e despertou o interesse do público, principalmente após as demonstrações, em agosto de 1905, em Trouville na costa do Canal da Mancha. Nesse ano, foi instituída, pelo Aeroclube da França, a Taça Archdeacon para quem voasse com um aparelho mais pesado que o ar.

Em julho de 1906, fez experiências com uma aeronave formada por um conjunto de pipas-caixa, acionadas pelas próprias forças. Em 19 de julho, o novo invento estava pronto e Alberto começou a testá-lo ligando-o ao *SD-14*. Foi por isso denominado de *14-Bis*, o anexo do *SD-14*. Em 23 de julho, realizou vários saltos, sempre ligado ao *SD-14*, e percorreu alguns metros no ar. A partir daí abandonou o balão e, três dias após, iniciou os testes com o avião preso a um cabo de aço esticado, no seu terreno em Neully. As experiências continuaram e, em 23 de outubro de 1906, perante a Comissão do Aeroclube, decolou de Bagatelle e fez um vôo de aproximadamente 60 metros, a três metros de altura, conquistando a Taça Archdeacon. Demonstrou naquele momento, de forma insofismável, que era possível, a um aparelho mais pesado que o ar, elevar-se do solo por seus próprios meios e manter-se no ar. Uma grande emoção contagiou o público presente, enquanto as rodas da aeronave começavam a se mover. O *14-Bis* subiu e efetivamente voou 60 metros.

Houve unanimidade na imprensa mundial que classificou aquele experimento como o primeiro vôo de um aeroplano. Vejamos algumas manchetes do dia 24 de outubro de 1906:

"Um minuto memorável na história da navegação aérea"
(*L'Illustration*)

"O Homem Conquista o Ar. Santos Dumont Realizou Ontem uma Experiência Sensacional" (*Le Matin*)

"Primeiro Vôo de uma Máquina Mais Pesada que o ar. Santos Dumont Vence o Prêmio Archdeacon" (*The Illustrated London News*)

Em março de 1907, apresentou o *SD-15*, um *14-Bis* invertido, com o leme na parte posterior e construído em madeira. O *SD-16* era feito com asas e lemes e acoplado a um balão de hidrogênio. O modelo era incômodo e não conseguiu decolar. A evolução do *SD-16* foi o *SD-17*. O *SD-18* era um deslizador aquático.

Os insucessos dos *SD-15, SD-16, SD-17* e *SD-18* levaram-no à idealização de um modelo esportivo, o *Demoiselle*, *SD-19,* avião leve, pequeno, elegante e veloz que utilizava um motor com cilindros opostos, desenvolvendo 25 cv. Em 17 de março de 1909, ele apresentou o *SD-20* em Saint-Cyr, um modelo mais avançado do *Demoiselle*. Este avião foi um dos destaques da Primeira Exposição Aeronáutica de Paris. Passou a voar diariamente com esta aeronave que atingia a velocidade de 90 km/h.

O *Demoiselle* foi o avião utilizado pelos iniciantes na arte do vôo. Roland Garros, que mais adiante seria um grande piloto, realizou seus primeiros passeios na aeronave projetada por Santos Dumont. Chegou a atingir 5 mil metros de altitude e faleceu, em 1912, vítima de um acidente aéreo. A partir do *Demoiselle,* a aviação cresceu rapidamente tanto no campo comercial como no militar (infelizmente). Em 18 de setembro de 1908, Alberto realizou seu último vôo em Paris.

Com o aumento gradativo da velocidade das aeronaves, Alberto sentiu a necessidade de registrar o tempo dos vôos, sem precisar tirar as mãos dos comandos. Quando caiu, com o *SD-5*, a princesa Isabel presenciou o fato, da janela de sua residência, e enviou uma refeição para ele e para o grupo que resgatava o balão. Quando foi agradecer, a princesa ofertou-lhe uma medalha de São Benedito, um talismã contra acidentes. Prendeu a medalha em uma corrente de ouro e amarrou-a ao pulso direito. Surgiu então a idéia de fazer um relógio de pulso para facilitar a consulta quando as duas mãos estivessem ocupadas.

Em um almoço no Maxim's de Paris, em 1908, comentou a idéia com o joalheiro Louis Cartier, que mandou fazer um protótipo de relógio de pulso denominado de *modelo Santos*. Em 1911, a novidade passou a ser comercializada e, em pouco tempo, tornou-se moda no mundo inteiro.

O Avião dos Irmãos Wright

Todas as experiências de Santos Dumont e de outros aeronautas de sua época, como Gabriel Vousin, Henry Farman e outros, foram feitas com a maior transparência possível e com a presença de grande público, da imprensa, de autoridades e comissões julgadoras. Eles mostravam, sem nada esconder, que suas aeronaves eram capazes de voar. Até 23 de outubro de 1906, não havia aparecido nenhum aeronauta com equipamento mais pesado que o ar que fosse realmente capaz de voar.

Os norte-americanos Orville e Wilbur Wright afirmavam que teriam voado em 17 de dezembro de 1903, com a aeronave *Flyer*. Nenhum jornal publicou qualquer notícia sobre esse suposto feito, nem mesmo o jornal *A Gazeta* da localidade de Dayton, a cidade mais próxima de Kitty Hawk, onde teria acontecido o vôo. Parece que o grande feito deles foi matar o tenente Selfridge em um vôo de demonstração. Orville foi parar no hospital com várias fraturas. Adotavam o método da catapulta para colocar o avião no ar.

Em 1908, Wilbur foi para a Europa. Em Paris, ensaiou alguns vôos e a primeira tentativa resultou em grande estrondo e densa nuvem de poeira – a grande aeronave de madeira foi lançada de uma catapulta e caiu desastradamente a poucos metros da rampa de lançamento.

Antes dessa fracassada tentativa, Alberto teve uma conversa com Wilbur e perguntou por que utilizar a catapulta se existiam as rodas. Ele respondeu que as rodas não tinham futuro na aviação. Em seguida, o aviador norte-americano fez outra tentativa, no campo de provas de Auvours. Conforme Senna (2003):

> Quando tirou a lona que cobria o aparelho, Alberto soltou uma gargalhada: não existe mais a catapulta, o novo biplano tem as asas mais à popa e cinco pneumáticos, parece uma caricatura do *14-Bis*. Após várias corridas pelo campo, consegue alçar vôo e percorre quase 300 metros à baixa altitude, roncando e balançando; ao aterrissar, as hastes das rodas se partem, arrasta a barriga no chão até parar, soluçando. Alberto faz questão de cumprimentar Wilbur Wright e irritá-lo: "Enfim, seu primeiro vôo, hein? Mas a publicidade é enorme, o americano detém novo recorde de velocidade de percurso aéreo".

Durante 2002 e 2003 a mais perfeita réplica do *Flyer* foi construída. Nas comemorações pelo centenário da aviação norte-americana, fracassaram as tentativas de repetir o suposto feito dos irmãos Wright, em 17 de dezembro de 1903. O evento ocorreu no mesmo local na praia da Carolina do Norte onde eles teriam realizado o feito. Na primeira tentativa, a nave apontou para cima, ensaiou uma subida, mas logo após voltou para o chão, atolando a asa direita na lama. Uma segunda tentativa foi ensaiada, mas não teve êxito pela falta de ventos propícios. O avião de Santos Dumont não necessitava de ventos propícios.

O presidente George Bush esteve presente às comemorações, porém não ficou para presenciar o fracasso do *Flyer*. Em 1988, o major Danilo Fuchs decolou com uma réplica precisa do *14-Bis*, no Campo de Marte em São Paulo, elevando-se a 18 metros e percorrendo a pista de 1.300 metros a uma velocidade de 50 km/h. Não podemos negar a contribuição significativa dos irmãos Wright para o desenvolvimento da aviação mundial. No entanto, fica muito difícil acreditar que tenham realmente voado antes de 1906.

No livro de Santos Dumont *O que eu vi, o que nós veremos,* ele relata:

> Eu não quero tirar em nada o mérito dos irmãos Wright, por quem tenho a maior admiração; mas é inegável que só depois de nós se apresentaram eles com um aparelho superior aos nossos, dizendo que era cópia de um que tinham construído antes dos nossos...

Alberto e Seus Conflitos

Alberto viveu muitos conflitos ao longo de sua vida, sendo a sexualidade um deles. Durante muito tempo esteve envolvido com mulheres bonitas e famosas como a atriz Lantelme. Senna (2003) relata um dos desabafos de Santos Dumont:

> Posso escapar de todos, de todas; de Lantelme é difícil. O que me incomoda nela? O que me seduz em seu corpo mignon? O que me faz permitir que ela se apaixone por mim tão publicamente?

Esteve também envolvido com a bela Aída da Acosta, cubana campeã de esqui aquático, com quem teve um tórrido relacionamento.

Aida foi a primeira mulher a dirigir um balão, com a permissão e a orientação de Alberto. Contudo, também um jovem mecânico italiano, louro e de olhos azuis, foi uma de suas grandes paixões. Senna (2003) relata:

> Alberto fecha-se com Anzani na oficina e cria um novo tipo de motor em V, com 8 cilindros dispostos aos pares, 50 cavalos, dotado de distribuição por platinados, alternador elétrico... Alberto batiza a nova fórmula: "É um motor anzani, um motor em V tipo anzani, e durante muito tempo será o mais avançado dos motores de explosão". Anzani fica mudo de espanto e agradecimento, de ternura... O que fez para merecer tanto? Anzani sente o calor das lágrimas na face, a agitação do sangue em todo o corpo, os músculos tensos, os soluços, a perturbação. Todos riem. Alberto se aproxima dele sorrindo, brincalhão, as asas abertas para o abraço de amigo, de amor. Olhos de alegria nos olhos em pranto, pólos que se atraem, campos magnéticos.

Ainda o mesmo autor (2003) descreve um trecho de uma carta enviada por Alberto a um amigo, datada de 23 de julho de 1932:

> Amei homens e mulheres, sou macho e fêmea no coração e na mente, não me foi dado o bem ou o mal de saber dividir categorias tão complementares. Já basta a divisão dos corpos, a natureza dos contrários que somos dotados, homens e mulheres. Existem os desejos do corpo e os desejos da alma. Não gostaria de ter vivido sem conhecer o amor de Aída e o amor de Anzani, sem desfrutar outros amores menos intensos, mas nem por isso menos sagrados, e minha vida seria incompleta se não pudesse amar você neste meu ocaso, neste inverno.

Após seu último vôo, em 1909, começou a viajar por vários países. Nessa altura, sofria de esclerose múltipla, logo aparecendo os primeiros sintomas de envelhecimento precoce. A utilização do avião, com finalidades bélicas, na Primeira Guerra Mundial, causou-lhe um profundo abatimento. Passou a fazer campanhas sistemáticas para a proibição do seu invento como arma de guerra. Conforme Napoleão (1988): *o uso do avião na Primeira Guerra Mundial foi a tragédia do fim de sua vida. Os seus nervos cansados pela* aviação iriam ser devorados por aqueles que ele mesmo denominava de *pássaros do progresso*. Foi considerado suspeito de espionagem, durante a guerra, pelo governo da França, por deixar as luzes de sua casa acesas durante o blecaute.

Alberto viveu aproximadamente 15 anos após o final da guerra, mas raramente teve um momento de serenidade. Viajava freqüentemente da Europa para o Brasil onde construiu, em 1918, a casa denominada *a Encantada*, em Petrópolis. Ainda, em 1918, escreveu o livro *O que eu vi, o que nós veremos*, sobre seus aviões e o futuro da civilização tecnológica. Em 1927, foi morar em uma vila campestre que adquiriu em Gilon, na Suíça. Em uma de suas viagens ao Brasil, em 1928, sua saúde emocional piorou muito. As autoridades programaram uma homenagem para a sua chegada. Membros importantes da Escola Politécnica embarcaram no hidroavião *Santos Dumont* e voaram em direção ao navio *Cap-Anaconda*. A aeronave perdeu o controle e caiu na Baía de Guanabara, não havendo sobreviventes. Perturbado pela tragédia disse: *Quantas vidas sacrificadas pela minha humilde pessoa!*

Em 1931, retornou ao Brasil e, na *Encantada*, passou a dedicar-se aos projetos aeronáuticos avançados e à Astronomia. Ficou perturbado quando soube que os aviões estavam sendo utilizados para bombardear os seus conterrâneos durante a Revolução Constitucionalista. Em 1932, a família transferiu-o para um hotel no Guarujá, em função do agravamento do seu estado de saúde. Em 23 de julho de 1932, quando estava no saguão do hotel, ouviu um avião bombardeando um alvo próximo; retirou-se e entrou no elevador de volta à suíte. Olympio Peres Munhoz, o ascensorista relata as palavras angustiadas de Alberto: *eu nunca pensei que minha invenção fosse causar derramamento de sangue entre irmãos.*

Vestiu um terno e revirou o armário até encontrar duas gravatas vermelhas que usava na época dos seus vôos épicos em Paris. Amarrou-as em torno do pescoço, pegou uma cadeira e enforcou-se, pendurado no chuveiro. São várias as hipóteses para o seu suicídio, mas as evidências recaem sobre a esclerose múltipla, a depressão, o uso do seu invento para fins militares e, provavelmente, pelos conflitos que o atormentaram durante toda a sua vida.

Santos Dumont foi homenageado de diversas maneiras com monumentos, condecorações e medalhas. Em 1976, cientistas da NASA batizaram uma cratera da Lua com o seu nome.

A Carta de Despedida

"O que adianta, senhores, viver e não interferir na vivência das pessoas? O que adianta passarmos nesta vida como uma flecha, rápida e imperceptível?".

A verdade da vida consiste em fazermos parte, de atuarmos pelo bem do homem, e não como uma triste lembrança de mau agouro, que amarga os sonhos, assim como os ditadores do passado, a fome do presente e o pessimismo do futuro.

Viver consiste no dia-a-dia, e não no amanhã. É atuar descompromissadamente a favor do próximo, pois já dizia o poeta "belo dar ao ser solicitado, porém é mais belo dar sem ser solicitado, por haver apenas compreendido".

Senhores, muito sofri. Fui utilizado como joguete, intensificando um panorama caótico e antropofágico.

A escravização mental é um dos nossos males, o apego ilimitável à materialidade nos corrompe, como a relva exposta ao fogo. Perdemos a noção do que é ético, pois a ética capitalista não preserva a existência da humanidade, ela é em si e por si. É a essência daquilo que de mal temos.

Onde, digam-me, podemos encontrar um refúgio, um subterfúgio, a fim de nos mantermos invulneráveis daquilo que nos aflige? No amor.

No amor pelo próximo, no amor pela vida, no amor desapegado e sem interesse, pois daqui nada se leva, somente as boas (ou más) lembranças voluptuosas que levaremos para o Jardim do Éden, ou para algum lugar diametralmente oposto, mais profundo e odioso.

Como sabem, associam minha imagem à daquele instrumento, que, doravante, o considero um mero instrumento supérfluo e de utilização, sobretudo beligerante.

De quanto vale, pergunto-lhes, todo desenvolvimento tecnológico se o homem não é a medida e o fim dessas coisas? Que ordem é essa que obriga o homem àquilo de mais desprezível e assustador? Se essa exacerbada materialidade nos conduz a um fim nocivo, por que tudo isso tornou um vício?

Senhores, despeço-me de vossas mercês deixando uma mensagem que sirva de ferramenta para, mesmo que minimamente, altere os seus dia-a-dias e suprima, a partir do momento em que tornem conscientizados de tais verdades, a corrupção do mundo: "O homem somente se faz homem na relação com o próximo. O alicerce nas

relações é a confiança recíproca. E às vezes somos iludidos pela confiança, mas a desconfiança faz com que sejamos enganados por nós mesmos."
Alberto Santos Dumont

Bibliografia e Sitiografia

BARATA, Germana. *Outro pioneiro do Brasil na navegação aérea*. In: Ciência e Cultura. Ano 56, nº1. São Paulo: SBPC, 2004.
BARROS, Henrique Lins. *Santos Dumont e a invenção do vôo*. Rio de Janeiro: Jorge Zahar, 2003.
BRENER, Jayme. *Jornal do Século XX*. São Paulo: Moderna, 1998.
HOFFMAN, Paul. *Asas da Loucura: a extraordinária vida de Santos-Dumont*. Rio de Janeiro: Objetiva, 2004.
MOTOYAMA, Shozo et. al. *500 anos de Ciência e Tecnologia no Brasil*. In: Fapesp Pesquisa, nº52. São Paulo: Fapesp, 2000.
NAPOLEÃO, Aluízio. *Santos-Dumont e a conquista do ar*. Belo Horizonte/ Rio de Janeiro: Itatiaia, 1988.
REDAÇÃO. *Avião dos Wrights fracassa na decolagem*. In: Folha de São Paulo, p. A20. Ciência. São Paulo, 18/12/2003.
RODRIGUES, Thaise et. al. *Santos Dumont*. In: Grandes Inventores Brasileiros, nº1. São Paulo: Instituto Brasileiro de Cultura, 2005.
SENNA, Orlando. *Ares nunca dantes navegados*. São Paulo: Brasiliense, 2003.
TEFFÉ, Barão. *O Brasil berço da sciencia aeronáutica. Minhas memórias do decennio 1880-1890*. Vol. 9. Rio de Janeiro: Imprensa Naval, 1924.
TRINDADE, Diamantino Fernandes & TRINDADE, Laís dos Santos Pinto. *Os Pioneiros da Ciência Brasileira: Bartholomeu de Gusmão, José Bonifácio, Landell de Moura e D. Pedro II*. In: Sinergia. Vol. 4, nº 2. São Paulo: Cafet–SP, 2003.
TRINDADE, Laís dos Santos Pinto. *Alquimia dos processos de Ensino-Aprendizagem: um itinerário interdisciplinar e transformação das matrizes pedagógicas*. Dissertação de Mestrado. São Paulo: Universidade Cidade de São Paulo, 2004.

www.biblio.com.br/Templates/biografia/santosdumont.htm
www.caiuaficha.com.br/biografias/santosdumonthtml
www.geocities.yahoo.com.br/costeira1/dumont/
www.inema.com.br

www.terra.com.br/istoe/brasileiros/indice
www.terra-quadrada.com.br/terra/modules.php
www.vidaslusofonas.pt/santos_dumont.htm - Texto de Carlos Loures

Os Caminhos da Ciência Brasileira: os Sanitaristas

Diamantino Fernandes Trindade
Laís dos Santos Pinto Trindade

O objetivo deste trabalho é mostrar o desenvolvimento da saúde pública no Brasil, bem como o brilhante trabalho dos principais médicos sanitaristas brasileiros, no final do século XIX e início do século XX que, com suas ações e dedicação, contribuíram para que milhões de brasileiros não fossem dizimados por várias epidemias.

Introdução

Mestre João era astrólogo e físico na expedição de Pedro Álvares Cabral e foi o primeiro europeu a exercer funções de médico no Brasil. Em sua carta, datada de 1º de março de 1500, enviada ao rei D. Manuel, fala dos bons ares e do clima ameno da nova terra, bem como da ausência de várias doenças comuns na Europa. Poucas enfermidades acometiam os índios e, quando isso ocorria, eram tratadas pelos pajés que associavam "práticas mágicas" com o uso de ervas nativas com propriedades curadoras.

Os europeus trouxeram consigo uma trágica herança para os nativos da terra: doenças aqui desconhecidas como a varíola e o sarampo que mataram milhares deles. Vieram de lá, também, a tuberculose, a lepra, doenças venéreas e muitas outras. Com os escravos chegaram a febre amarela e diversas verminoses.

Essas doenças se adaptaram e se tornaram endêmicas ou epidêmicas. A nova terra, antes sadia, tornou-se, segundo o professor Miguel da Silva Pereira, um *"imenso hospital"* nos albores do século XIX. Como não eram conhecidas as etiologias, tratavam-se apenas os sintomas. Contribuiu significativamente para esse estado de coisas a vinda da Família Real, com mais de 15 mil pessoas, que ajudou a proliferar tais doenças.

O saneamento era quase inexistente em função do descaso das autoridades públicas com o tratamento de esgotos. A distribuição de água potável dava-se em chafarizes de onde os escravos a transportavam para as residências. O processo de construção de aquedutos era muito lento. O da Carioca, no Rio de Janeiro, demorou cerca de 150 anos para ficar pronto. As condições dos esgotos eram deploráveis. Conforme Katinsky (1994): "*os dejetos eram deixados em grandes barris (tigres) e um escravo, à noite, de preferência, despejava-o no ponto mais próximo do rio, ou eram acumulados em 'casinhas', sobre um buraco no terreno dos fundos das casas (fossas negras)*".

No verão, a situação tornava-se ainda pior e, no Rio de Janeiro, os escravos tinham a desagradável tarefa de levar os dejetos das residências até as praias. Recebiam então a denominação de "tigres", talvez pela cor tigrada com que os dejetos fecais sujavam a sua pele. Como havia grande facilidade de recrutar "tigres", a construção de rede de esgotos foi protelada por muito tempo.

Na segunda metade do século XIX, em decorrência dos estudos feitos na área da saúde sobre as relações entre os microorganismos presentes na água potável, hábitos higiênicos, serviços de tratamento de esgotos e a proliferação de doenças, alguns médicos e engenheiros iniciaram ações no sentido de fornecer melhores condições de vida à população. Só então as redes de esgoto foram construídas.

Uma grande contribuição foi dada por Louis Pasteur, responsável por descobertas que possibilitaram o desenvolvimento de soros e vacinas, além da demonstração experimental da teoria dos micróbios causadores de doenças, que originou um interessante processo social denominado de "revolução pasteuriana" e modificou substancialmente as práticas científicas, os hábitos cotidianos e a Medicina a partir do final do século XIX.

D. Pedro II mantinha estreitas relações com Pasteur e teve o seu primeiro contato com o cientista em uma das sessões da Academia de Ciências da França. Em 1873, visitou-o em seu laboratório e expôs-lhe o problema do surto de febre amarela em algumas cidades brasileiras. A troca de correspondências entre eles tornou-se rotineira e Pasteur colaborou para o desenvolvimento da Ciência brasileira enviando vários trabalhos de pesquisa dos seus laboratórios e recebendo dez jovens médicos brasileiros para participarem de cursos no Instituto Pasteur em Paris.

Iniciou-se, assim, a fase científica da medicina brasileira. Em 1892, o governo do Estado de São Paulo criou o Serviço Sanitário responsável pela instalação do Instituto Vacinogênico (1892), do Instituto Bacteriológico (1893) – onde começou a pesquisa microbiológica no Brasil – e do Instituto Butantan (1899). O Instituto Butantan e o Instituto Soroterápico Federal em Manguinhos, no Rio de Janeiro, foram criados com a finalidade de produzir soros e vacinas para combater a peste bubônica, cuja primeira manifestação foi em 1899. Anteriormente (1888), fora criado o Instituto Pasteur, no Rio de Janeiro, com o intuito de produzir uma vacina para o combate da hidrofobia. O Instituto Pasteur de São Paulo foi criado em 1903.

Alguns médicos sanitaristas obtiveram destaque no controle de epidemias no Brasil. Em 1893, Adolpho Lutz passou a dirigir o Instituto Bacteriológico, iniciando em São Paulo a pesquisa médica. Juntamente com Vital Brasil trabalhou no controle da manifestação de peste bubônica em Santos. O surto de febre amarela na região de Campinas foi combatido pelo diretor do Serviço Sanitário, Emilio Ribas. O médico e sanitarista Oswaldo Cruz, de Manguinhos, foi convocado pelo Governo Federal para combater epidemias que matavam milhares de pessoas na região, como a febre amarela, a varíola e a peste bubônica. Carlos Chagas teve um papel importante na história da investigação médica com a descoberta do parasita e do inseto transmissor da enfermidade que ficou conhecida como "doença de Chagas". Vejamos então um pouco do trabalho desses trabalhadores incansáveis pela saúde do povo brasileiro.

Adolpho Lutz

O médico, sanitarista e pesquisador Adolpho Lutz nasceu em 18 de dezembro de 1855, no Rio de Janeiro. Aos 2 anos de idade foi levado para a Suíça, terra natal de seus pais. Formou-se em Medicina, na Universidade de Berna, em 1880. Em 1881, retornou ao Brasil e instalou seu consultório na cidade de Limeira, interior de São Paulo. Ali atendeu a população carente entre 1881 e 1866. Ia freqüentemente à Europa para atualizar-se em centros científicos mais avançados como Paris, Viena e Londres, trazendo esse conhecimento para o Brasil. Foi para Hamburgo, na Alemanha, onde realizou pesquisas acerca da causa da lepra (hanseníase) com o professor Unna. Esta doença matou uma parte significativa da população do Havaí. Lutz, prontamente, viajou para lá, instalando-se em Honolulu no ano 1899. Assumiu o cargo de diretor do hospital de Kalihi, na ilha Molocai. Realizou um árduo trabalho que contribuiu significativamente para a erradicação da doença. Retornou ao Brasil em 1892, desta vez fixando-se em São Paulo.

Muitas doenças assolavam a cidade, como a varíola, a febre tífica, a febre tifóide, o cólera, a malária e a tuberculose. Em 1893, uma epidemia de cólera, doença pouco conhecida na época, mobilizou os pesquisadores e técnicos do Instituto Bacteriológico. Adolpho Lutz, já como diretor desse instituto, utilizou um método eficiente para a época, no sentido de diagnosticar a doença. Alguns médicos, mais conservadores, contestavam o diagnóstico do cólera pelos sintomas (grave disenteria). Adolpho enviou então para algumas clínicas européias amostras de fezes de várias pessoas contaminadas e os resultados confirmaram o seu diagnóstico. Pesquisou e demonstrou também a presença em São Paulo da disenteria amebiana, da escarlatina e do mosquito transmissor da malária.

Outro marco importante de sua pesquisa foi a identificação do mosquito *Aedes aegypti* como veículo do vírus causador da febre amarela. Em 1902, juntamente com Emilio Ribas, serviu de cobaia em uma arriscada experiência que viria a comprovar o mecanismo da transmissão dessa doença. Adotou, então, algumas medidas para erradicá-lo, como o uso de vapor de enxofre e pó de piretro, além de exterminar as larvas com o uso de querosene e essência de terebentina nas águas paradas.

Em 1908, deixou o Instituto Bacteriológico e aceitou o convite de Oswaldo Cruz para trabalhar no Instituto Manguinhos, onde ficou até a sua morte, em 6 de outubro de 1940. A partir de então, o Instituto Bacteriológico recebeu o nome de Instituto Adolpho Lutz em homenagem a esse brilhante cientista brasileiro.

Vital Brazil

O célebre médico brasileiro nasceu em 28 de abril de 1865, na cidade mineira de Campanha, no dia de São Vital. Recebeu então o nome de Vital Brazil Mineiro de Campanha. Ingressou na Faculdade de Medicina do Rio de Janeiro aos 21 anos. Com poucos recursos financeiros, fazia plantões como escrivão nas delegacias de polícia para custear seus estudos. Graduou-se em 1891. Depois de formado participou do combate a epidemias como cólera, varíola e febre amarela no interior de São Paulo.

Em 1896, foi para a cidade paulista de Botucatu. Ali constatou um significativo aumento dos acidentes com cobras, decorrentes dos desmatamentos. Passou então a se dedicar à pesquisa ofídica, montando, em 1899, um laboratório na fazenda Butantan, em São Paulo, que depois se transformaria no Instituto Butantan. Na sua administração, entre 1901 e 1919, o instituto tornou-se conhecido no mundo inteiro pela produção de soros antiofídicos e pelos seus serpentários. Ainda em 1899, surgiu no porto de Santos uma gravíssima epidemia que se propagou até o Rio de Janeiro e outras cidades brasileiras. A suspeita recaiu sobre a febre amarela. Sob a orientação de Adolpho Lutz, conseguiu culturas positivas do microorganismo da peste. Oswaldo Cruz prosseguiu nas pesquisas de Vital, que contraíra a doença em caráter benigno, e constatou que era a peste bubônica.

Passou depois a estudar os trabalhos do médico francês Albert Calmette, que havia produzido um antídoto para o veneno das cobras najas. Vital aprofundou essas pesquisas e desenvolveu o soro antiofídico para as cascavéis e jararacas, as espécies que mais causavam mortes no Brasil. Com esse soro as mortes pelas picadas dessas cobras foram reduzidas em 50%.

Em 1916, em uma conferência nos Estados Unidos, apresentou os trabalhos do Instituto Butantan. Suas pesquisas tiveram pouca repercussão, porque os americanos consideravam baixo o risco de picadas entre os trabalhadores rurais, já que estes trabalhavam calçados. Enquanto aguardava o navio que o traria de volta ao Brasil, foi chamado às pressas para atender um funcionário do zoológico do Bronx que havia sido picado por uma cobra e corria risco de morte. Vital utilizou algumas ampolas do soro antiofídico que trouxera do Brasil e aplicou no paciente. Depois de 12 horas, o funcionário do zoológico já estava fora de perigo. O fato tornou-se manchete no jornal *The New York Times* e teve repercussão mundial.

Depois de 20 anos de incansável trabalho no Insituto Butantan, mudou-se para Niterói onde fundou o Insituto Vital Brazil. Morou o restante da vida nessa cidade, onde faleceu no dia 8 de maio de 1950.

Emilio Ribas

Emilio Marcondes Ribas nasceu no dia 11 de abril de 1862, na cidade de Pindamonhangaba, no estado de São Paulo. Desde pequeno sonhava em ser médico. O sonho se concretizou em 1887, quando se formou na Faculdade de Medicina do Rio de Janeiro. Logo após, retornou ao interior de São Paulo para exercer a sua profissão. Tinha fortes ideologias políticas e fundou um clube republicano para fazer frente ao Império decadente. Foi nomeado, pelo governo de São Paulo, inspetor sanitário e participou no combate a várias epidemias que assolavam algumas cidades paulistas.

Nessa função, participou da higienização de Jaú e Campinas, orientando a canalização de córregos e a remoção do lixo das ruas. O sucesso das suas ações conduziram-no à direção do Serviço Sanitário em 1895, cargo que ocupou por quase 20 anos. Combateu o surto de febre amarela, exterminando 6 mil viveiros de mosquitos *Aedes aegypti*. Em pouco tempo, a mortalidade causada pela febre amarela foi reduzida a apenas dois casos no Estado de São Paulo. Foi por sua iniciativa que o governo paulista adquiriu a fazenda Butantan, onde se instalou o Instituto com o mesmo nome.

Outro problema grave de saúde pública que mereceu a atenção de Emilio Ribas foi a lepra (hanseníase). Em 1913, foi comissionado pelo governo de São Paulo para estudar a questão dessa doença. Dedicou-se intensamente às melhorias das condições de tratamento dos leprosos. Em várias publicações, orientou cientificamente, de acordo com as mais modernas aquisições, as diretrizes para a solução da doença. Considerava uma falta de humanidade o isolamento dos portadores, por isso construiu um asilo nas proximidades da cidade de São Paulo, que visitava três vezes por semana.

Durante a sua administração foram completamente debeladas as periódicas epidemias de varíola no estado de São Paulo, graças à disseminação interna da vacina. Estudou e pesquisou intensamente a forma epidêmica paravariólica conhecida popularmente como alastrim, apresentando os resultados em vários centros científicos, onde foram bem aceitos.

Todos os assuntos sanitários eram abordados por Emilio Ribas. Criou frentes de combate à tuberculose, à difteria, ao paludismo, ao tracoma e a outras doenças. Além do Instituto Butantan, fundou também a Seção de Proteção à Primeira Infância, a Inspetoria Sanitária Escolar, o Serviço de Profilaxia e Tratamento do Tracoma. Reorganizou o Serviço Sanitário, o Desinfectório Central, o Hospital de Isolamento, o Laboratório de Análises Químicas e Bromatológicas e o Laboratório Farmacêutico.

Ribas estudou a febre amarela em Cuba e mostrou aos médicos brasileiros que em nosso país a doença era combatida de forma errada. Em 1902, fez uma investida pioneira e histórica, isolando-se em uma sala, juntamente com Adolpho Lutz e outros voluntários, com um mosquito transmissor da febre amarela (*Aedes aegypti*) que havia picado um doente. Foram contaminados e internados para tratamento. Simultaneamente, outros voluntários ficaram dez dias dormindo com camisas sujas de vômito e urina dos doentes, saindo ilesos do experimento. Ribas comprovou, então, que não havia contágio direto, sendo inútil a manutenção dos doentes de forma isolada no Hospital de Isolamento. Nesse hospital que, em 1932, recebeu o nome de Hospital Emilio Ribas e hoje é o mais importante instituto de infectologia da América Latina, o ilustre filho de Pindamonhangaba morou durante 30 anos, tendo falecido no dia 19 de fevereiro de 1925.

Carlos Chagas

Carlos Ribeiro Justiniano das Chagas nasceu na cidade mineira de Oliveira em 9 de julho de 1878. Aos 16 anos, ingressou na Faculdade de Medicina do Rio de Janeiro. Formou-se em 1903. Em 1905, participou de uma exitosa campanha de combate e erradicação da malária no interior do estado de São Paulo. Sua ação eficaz, que tinha por base a desinfecção familiar, tornou-o conhecido como autoridade científica em todo mundo. Em 1906, passou a integrar a equipe do Instituto Oswaldo Cruz para mais tarde assumir o cargo de diretor de Saúde Pública.

Chagas viajava constantemente pelo interior do Brasil para trabalhar no combate a epidemias. Montou seu laboratório em um vagão de trem, vizinho ao seu quarto de dormir. Fazia muitas visitas familiares para desinfecção e, em uma dessas visitas a um casebre na cidade mineira de Lassance, notou que nas paredes existiam vários espécimes do inseto chamado, popularmente, de barbeiro. Recolheu alguns deles e os levou para estudos em seu laboratório. Nessa pesquisa conseguiu identificar o parasita do barbeiro que ele denominou de *Trypanossoma cruzi,* em homenagem a Oswaldo Cruz. Descobriu também a existência desse inseto em animais domésticos e, informado de que vários moradores do local padeciam de doenças estranhas, dedicou-se a estudar a relação entre essas doenças e o parasita. A sua ampla pesquisa possibilitou, além da descoberta do parasita, determinar a sua anatomia patológica, a epidemiologia, as formas clínicas, os meios de transmissão, a profilaxia e a sintomatologia da doença. Em 1909, anunciou a descoberta do parasita no sangue de uma menina de 3 anos chamada Berenice, que ele curou e só morreu aos 82 anos. A repercussão de sua pesquisa foi tão grande que o mal ficou conhecido em todo mundo como doença de Chagas. Foi indicado ao Prêmio Nobel em 1913, 1920 e 1921.

Segundo Tiner (2004), Chagas participou efetivamente no levantamento das condições sanitárias dos habitantes da Amazônia, liderou a campanha contra a epidemia de gripe espanhola no Rio de Janeiro e publicou trabalhos de grande valor científico. Em 1912, recebeu o Prêmio Schaudinn, conferido pelo Instituto de Doenças Tropicais de Hamburgo, na Alemanha, pelos seus estudos em protozoologia e microbiologia. Após a morte de Oswaldo Cruz, em 1917, foi nomeado diretor do Instituto Oswaldo Cruz. A partir 1920, passou a exercer o cargo de Diretor do Departamento de Saúde Pública. Em 1921, tornou-se o primeiro brasileiro a receber o título de doutor *Honoris Causa* pela Universidade de Harvard. Em 1925, recepcionou Albert Einstein quando da sua visita ao Instituto de Manguinhos.

Faltou ao trabalho, no Instituto Oswaldo Cruz, apenas no dia de sua morte, em 9 de novembro de 1934. Carlos Chagas Filho declarou à revista *Isto É* que, poucos dias antes de sua morte, demonstrou manifestar os sintomas da doença que havia descoberto: "Ele sabia que estava contaminado e escondeu".

Oswaldo Cruz

Oswaldo Gonçalves Cruz nasceu em São Luís do Paraitinga, no interior do Estado de São Paulo, no dia 5 de agosto de 1872. Ingressou na Faculdade de Medicina do Rio de Janeiro aos 15 anos e formou-se em 1892. Em 1896, foi para Paris e se especializou em Bacteriologia no famoso Instituto Pasteur, onde deixou um grande número de admiradores pela sua inteligência e dedicação aos estudos. Especializou-se também em Urologia, pois sabia que as doenças venéreas eram um problema grave, principalmente a gonorréia, que contaminava muitos brasileiros.

A peste bubônica assolava o Rio de Janeiro e o diretor do recém-criado Instituto Soroterápico de Manguinhos, barão de Pedro Afonso, solicitou à direção do Instituto Pasteur que enviasse um especialista para auxiliar no combate à epidemia. A indicação recaiu sobre Oswaldo Cruz, que se tornou diretor-técnico em 1900, e diretor geral em 1902. Sob a supervisão de Oswaldo, o Instituto Soroterápico preparou os soros e vacinas necessários para o combate à doença. Sob sua direção, o Instituto de Manguinhos passou a exercer atividades de pesquisa e formação, além da produção de soros. Conforme Santos Filho (1979), Oswaldo Cruz *construiu para sede do instituto um verdadeiro palácio em estilo mourisco, contratou auxiliares e ensinou-lhes a investigação científica ordenada, enviou-os à Europa para especialização, orientou-os nas pesquisas, criou um curso de Medicina Experimental e fundou a revista intitulada* **Memórias do Instituto Oswaldo Cruz** *(1909). O Instituto tomou seu nome e foi por ele dirigido até a sua morte em 1917.* O pesquisador da Fiocruz, Paulo Gadelha, declarou à revista *Isto É* que *ele queria construir um Templo da Ciência, um símbolo. Por isso tanto luxo e ornamentos.*

Aos candidatos às vagas de pesquisador no Instituto Manguinhos fazia a seguinte pergunta: *o que o senhor sabe sobre bacteriologia?* Se a resposta fosse "muita coisa" ou "tudo", o candidato era imediatamente reprovado. Se dissesse "nada, mas quero aprender", era imediatamente aceito. Quando assumiu a direção do Instituto tinha a intenção de preparar novos pesquisadores, ensinando o que havia aprendido na Europa.

Em 1904, o Rio de Janeiro, então com cerca de 800 mil habitantes, era uma cidade perigosa em função numerosas doenças como tuberculose, febre amarela, peste bubônica, varíola, tifo, cólera e outras enfermidades contagiosas. A capital da República era uma vergonha nacional. O presidente Rodrigues Alves resolveu agir para acabar com elas, convocando para isso Oswaldo Cruz. Suas políticas de saneamento mexeram com a vida dos cariocas, principalmente dos pobres. Em outubro de 1904, entrou em vigor a Lei da Vacina Obrigatória para conter o surto de varíola que dizimava milhares de pessoas, o que gerou petições contrárias assinadas por cerca de 15 mil pessoas. Oswaldo Cruz propôs uma arrojada regulamentação que exigia comprovantes de vacinação para matrículas em escolas, empregos, viagens, hospedagens e casamento. Além disso, os agentes sanitários invadiam as casas e cortiços para eliminar focos do mosquito *Aedes aegypti*, transmissor da febre amarela, e para limpar caixas d'água e calhas. A polícia sanitária multava donos de imóveis insalubres. Os doentes deveriam ficar isolados em suas casas.

Todas essas ações geraram muitos protestos da população e da imprensa, em parte pela falta de informação, e estabeleceu-se a chamada "Revolta da Vacina" com muitas greves e tiroteios. O governo levou seis dias para conter o motim, após o que suspendeu a obrigatoriedade da vacina. Em 1908, uma grande epidemia de varíola acabou por levar a população em busca de ajuda aos postos de vacinação e atestando a validade dos métodos de Oswaldo Cruz. De acordo com Tiner (2004), *"um ano antes fora declarada a erradicação da febre amarela. Ainda em 1907, ele recebeu a medalha de ouro no XIV Congresso Internacional de Higiene e Demografia de Berlim"*.

Em 1913, foi eleito para a Academia Brasileira de Letras e, em 1916, assumiu o cargo de prefeito da cidade de Petrópolis, onde morava desde 1915. Faleceu, aos 54 anos, em 11 de fevereiro de 1917.

Estes cinco brilhantes médicos tinham uma íntima relação de trabalho e pesquisa. Nunca tiveram a preocupação de conquistar cargos a qualquer preço, de publicar centenas de artigos em revistas internacionais. Eram simples e dedicaram suas vidas à saúde pública e ao povo. Por isso foram grandes homens e grandes cientistas e permanecerão sempre vivos no coração da Humanidade.

Bibliografia e Sitiografia

ALENCASTRO, Luiz Felipe (org.). *História da Vida Privada no Brasil*. Vol. 2. São Paulo: Companhia das Letras, 1997.

CARVALHO, José Murilo. Abaixo a vacina! In: *Nova História, nº13*. Rio de Janeiro: Biblioteca Nacional, 2004.

KATINSKY, Julio Roberto. Sistemas Construtivos Coloniais. In: VARGAS, Milton. *História da Técnica e da Tecnologia no Brasil*. São Paulo: UNESP/CEETEPS, 1994.

MOTOYAMA, Shozo (org.). *Prelúdio para uma história: Ciência e Tecnologia no Brasil*. São Paulo: Edusp/Fapesp, 2004.

RAEDERS, Georges. *Dom Pedro II e os sábios franceses*. Rio de Janeiro: Atlântica, 1944.
RIBAS, Emilio. *Archivos de Hygiene e Saúde Pública*. Vol.1, nº1, pp. 7-12. São Paulo: 1936.
REIS, João José. O cotidiano da morte no Brasil oitocentista. In: ALENCASTRO, Luiz Felipe (org.). *História da Vida Privada no Brasil*. Vol. 2. São Paulo: Companhia das Letras, 1997.
SANTOS FILHO, Lycurgo de Castro. A Medicina no Brasil. In: FERRI, Mário Guimarães & MOTOYAMA, Shozo. *História das Ciências no Brasil*. São Paulo: EPU/Edusp, 1979.
TINER, John Hudson. *100 Cientistas que mudaram a história do mundo*. Rio de Janeiro: Prestígio Editorial, 2004.

http://ctjjovem.mct.gov.br/index.php?action=content/view&cod_objeto=1990:
www. terra.com.br/istoé/biblioteca/brasileiro/ciência/ciencia

Os Caminhos da Ciência Brasileira: os Físicos

Antonio Romero Lopes Neto

O Brasil revelou e ainda revela físicos de renome internacional. No ano Internacional da Física (2005), destacamos a vida e obra de três dos seus principais ícones: Mario Schenberg, José Leite Lopes e César Lattes.

"Nesta terra, em se plantando, tudo dá."

Este trecho da famosa carta de Pero Vaz de Caminha, endereçada ao rei de Portugal, por ocasião do descobrimento do Brasil, contém mais mistérios e profecias que se podem imaginar. Com certeza, o próprio navegador lusitano jamais faria idéia disso.

Em um país de dimensões continentais, habitado pelos mais diferentes povos, com suas diferentes culturas, tradições e línguas, é de se esperar que surjam gênios e virtuoses nas mais diversas áreas do conhecimento e expressão humanas. Músicos como Tom Jobim, pintores como Portinari, arquitetos como Niemeyer, atletas como Pelé, são apenas alguns dos exemplos que comprovam nossas palavras.

Mas o Brasil não é só samba, carnaval e futebol? Diriam, com sarcasmo, os céticos de plantão. Não! Nós temos mentes iluminadas também. É certo que temos balas perdidas, corrupção na política, deficiências na educação e na saúde pública, mas nada pode empanar o brilho de nossas estrelas. E são muitas! Por exemplo, em meio a esta profusão de mentes brilhantes, neste Ano Internacional da

Física (2005), cabe destacar a vida e obra de três dos principais físicos brasileiros: Mário Schenberg, José Leite Lopes e César Lattes. Comecemos por Mario Schenberg. Nascido em Recife em 1914, desde cedo se interessou pela Ciência e tecnologia. Iniciou seus estudos nessa cidade, onde também ingressou no curso de Engenharia, concluído mais tarde em São Paulo, cidade que acolhia e congregava, já naquela época, cientistas e estudantes vindos de várias partes do Brasil e do mundo.

Em 1936, após ter concluído o curso de Matemática pela Faculdade de Filosofia, Ciências e Letras da Universidade de São Paulo, Schenberg iniciou seus trabalhos no recém-criado Departamento de Física, orientado por nada menos que Gleb Wataghin, que há pouco chegara da Itália.

Mário foi um iluminado e teve a possibilidade de trabalhar e estudar com outros talentos da Física. Entre 1940 e 1942, por ocasião de seus estudos em Astrofísica nos Estados Unidos, manteve contato com Albert Einstein enquanto desenvolvia com George Gamow o processo URCA, mecanismo de explosão das estrelas supernovas. Desenvolveu, ainda, diversos trabalhos teóricos, em cooperação com físicos do mundo inteiro.

Física e arte sempre andaram juntas. São muitos os exemplos de cientistas que se dedicavam à música e à pintura, entre outros. Schenberg não fugiu à regra e, em 1938, iniciou em Paris estudos sobre a História da Arte, desenvolvendo contato com os mais expressivos artistas da época, como Di Cavalcanti e Noemi Mourão.

Em seu retorno ao Brasil, após 1939, tornou-se um freqüentador assíduo da casa de Oswald de Andrade, já um ícone da cultura brasileira.

Mário Schenberg tinha uma visão holística do mundo. Sua expressão e obra não se limitaram ao seu ramo básico de conhecimento, enveredando pelos campos da fotografia, crítica de arte, política e administração, entre outros. Sua influência é percebida hoje pelos especialistas na obra de muitos artistas, com os quais teve intenso contato.

Suas viagens ao exterior, principalmente pela Europa, em muito contribuíram para a sua formação eclética, livre de preconceitos, e sempre aberto a novas idéias. Foi assim que, em 1953, quando diretor do Departamento de Física da Faculdade de Filosofia, Ciências e Letras da Universidade de São Paulo, convenceu o reitor Ulhoa Cintra, com grande resistência, tanto de físicos como de matemáticos, a comprar o primeiro computador da USP, iniciando assim os cursos do que chamamos hoje computação naquela universidade.

Foi também notável professor e orientador de teses. Entre seus alunos, figuram nomes como César Lattes, José Leite Lopes, Abrão de Morais, entre muitos. Trabalhou ainda com diversos cientistas laureados com o Prémio Nobel de Física, sendo pioneiro em vários campos, tanto da Física como da Química, desenvolvendo mais de uma centena de trabalhos em Astrofísica, Física Teórica e Experimental, Matemática, Geometria e Partículas Elementares.

Não seria justo escrever sobre esse ícone sem destacar sua atuação na política. Foi por duas vezes eleito deputado estadual, primeiro pelo Partido Comunista Brasileiro e posteriormente pelo Partido Trabalhista Brasileiro. Logo após ter sido eleito em 1946, foi cassado, seu partido declarado ilegal e preso por dois meses. Em 1962, nem chegou a exercer seu mandato, barrado pela justiça eleitoral, com base em informações fornecidas pelo DOPS. Em 1964, após o golpe militar, foi preso, sendo libertado somente após uma severa crise de diabetes. Os vários processos movidos pelos militares contra ele foram arquivados após mobilização de toda a comunidade científica mundial.

Mario Schenberg, brasileiro, nordestino de Pernambuco, teimoso e eclético, faleceu em 1990. Seus trabalhos, sua influência e ideologia, no entanto, permanecem, entre os amantes da Ciência e do conhecimento em geral.

O nordeste brasileiro, tão sofrido e injustiçado, brindou-nos com outra estrela: José Leite Lopes. Nascido em 1918, dedicou-se à Química antes da Física, considerada por ele como "a rainha das ciências". Doutorou-se aos 27 anos, nos Estados Unidos, sob orientação do físico austríaco Wolfgang Pauli, um dos ícones da mecânica quântica.

Preocupado com o desenvolvimento da Ciência no Brasil, Lopes, em seu retorno, publicava textos na imprensa cobrando dos governantes maior empenho e atitudes nessa área. Afirmava: *"Não adianta gastar fortunas importando equipamentos, deve-se aplicar recursos aqui. Se desenvolvermos nosso pessoal, podemos construir nossos próprios equipamentos"*.

Durante seu doutoramento, teve oportunidade de conviver com Físicos da estirpe de Reinchenbach e Einstein, mantendo comunicação regular com César Lattes, quando este trabalhava na descoberta dos mésons pi. Aproveitando a publicidade que havia se estabelecido em torno dessa descoberta, juntou-se a outros pesquisadores brasileiros, criando então, em 1949, o Centro Brasileiro de Pesquisas Físicas, um marco para o desenvolvimento da Ciência brasileira.

Em sua carreira, recebeu vários convites para trabalhar no exterior, aceitando diversos deles. Escreveu durante sua vida diversos artigos, entre os quais se destaca "A Model of the Universal Fermi Interaction" [Um Modelo de Interação Universal dos Férmions], que é uma previsão do atual modelo de unificação das interações. Algumas de suas hipóteses, apresentadas nesse trabalho, foram confirmadas por Glashow, Salam e Weinberg.

Durante o tempo que se dedicou a CBPF, escreveu vários livros sobre Física Atômica, Relativística e Eletrodinâmica.

Faleceu em 12 de junho de 2006.

O mais jovem dos três é Cesare Mansueto Giulio Lattes. César Lattes, como é conhecido, nasceu em 1924 na cidade de Curitiba. Sob a orientação de Gleb Wataghin, durante sua graduação na USP, publicou trabalhos científicos sobre a abundância de núcleos no Universo, o início de sua carreira. Desde então teve seu nome ligado a resultados científicos da maior repercussão e a iniciativas das mais produtivas para o progresso da Ciência brasileira e sul-americana. A descoberta do méson pi, em 1947, em colaboração com G. Occhialini e C. F. Powell, foi o marco em sua carreira que se fez acompanhar das mais significativas conseqüências.

A descoberta revelava a partícula presumivelmente responsável pelo comportamento das forças nucleares. O alcance desse feito ultrapassou as fronteiras da ciência fundamental, por causa das expectativas que então revestiam qualquer ampliação de conhecimentos nesses domínios. O desenvolvimento da energia nuclear, no pós-guerra, demandava formulações que a aliviassem do empirismo caro e, por vezes, arriscado que vinha se fazendo.

A produção artificial dessa partícula, em 1948, ainda por Lattes, mas agora em associação com Eugene Gardner, no recém-construído sincrocíclotron da Universidade da Califórnia, em Berkeley, marcou o início da corrida para a construção de aceleradores cada vez mais potentes que caracterizou a física nuclear do pós-guerra.

Lattes liderou um grupo científico que, em 1949, criou o Centro Brasileiro de Pesquisas Físicas, que polarizou e apoiou iniciativas como a da formação do Instituto de Matemática Pura e Aplicada, a da Escola Latino-Americana de Física, o Centro Latino-Americano de Física, enquanto se destacava pela atividade de pesquisas em nível internacional, pelas medidas de modernização dos currículos de ensino da Física e as de formação do pessoal que constitui hoje parcela considerável da liderança científica da física brasileira.

No mesmo ano, junto com colegas bolivianos, criou em La Paz as condições para o que viria a ser o Laboratório de Física Cósmica, a partir de uma velha estação de observações meteorológicas, onde obtivera os registros dos eventos que levaram à descoberta do méson pí. Logo esse laboratório se transformou em centro científico de interesse internacional, abrigando em suas dependências equipamentos e cientistas de todas as partes do mundo que ali escreveram importantes capítulos do conhecimento sobre a radiação cósmica.

Ambas as instituições resistiram aos duros testes do tempo: o Centro Brasileiro de Pesquisas Físicas foi absorvido pelo Conselho Nacional de Desenvolvimento Científico e Tecnológico do governo brasileiro e o Laboratório de Chacaltaya, hoje Laboratório de Física Cósmica, pela Universidade Mayor de San Andrés, constituindo o principal departamento de seu Instituto de Física.

Teve papel importante na criação do Conselho Nacional de Pesquisas, atual Conselho Nacional de Desenvolvimento Científico e Tecnológico, em 1951. Há muito a comunidade científica brasileira lutava pela criação de um órgão com suas características.

A eles aliaram-se grupos de interessados no desenvolvimento da tecnologia nuclear, mas sem poder de transação com a burocracia, em função da pouca tradição e da falta de autoridade científica reconhecida naqueles domínios. O Conselho Nacional de Pesquisas deu novo impulso à pesquisa científica e tecnológica no Brasil, tendo contado com César Lattes na formação de seu primeiro Conselho Diretor.

Foi diretor científico do Centro Brasileiro de Pesquisas Físicas desde a sua fundação, e o mais importante consultor científico nos primeiros anos do Laboratório de Chacaltaya. Deixou essas funções em 1955 para uma curta temporada nos Estados Unidos. Recusando convites importantes, como o de substituir o falecido Enrico Fermi na chefia do seu Instituto na Universidade de Chicago, voltou ao Brasil em 1957 para montar, na USP, um laboratório para pesquisas de interações e alta energia da radiação cósmica. Teve participação ativa, em 1962, do grupo pioneiro que organizou a Universidade Estadual de Campinas. Mudou-se para essa cidade no ano seguinte, inciando a formação do Instituto de Física. Em pouco tempo a UNICAMP conquistou elevado conceito nos meios universitários brasileiros e, em particular, seu Instituto de Física é considerado um dos melhores no Brasil, e com grande prestígio internacional.

Não obstante a singular repercussão da descoberta do méson pi, suas contribuições não terminaram, absolutamente, nesse importante feito. Dono de rara versatilidade, seus trabalhos incluem contribuições da maior relevância em vários campos da Física Moderna, desde pesquisas teóricas sobre as origens e abundância de partículas nucleares no Universo e eletrodinâmica clássica, até desenvolvimentos instrumentais na área das emulsões nucleares.

Como membro do grupo de Bristol, na segunda metade da década de 1940, participou da importante seqüência de pesquisas que elevaram as emulsões nucleares, antes simples dispositivos de registros ionográficos, à categoria de instrumentos de medição.

A partir de 1962, liderou a reunião de grupos brasileiros e japoneses em um projeto de longo alcance sobre interações de alta energia da radiação cósmica: a Colaboração Brasil-Japão. Desde então, os resultados pioneiros desse grupo em domínios, então fora do alcance dos mais potentes aceleradores em operação ou em projeto, passaram a ter grande prestígio nos meios científicos internacionais, considerados como importantes aberturas para expansão das fronteiras da Física Moderna.

Membro da Academia Brasileira de Ciências, da União Internacional de Física Pura e Aplicada, do Conselho Latino-Americano de Raios Cósmicos, das Sociedades Brasileira, Americana, Alemã, Italiana e Japonesa de Física, entre outras associações, ocupou várias vezes o cargo de conselheiro, quando contribuiu com sua experiência e visão pioneira para a formulação de políticas e diretrizes de ação. Foi muitas vezes homenageado por organizações oficiais e privadas no Brasil e no exterior e inúmeras vezes foi escolhido paraninfo ou patrono de formandos em ciências exatas e aplicadas.

Foi premiado diversas vezes: Prêmio Einstein de 1950; Prêmio Fonseca Costa, do CNPq, em 1958; Medalha Santos Dumont em 1989; Medalha comemorativa dos 25 anos da SBPC; símbolo do

Município de Campinas, em 1992; e muitos outros. Orgulhava-se, particularmente, da iniciativa de dezenas de municípios brasileiros que deram seu nome a escolas, bibliotecas, praças e ruas.

Sua atuação na América do Sul foi reconhecida pelo governo boliviano, que o homenageou com o título de cidadão honorário daquele país, em 1972; pelo governo da Venezuela, que lhe conferiu a comenda Andrés Bello em 1977; e pela Organização dos Estados Americanos, que lhe outorgou o Prêmio Bernardo Houssay, em 1978. Em 1987, recebeu o Prêmio de Física da Academia do Terceiro Mundo.

César era uma pessoa simples e compartilhava o calor de sua amizade a todos que o procuravam. Tinha muita preocupação com os usos indevidos dos conhecimentos científicos no mundo moderno e manifestava suas opiniões sem reverências e sem preconceitos e interesses menores.

Foi um homem completo, na mais profunda expressão que esse termo possa alcançar. Lutou pela Ciência, por sua divulgação, pela educação e pela formação de novos pesquisadores. Por duas vezes esteve próximo de receber o Prêmio Nobel. Na primeira vez, pelo desenvolvimento do método de emulsão fotográfica. Na segunda vez, poderia ter ganho, juntamente com Gardner pela descoberta do méson pi. Porém o americano faleceu cedo, e a academia não confere prêmios para cientistas falecidos.

César Lattes faleceu às 15h40 do dia 8 de março de 2005, no Hospital das Clínicas da Unicamp, vítima de parada cardíaca.

Vários físicos brasileiros tiveram, e alguns ainda têm, destaque internacional. Seria uma tarefa muito difícil escrever sobre todos eles. Limitamos este texto a essas três ilustres figuras e, com certeza, não estamos fazendo justiça aos grandes esforços desenvolvidos nem mesmo pelos aqui citados. Muitos foram seus feitos e certamente, jamais serão esquecidos. Mas uma sombra paira no horizonte (ou será sobre nossas cabeças?): a falta de investimentos em pesquisa.

Com laboratórios e universidades sucateados, sistema de ensino em precárias condições, assistimos a cada dia a um maior número de cientistas brasileiros debandando para a iniciativa privada e, na maioria das vezes, para o exterior.

Vão em busca de seus sonhos, atraídos não só por salários dignos, mas principalmente por condições de trabalho à altura de suas competências. Como já foi dito, temos, nas nossas dimensões continentais, produzido gente do mais alto nível. Vários laboratórios de ponta, em toda parte do mundo, têm em seus quadros cientistas brasileiros que deixam suas marcas de forma indelével.

"E certas coisas não devem ser perdoadas."
(Mário Schenberg)

Bibliografia e Sitiografia

Enciclopédia Britânica, 2000-CD1.

www.cbpf.br
www.terra.com.br/istoe/biblioteca/brasileiro/ciencia/ciencia12.htm
www.terra.com.br/istoe/biblioteca/brasileiro/ciencia/ciencia17.htm
www.fisicanet.terra.com.br/historia/cronologia
www.fisicanet.terra.com.br/biografias
www.sbfisica.org.br

Os Caminhos da Ciência Brasileira: os Químicos

Diamantino Fernandes Trindade
Lais dos Santos Pinto Trindade

O objetivo deste ensaio é mostrar alguns aspectos do desenvolvimento da Química em nosso país, nos campos da educação e tecnologia, bem como o brilhante trabalho de alguns cientistas, como Vicente Coelho de Seabra Silva Telles e Otto Gottlieb, que abriram os caminhos para o desenvolvimento desta Ciência no Brasil.

Introdução

A França foi o país de referência em relação à evolução da Química no século XVIII, que resultou na denominada Revolução Química. O debate sobre a natureza da combustão foi um dos temas principais para o estabelecimento das bases fundamentais da Química Moderna, tendo como marco a publicação, em 1789, do Tratado Elementar de Química por Antoine Laurent Lavoisier.

As primeiras atividades de âmbito educacional no campo da Química no Brasil ocorreram por intermédio da Sociedade Científica do Rio de Janeiro, fundada em 1772 pelo vice-rei marquês de Lavradio. Essa instituição possuía departamentos de Medicina, Anatomia, Cirurgia, História Natural, Química e Farmácia. Essa sociedade foi sucedida, em 1786, com aval do então vice-rei D. Luiz de Vasconcelos, pela Sociedade Literária que tinha o foco em temas como Revolução Francesa e Inconfidência Mineira, assuntos que eram malvistos pelo novo vice-rei conde de Resende que desmantelou a sociedade e mandou prender seus membros.

Em 1788, um ano antes da publicação do Tratado Elementar de Química, o químico brasileiro Vicente Coelho de Seabra Silva Telles publicou sua obra *Elementos de Chimica*, onde revelava, de forma incontestável, sua adesão à nova Química de Lavoisier.

Atividades mais intensas na área de Química foram registradas em nosso país no início do século XIX, em função das transformações de ordem política e econômica provenientes da chegada da Família Real portuguesa. D. João VI reconheceu prontamente a necessidade de incorporar a Química no Ensino Superior. Criou então a disciplina de Química na Real Academia Militar em 1812. Além disso, foram criados o Laboratório Químico Prático para desenvolver processos de interesse industrial, o Laboratório Químico do Conde da Barca, em 1812, e o Laboratório Químico do Museu Nacional, em 1824. Durante todo o Império, a Química foi, contudo, ministrada como disciplina nos cursos de Engenharia, Farmácia e Medicina em muitas escolas da época.

O imperador D. Pedro II era bastante interessado pelas ciências. Seu primeiro tutor foi José Bonifácio de Andrada e Silva, que dedicou a maior parte da sua vida às ciências e aprendeu as primeiras letras com a camareira-mor d. Mariana Carlota de Verna Magalhães. O segundo tutor, marquês de Itanhaém, designou para professor de ciências de D. Pedro II, em 1839, Alexandre Vandelli, químico português, filho de Domenico Vandelli e genro de José Bonifácio, primeiro professor de Química da Universidade de Coimbra.

O imperador sempre demonstrou profundo interesse pela Química. Em 1846, quando tinha 20 anos, recebeu a visita do pesquisador Thomas Ewbank que esteve no Palácio da Quinta da Boa Vista e ficou impressionado com o laboratório particular de D. Pedro II. Vejamos o seu relato:

> O laboratório era uma sala separada para experiências de ciência e química. Nela se encontravam uma bomba de ar, eletromagnetos, aparelhos elétricos e outros. Conta-se que, para sua grande honra, o jovem imperador aqui passa parte considerável do tempo.

Desde cedo, o imperador procurou transmitir a suas filhas Isabel e Leopoldina o gosto pelas Ciências. Entre os vários professores que lecionaram para as princesas, Ferreira de Abreu lecionou Física e Química.

Em 1874, foi criada a Escola Politécnica onde se destacou o professor alemão Wilhelm Michler, o descobridor da *auramina*, corante bastante utilizado em tinturaria em função da sua cor dourada. Michler publicou vários trabalhos sobre produtos naturais do Brasil.

Henrique Lacombe, professor de ciências físicas e naturais, médico adjunto do Hospital da Misericórdia e redator da *Revista de Medicina* foi um dos primeiros cientistas a publicar, no Brasil, em 1911, um livro de Química. A sua obra *Inícios da Chimica Medica* fez bastante sucesso na época e tratava de temas como: a Química na hierarquia científica, teoria atômica, matéria, fenômenos físicos e químicos, definição da Química e leis das combinações.

Até a Primeira Guerra Mundial, a Química representou a principal alavanca da indústria no mundo desenvolvido. Em nosso país, isso não foi diferente e aumentou muito a demanda por químicos. A necessidade crescente desses profissionais gerou uma campanha para a implantação de cursos de Química de nível superior, que resultou na aprovação do projeto do deputado paulista Rodrigues Alves Filho, em 1919, para a criação desses cursos no Brasil, subsidiados pelo Governo Federal.

Em 1921, foi fundada a Academia Brasileira de Ciências, que tinha uma Seção de Física e Química. Essa instituição contribui significativamente para o desenvolvimento da pesquisa científica e para o desenvolvimento tecnológico no Brasil. A Academia patrocinou a realização, em 1922, do I Congresso Brasileiro de Química, além de articular o movimento que culminou na fundação da Sociedade Brasileira de Educação em 1924.

A Academia Brasileira de Ciências e a Sociedade Brasileira de Educação participaram intensamente na criação da Universidade de São Paulo em 1934. Quando da sua fundação, o governo do Estado de São Paulo convidou o professor Heinrich Rheinboldt, da Universidade de Bonn na Alemanha, para criar e desenvolver a Subseção de ciências químicas da Faculdade de Filosofia, Ciências e Letras.

Conforme Mathias (1988):

> Em 1935, o professor Rheinboldt iniciou, com a colaboração dos seus assistentes Heinrich Hauptmann e Herbert Stettiner, o primeiro curso de química fundamental ministrado no País. Até então, existiam apenas cursos de química industrial ou

engenharia química, além dos cursos de química ministrados nas escolas de medicina, engenharia ou farmácia. Iniciava-se assim a primeira instituição dedicada ao ensino e à pesquisa no campo da química básica.

No primeiro semestre de 1935, o professor desenvolveu o curso de Química Geral e Inorgânica, expondo suas aulas em português, com seu característico sotaque alemão. No decorrer dos anos, os cursos foram se ampliando, tanto teóricos como experimentais, e os primeiros doutores em Ciência começavam a ser formados a partir de 1942.

A Academia Brasileira de Ciências teve também participação intensa na criação da Escola Nacional de Química, atual Escola de Química da Universidade Federal do Rio de Janeiro.

A crescente formação de profissionais da área de Química e o seu papel decisivo para a economia brasileira levaram à regulamentação da profissão de químico pelo Decreto-Lei 5.452/1943 (CLT), nos seus artigos 325 a 351. A Lei 2.800/1956 criou o Conselho Federal de Química e os respectivos Conselhos Regionais.

O desenvolvimento da pesquisa e da indústria química foi muito intenso a partir da década de 1950 e muitos profissionais se destacaram desde então. A seguir faremos um breve resgate histórico do pioneiro Vicente Coelho de Seabra Silva Telles e do mais renomado químico do nosso país, Otto Gottlieb.

Vicente Coelho de Seabra Silva Telles

Silva Telles nasceu, em 1764, em Congonhas do Campo, Minas Gerais. Concluiu seus estudos secundários no Brasil, no Seminário de Nossa Senhora da Boa Morte, em Mariana. Aos 19 anos, foi para Coimbra, em 1783, a fim de estudar Medicina. Obteve o grau de bacharel em Matemática e Filosofia, em 1786, que correspondia aos quatro primeiros anos do curso de Medicina. Tornou-se médico em 1791. Após a conclusão do curso, assumiu a função de professor demonstrador da disciplina Química e Metalurgia e, logo após, doutorou-se em Filosofia. Em 1793, foi nomeado professor substituto das disciplinas Botânica e Zoologia. Em 1789, foi admitido como membro correspondente da Academia Real das Ciências de Lisboa. Tornou-se membro efetivo em 1791.

Foi aluno de Domenico Vandelli e colega de José Bonifácio de Andrada e Silva e Manuel Ferreira da Câmara Bittencourt, um dos pioneiros da siderurgia brasileira.

Quando das primeiras notícias dos vôos aerostáticos na França, os estudantes de Química da Universidade de Coimbra, em 1784, iniciaram um trabalho de construção de balões, tanto de ar aquecido como de hidrogênio. Segundo Filgueiras (2002):

> A *Gazeta de Lisboa* noticiava que os discípulos do doutor Vandelli (dentre eles, o brasileiro Vicente Coelho de Seabra Silva Telles) lançavam balões tanto de ar quente como do "gás proximamente descoberto pelo célebre Priestley, cujo método tende a fazer passar os vapores da água e do álcool para um tubo de metal em brasa e cheio de pequenas tachas de ferro".

Desde o início das suas atividades na Universidade de Coimbra, dedicou-se à pesquisa na área de Química. Publicou seu primeiro artigo em 1787 com o título de *Dissertação sobre a Fermentação em Geral, e suas espécies*. Desde então, vários trabalhos seus foram publicados. Destacamos os seguintes: *Dissertação sobre o Calor (1781); Nomenclatura Chimica Portugueza, Franceza e Latina(1801),* uma tradução e adaptação para a língua portuguesa da nomenclatura química de Antoine Laurent Lavoisier; *Memória sobre a Cultura do Rícino ou da Mamona (1791); Memória sobre o Método de Curar a Ferrugem das Oliveiras (1792); Memória sobre a Cultura das Vinhas e Manufactura do vinho (1799); Memória sobre a Cultura do Arroz em Portugal e Suas Conquistas (1780); Memória sobre os Prejuízos Causados pelas Sepulturas dos Cadáveres nos Templos e o Método de os Prevenir (1801); História, e Cura das Enfermidades mais usuais do Boi e do Cavalo (1802).*

Teve grande destaque na Química e foi um dos primeiros introdutores e difusores, em Portugal, da nomenclatura e da *química pneumática* de Antoine Laurent Lavoisier.

Sua obra mais significativa foi *Elementos de Chimica,* oferecida à Sociedade Literária do Rio de Janeiro (1788), para utilização em um curso de Química. O livro foi publicado em Coimbra, porém muita discussão foi gerada sobre qual obra deveria ser utilizada na Universidade e, durante muitos anos, os autores estrangeiros continuaram a ser adotados.

A implantação das novas idéias da Química, em Portugal, teve como marco decisivo a sua obra *Nomenclatura Chimica Portugueza, Franceza e Latina,* juntamente com o *systema de characteres chimicos* adequados a esta nomenclatura por Hassenfratz e Adet (1801), e que adaptou para a língua portuguesa as propostas de nomenclatura apresentadas pelos químicos franceses, que foram pelos portugueses.

Suas pesquisas em Agricultura e Higiene, publicadas pela Academia Real de Ciências de Lisboa, foram também muito importantes. Silva Telles faleceu em 1804.

Otto Richard Gottlieb

Um país que não desenvolve a sua inteligência, a dos seus estudantes e pesquisadores, não tem nenhuma chance de sobreviver no futuro.

Otto Gottlieb

Otto nasceu em 31 de agosto de 1920 na cidade de Brno, antiga Tchecoslováquia, onde viveu até os 16 anos. Sua mãe, brasileira, era herdeira de uma empresa que exportava café. Seu avô e seu pai, químicos, eram donos de uma fábrica de louça esmaltada. Com a morte do avô, a família transferiu-se para o Brasil. Ele e seu irmão Félix foram para um colégio protestante na Inglaterra. Em 1939, em função da tensão constante na Europa, Otto veio para o Brasil.

Estudou no melhor colégio do país, na época, o Colégio Universitário. Foi estagiário no laboratório de Imunologia do Instituto Butantan, em São Paulo e redator da revista *Química* da Escola Nacional de Química. Em 1945, formou-se, com louvor, no curso de Química da Universidade do Brasil, atual Universidade Federal do Rio de Janeiro. Como sua mãe era brasileira, nascida em Petrópolis, optou pela nacionalidade brasileira aos 21 anos.

Sua primeira experiência como professor, em um cursinho pré-vestibular, foi péssima. Resolveu então trabalhar na indústria do pai que comprava óleos extraídos a partir da destilação de madeiras da Amazônia, usados como matéria-prima na perfumaria. Ali descobriu sua paixão pela flora nativa brasileira. Trabalhou durante 10 anos nessa indústria.

Estimulado pelas novidades na sua área, ingressou, em 1955, em um dos grupos mais importantes de pesquisa em produtos naturais da época, o Instituto Weizmann em Israel. Quando foi aceito pelo grupo, pleiteou e obteve uma bolsa de estudos do Conselho Nacional de Pesquisas (CNPq) e do National Cancer Institute.

Em 1961, retornou ao Brasil e assumiu o cargo de pesquisador do Instituto Químico Agrícola (IQA), na seção de Fitoquímica, onde começou a aprofundar seus conhecimentos acerca do pau-rosa, planta nativa da Amazônia, que já conhecia do tempo em que trabalhava na indústria do pai. A partir de então, passou a estudar as plantas amazônicas, seus extratos brutos e as substâncias que delas podem ser isoladas.

Em 1964, por sugestão de Darcy Ribeiro, foi trabalhar como professor visitante no laboratório da Universidade de Sheffield, na Inglaterra. Em seguida, estagiou na Universidade de Indiana, nos Estados Unidos. Lá conheceu a mais moderna tecnologia disponível na época. Em 1966, obteve os títulos de Doutor e Livre Docente pela Universidade Federal Rural do Rio de Janeiro. Em 1975, recebeu o título de Professor Titular pela Universidade de São Paulo.

Após a sua aposentadoria pela Universidade de São Paulo, tornou-se pesquisador da Fundação Instituto Oswaldo Cruz. Trabalha atualmente com quimiossistemática micromolecular, uma área de pesquisa sobre a composição química das plantas de todos os lugares do mundo. Essa pesquisa tem como objetivo principal explorar profundamente o potencial da flora brasileira.

Otto foi agraciado com diversos prêmios, entre os quais podemos citar: *Chemistry Award,* pela The Third World Academy of Siences (1991); *Freitas Machado,* Escola Nacional de Química (1943); *Fritz Feigl,* Conselho Regional de Química – IV Região (1975); *Anísio Teixeira,* Ministério da Educação (1986); *Medalha FIOCRUZ,* Ordem Nacional do Mérito (1994); *Retorta de Ouro,* Sindicato dos Químicos do Rio de Janeiro (1997).

Foi fundador e orientador de grupos de pós-graduação e pesquisa em Química Orgânica e Bioquímica em várias instituições, como: Instituto de Química Agrícola, Universidade Federal de Minas Gerais, Universidade Federal de Pernambuco, Universidade de Brasília, Instituto Nacional de Pesquisas da Amazônia, Instituto de Química da USP, Fundação Instituto Oswaldo Cruz e outros.

Publicou, até o momento, seis livros e mais de 650 trabalhos no Brasil e no exterior e formou mais de 120 pesquisadores no Brasil, mestres e doutores. É doutor *Honoris Causa* pela Universidade Federal de São Carlos (SP). Recebeu também o título de Doutor *Honoris Causa* pela Universidade de Hamburgo, na Alemanha. É considerado um dos maiores e mais competentes pesquisadores brasileiros na área de produtos naturais, reconhecido no Brasil e no exterior. É membro da New York Academy of Sciences, da Academia de Ciências do Estado de São Paulo e da Academia de Ciências da América Latina.

Em 1999, foi indicado ao Prêmio Nobel de Química pelo seu trabalho pioneiro no estudo da composição química das plantas. Recebeu o mais cobiçado prêmio da especialidade, o *Pergamon de Fitoquímica*, em 1992. Deu aulas em várias escolas do país e, por isso, ganhou o título carinhoso de "professor itinerante". Quando se aposentou, em 1990, na Universidade de São Paulo, recebeu de seus colegas e alunos uma mala de viagem com uma placa e a inscrição: *Patrimônio da Humanidade*.

Bibliografia e Sitiografia

EWBANK,Thomas. *Vida no Brasil.* Belo Horizonte: Itatiaia, 1976.
FILGUEIRAS, Carlos A. L. *D. Pedro II e a Química.* In: Química Nova, vol 11, nº 2. São Paulo: Sociedade Brasileira de Química,1988.
_____. *Lavoisier: o estabelecimento da Química Moderna.* São Paulo: Odysseus, 2002.
_____. *Origem da Ciência no Brasil.* In: Química Nova, vol. 13, nº 3. São Paulo: Sociedade Brasileira de Química, 1990.
_____. *Havia Alguma Ciência no Brasil Setecentista?* In: Química Nova, vol. 21, nº 3. São Paulo: Sociedade Brasileira de Química, 1998.
_____. *A influência da Química nos saberes médicos acadêmicos e práticos do século XVIII em Portugal e no Brasil.* In: Química Nova, vol. 22, nº 4. São Paulo: Sociedade Brasileira de Quími-

ca, 1999.
_____. *A Química na educação da Princesa Isabel*. In: Química Nova, vol. 27, nº 2. São Paulo: Sociedade Brasileira de Química, 2004.
GIGLIOTTI, Marcelo. *O cientista quase recompensado*. www.revistaepoca.globo.com
LACOMBE, Henrique. *Inícios de Chimica Medica*. Rio de Janeiro: Besnard Fréres, 1911.
MATHIAS, Simão. *Apresentação*. In: RHEINBOLDT, Heinrich. História da Balança e a vida de J.J. Berzelius. São Paulo: EDUSP, 1988.
SANTOS, Nadja, PINTO, Ângelo C. & ALENCASTRO, Ricardo Bicca. *Wilhelm Michler, uma aventura científica nos trópicos*. In: Química Nova, vol. 23, nº 3. São Paulo: Sociedade Brasileira de Química, 2000.

www.cienciahoje.uol.com.br/contro/Panel/material/resource/download/253
www.ctjovem.met.gov.br/index.php
www. instituto-camoes.pt/cvc/ciência/p8.html. *Vicente Coelho de Seabra Silva Telles*. ciência em Portugal – Personagens.
www.maximus.santiago.nom.br/maximus/textos/2000
www.quimifactus.myw.com.br/quimifactus.htm
www. química.ufpr.br/cquim/historia.html. *Uma breve introdução histórica sobre o ensino da Química no Brasil*. Documento preliminar sobre diretrizes curriculares. I Encontro dos Cursos de Química do Paraná, 1998.
www.terra.com.br/istoe/brasileiros/indice

A História e a Fotografia a Serviço do Estado: D. Pedro II e a Afirmação da Nação

Luiz Felipe dos Santos Pinto Garcia
Laís dos Santos Pinto Trindade
Diamantino Fernandes Trindade

O objetivo deste ensaio é discutir a relação entre a necessidade de afirmação do Estado brasileiro, as políticas culturais de D. Pedro II e sua tentativa de criar uma imagem para o nascente Estado brasileiro na segunda metade do século XIX.

Para se manter, qualquer Estado cria mecanismos de defesa. Um exército bem treinado garante a segurança das fronteiras; instituições sólidas permitem um bom funcionamento da máquina do governo; a conquista e a manutenção de territórios suprem as necessidades de recursos naturais para o Estado nacional. Todos esses argumentos, retirados dos grandes teóricos do Estado, são apenas algumas formas de garantir e, ao mesmo tempo, legitimar um Estado. Mas existem também outras estratégias, talvez mais sutis, para fortalecer a identidade nacional e legitimar um Estado. Criar uma memória e uma imagem nacionais são os meios culturais para isso.

No recém-criado Estado brasileiro, principalmente a partir da década de 1850, não foi diferente. E é discutir como se deu o processo de criação dessa memória e imagem do Brasil nesse período e como isso contribuiu para o fortalecimento desse Estado o objetivo deste texto. A fotografia serviu como instrumento de formulação de uma "imagem oficial" ligada ao imperador e que acabou sendo apropriada também pela elite cafeeira. O IHGB, Instituto Histórico e Geográfico Brasileiro, e seus intelectuais serviram como artífices da construção de uma memória nacional, extremamente ufanista, porém comprometida com o projeto político de D. Pedro II. Ambos, além de servir como divulgação da ideologia das elites do Segundo Reinado, serviram como propaganda para a auto-imagem do imperador como defensor das artes e da Ciência, um verdadeiro monarca ilustrado. D. Pedro II buscava a imagem de um imperador esclarecido e procurava sustentar a idéia de que a elite imperial brasileira estava empenhada no avanço científico e preparada para incorporar as conquistas técnicas modernas, como o telégrafo e a ferrovia.

Em 1825, o francês Antoine Hercule Romuald Florence chegou ao Brasil para participar como desenhista de uma expedição científica ao interior do Brasil. Após a expedição, em 1829, Florence fixou residência em Campinas, onde realizou as primeiras experiências fotográficas do continente americano. Há evidências de que em 1833, portanto seis anos antes do anúncio oficial da descoberta de Louis Daguerre, em Paris, Florence já utilizava o processo de reprodução de imagens por meio da luz.

A partir de 1840, quando os primeiros equipamentos fotográficos chegaram ao Rio de Janeiro e a fotografia passou a ser um instrumento relativamente comum de reprodução de imagens, o imperador e a elite começaram a usá-la para reproduzir e também, principalmente no caso do primeiro, para difundir sua imagem para o restante do Império. Mauad (1997) chama a atenção para a importância da fotografia *"em numa sociedade em que a maioria da população era analfabeta, tal experiência possibilita um novo tipo de conhecimento, mais imediato, mais generalizado, ao mesmo tempo em que habilita os grupos sociais a formas de auto-representação até então reservadas à pequena parte da elite que encomendava a pintura de seu retrato"*. Ou seja, além de servir como um eficiente meio de divulgação de uma imagem das elites imperiais, a fotografia fez com que as camadas intermediárias da população tivessem acesso ao mesmo tipo de arte e de técnica disponíveis tanto na corte quanto nas grandes casas dos cafeicultores, colaborando ainda mais para a interiorização dos valores da elite nessas camadas da população. Ou "nas palavras de Mauad (1997) *freqüentar o ateliê fotográfico faz parte de um conjunto de códigos de comportamento que pretendem igualar o habitante do Rio ao morador de Paris, e a rua do Ouvidor ao Boulevard des Italiens, integrando a cidade na civilização ocidental*".

Vale a pena lembrar que, no século XIX, a fotografia tinha um estatuto de reprodução fiel da realidade, que era considerada como uma forma objetiva de se representar, imune a qualquer interferência da subjetividade, obedecendo aos pressupostos da Ciência Moderna, ícone do progresso. A maioria das pessoas provavelmente ignorava que as poses, os ângulos, a iluminação, as roupas eram escolhidos de acordo com a imagem que o fotografado quisesse passar de si mesmo; enfim, considerava a fotografia uma forma objetiva de reproduzir a realidade. E as pessoas acabavam assimilando certos comportamentos sociais (geralmente oriundos da Europa e "filtrados" pela corte) de maneira quase inconsciente.

Na construção da imagem no Brasil através das fotografias, o índio, o negro (escravo) e as paisagens criavam a impressão do exótico, da exuberância natural do país. Essas fotografias vendiam a imagem de um Brasil que ao mesmo tempo em que se constituía como uma nação moderna e civilizada, também permitia a existência de tipos exóticos, mesmo que apenas para serem estudados. Mas a relação é um pouco mais profunda, principalmente no que concerne ao indígena: esse era visto como habitante original do Brasil, portanto o primeiro senhor destas terras, e exatamente por isso precisaria haver uma identificação imagética (e também histórica) entre o "Imperador do Brasil" e os "Caciques da Terra". Essa identificação não se dava apenas por meio de imagens (como na xilogravura "Defensor perpétuo do Brasil"), mas também com a incorporação, por parte da realeza, de vestimentas indígenas.

Mas não foi só a fotografia que colaborou na criação de uma imagem oficial para o Brasil. A Academia Imperial de Belas Artes, patrocinada por D. Pedro II, foi, segundo Schwarcz (1999), um importante pólo de criação e difusão de uma imagem e conseqüentemente de uma memória. Colocava o imperador como o grande responsável pelo crescimento e civilização do Brasil, que teria o papel de principal país do Novo Mundo.

Mas para realizar *o projeto que implicava, além do fortalecimento da monarquia e do Estado, a própria unificação nacional, que também seria obrigatoriamente cultural* (Schwarcz: 1999), era também necessária a construção de uma história no século XIX, que fosse resgatar os grandes feitos de portugueses e indígenas que supostamente tinham construído o Brasil. Era exatamente essa a concepção de história defendida pelas pessoas escolhidas por D. Pedro II para construí-la: os pesquisadores e literatos do IHGB.

Dentro de uma concepção romântica e nacionalista, o IHGB, principalmente pela figura de Gonçalves Dias, traçou uma história cronológica e linear que coloca os índios roussenianos e portugueses nobres de um lado (portugueses que figuram nessa história como antecessores de D.Pedro II) e portugueses e índios selvagens ("maus") do outro. O primeiro par seria a semente da grande nação brasileira, o início da civilização e da cultura nacionais. Usando como símbolo da fundação nacional um índio de valores praticamente cristãos, Dias, em uma narrativa que se passa no século XVI, "profetiza" a futura independência e prosperidade do Brasil durante o reinado de D. Pedro II. Usando a história como um meio de legitimar o Estado e o Segundo Reinado, os historiadores do IHGB omitiram as diferenças regionais do Brasil e o próprio processo de colonização.

Assim como a fotografia, a história construída e divulgada pelo IHGB e pelo próprio monarca legitima o Estado e cria uma memória que remete à colonização da suposta grandeza e estabilidade no Brasil no final do século XIX. Essa visão foi extremamente importante para a construção do Brasil como uma pátria, como um "único" povo e uma "única" cultura. A fotografia foi responsável para dar à nação sua auto-imagem, que não se restringia apenas ao retrato em si, mas também em relação ao comportamento europeizado que as elites tanto prezavam e à associação direta com o D. Pedro II, mecenas das artes e das ciências, que já tinha sido o responsável pela chegada do daguerreótipo ao Brasil. O IHGB foi o responsável para construir uma memória e uma cultura que em muitos momentos legitimavam as próprias fotografias e ao mesmo tempo centralizavam em D. Pedro II a figura do grande monarca que levaria o Brasil a "ser grande entre as nações civilizadas".

Neste ensaio, optou-se por fazer uma análise política do desenvolvimento técnico e científico do Brasil durante o reinado de D. Pedro II, mas não podemos ignorar que, relacionada a isso e em um aspecto mais amplo, temos as Revoluções Industriais inglesa e estadunidense que encontram no Brasil, com o aval e apoio, direto ou indireto, do governo brasileiro, uma gama relativamente grande de possibilidades de investimento e de criação de um mercado consumidor, fazendo parte desse mercado o próprio governo brasileiro.

Bibliografia

ALMEIDA, Alexandra Ozório. *O Império ligado na Ciência.* São Paulo: Folha de São Paulo, 03/12/2000.

ALTMAN, Fábio. *O Brasil no espelho.* In: Revista Época. São Paulo: Globo, 18/11/2002.

MAUAD, Ana Maria. *Imagem e Auto-imagem do Segundo Reinado.* In: NOVAIS, Fernando. *História da vida privada no Brasil.* Vol. 2. São Paulo: Companhia das Letras, 1997.

SÁ, Vanessa & ESTEVES, Bernardo. *Descobridores do Brasil.* In: Revista Superinteressante, nº 4. São Paulo: Abril, 2000.

SCHWARCZ, Lilia M. *Os guardiões da nossa História Oficial.* São Paulo: Idesp, 1995.

_____. *As barbas do Imperador: D. Pedro II, um monarca nos trópicos.* 2 ed. São Paulo: Companhia das Letras, 1999.

VARGAS, Milton (org.). *História da técnica e da tecnologia no Brasil.* São Paulo: Unesp/Ceeteps, 1995.

A Energia Elétrica e as Telecomunicações no Brasil: do Segundo Império até o Regime Militar

Diamantino Fernandes Trindade
Laís dos Santos Pinto Trindade

O objetivo deste artigo é mostrar o desenvolvimento das telecomunicações no Brasil, a criatividade técnica, científica e empresarial de alguns brasileiros que atuaram no setor e as políticas governamentais que orientaram o processo de implantação da energia elétrica, do telégrafo, do telefone, do rádio e da televisão desde o Segundo Império até a instalação da televisão em cores na década de 1970.

Introdução

Quem não se comunica se trumbica!
Chacrinha

Assistir à partida final da Copa do Mundo de futebol no Japão, fazer uma ligação telefônica internacional, conversar com a namorada pelo celular, ouvir um programa de rock em FM, enviar um e-mail pela Internet, são situações que fazem parte do cotidiano dos seres humanos do planeta. Para podermos usufruir tais comodidades do mundo atual, um longo caminho foi percorrido nos últimos 150 anos. Muitas pesquisas e desafios técnicos e financeiros foram vivenciados por cientistas e inventores para chegar ao estágio atual das telecomunicações, as quais se tornaram um imperativo da modernidade, um fator essencial para a integração comercial e cultural mundial.

Na metade do século XIX, a Inglaterra tornou-se uma sociedade realmente industrializada. Nesse contexto, o uso da energia elétrica começou a delinear-se e, a partir da década de 1850, pequenos geradores passaram a ser utilizados para iluminar casas e alguns trechos de ruas inglesas. Conforme Penteado Jr. e Dias Jr. (1994), a primeira usina inglesa para serviços de utilidade pública foi construída em 1882. A partir desse momento, a indústria da eletricidade começou a se desenvolver intensamente também nos países que apresentavam um significativo crescimento industrial, como a França, a Alemanha, os Estados Unidos e outros. Várias empresas surgiram e cresceram, aumentando os seus raios de ação para além das fronteiras de seus países de origem. Um exemplo desse fato foi a General Electric Company, fundada em 1892 nos Estados Unidos, como conseqüência dos árduos trabalhos de *sir* William Thompson e Thomas Edison.

A Energia Elétrica, o Telégrafo e o Telefone no Brasil

Neste contexto, D. Pedro II buscava divulgar a imagem de um imperador esclarecido e procurava sustentar a idéia de que a elite imperial brasileira estava empenhada no avanço científico e preparada para incorporar as conquistas técnicas modernas, como o telégrafo, o telefone e a ferrovia. Por isso, o imperador delegou a Guilherme Schuch de Capanema a tarefa da implantação do primeiro sistema de telégrafo brasileiro, em 1852. Em 1854, foi feita a primeira ligação telegráfica entre o Palácio de São Cristóvão e o Ministério da Guerra e, no ano seguinte, foi estendida até Petrópolis. Gradativamente houve uma extensão dessas linhas, chegando, em 1886, até Belém do Pará. Antes da proclamação da República, já estavam em funcionamento 19 mil quilômetros de linhas telegráficas em nosso país.

Coube ao visconde de Mauá, em 1872, a implantação de um cabo telegráfico ligando o Brasil e a Europa. No entanto, as dificuldades financeiras obrigaram-no a transferir os direitos a uma companhia de capital inglês que lançou o cabo entre Recife e Lisboa, passando por Cabo Verde e Ilha da Madeira (Magalhães,1994). Os serviços de telégrafo nacionais também eram prestados por uma companhia estrangeira, a Western and Brazilian Telegraph Company, de capital norte-americano.

As expedições realizadas por Cândido Mariano da Silva Rondon, a partir de 1906, com o intuito de estender as linhas telegráficas até o Amazonas e o Acre, possibilitaram o início de várias pesquisas antropológicas e etnológicas com as populações indígenas. O estudo, de concepção positivista, tinha o intuito de integrá-las à "civilização" que agora se constituía nos moldes europeus e não o de preservar os seus valores culturais (Vargas, 2001).

Em 1931, ocorreu a fusão do Departamento de Correios com a Repartição Geral dos Telégrafos, criada na segunda metade do século XIX, dando origem ao Departamento de Correios e Telégrafos (DCT) que, em 1969, passou a denominar-se Empresa de Correios e Telégrafos (ECT). *"Por praticamente 150 anos, a telegrafia significou a entrega rápida de mensagens curtas e o reduto derradeiro do código Morse."* (Alencar, 2005.) Na década de 1980 entrou em vigor o sistema de telegrama fonado. Com o advento da Internet, o serviço de telegrafia foi gradativamente sendo substituído pelo e-mail.

Em 1871, o mecânico florentino Antônio Meucci patenteou uma máquina para transmissão de sons: o telefone. Alexander Graham Bell contestou a patente, porém o Supremo Tribunal dos Estados Unidos reconheceu a prioridade de Meucci. O nome de Bell, no entanto, permaneceu ligado não apenas à invenção do telefone, mas também à intuição das várias e grandes possibilidades oferecidas pelo novo aparelho e às primeiras aplicações práticas do telefone. Na Exposição Universal da Filadélfia, em 1876, a instalação da primeira estação telefônica foi pessoalmente supervisionada por Graham Bell.

D. Pedro II, em visita à Exposição da Filadélfia, conheceu o telefone de Graham Bell. Ao testar o aparelho, imaginando as inúmeras vantagens que representava para a governabilidade de um país como o Brasil, decidiu comprá-lo. Quando da sua volta dos Estados Unidos, mandou instalar linhas telefônicas entre o Palácio da Quinta da Boa Vista e as residências de seus ministros. Em pouco tempo, esse serviço foi estendido ao setor comercial do Rio de Janeiro. Mais adiante, formava-se a Telephone Company of Brazil, associada à Bell Telephone Company of New York. Em 1922, o Rio de Janeiro contava com cerca de 30 mil aparelhos telefônicos e São Paulo, com 22 mil. Em 1953, esses números subiram para 246 mil e 260 mil, respectivamente. A figura ao lado, mostra o primeiro telefone utilizado no Brasil por D. Pedro II. (Museu Imperial de Petrópolis).

Em 1879, D. Pedro II inaugurou um pequeno sistema de iluminação pública na Estação da Corte da Estrada de Ferro Central do Brasil. Em 1883, a cidade de Campos, no Rio de Janeiro, tornou-se a primeira localidade sul-americana a receber iluminação elétrica a partir de uma usina termoelétrica.

Ainda em 1883, entrou em funcionamento a primeira usina hidrelétrica do país, a usina de Ribeirão dos Infernos, na cidade de Diamantina, com a finalidade de produzir energia para o auxílio nos trabalhos de mineração. Em 1889, conforme Penteado Jr. e Dias Jr. (1995), foi construída a usina hidrelétrica Marmelos-Zero, no Rio Paraibuna, para fornecer energia a Juiz de Fora e para a tecelagem de Bernardo Mascarenhas, seu criador. Após a proclamação da República, foi inaugurada, em 1892, a Linha Flamengo-Jardim Botânico de bondes elétricos pela Companhia Ferro-Carril.

Os avanços no intercâmbio comercial e financeiro com os países mais desenvolvidos, na segunda metade do século XIX, trouxeram significativas mudanças no estilo de vida das principais cidades latino-americanas. Ocorreram então novas demandas econômicas e sociais, principalmente das classes mais abastadas. Os investimentos estrangeiros no setor terciário brasileiro tiveram início pela infra-estrutura de transportes urbanos, concomitantemente aos serviços de utilidade pública como: iluminação pública e energia elétrica (Penteado Jr & Dias Jr, 1994). Os bondes, que antes eram movidos por tração animal (burros), deram lugar aos elétricos no final do século XIX. A crescente demanda de energia elétrica trouxe à cidade de São Paulo, em 1899, a companhia canadense The São Paulo Railway Light and Power Company para oferecer serviços de iluminação e de bondes elétricos. Essa mesma empresa instalou-se no Rio de Janeiro, em 1905, com a denominação de The Rio de Janeiro Tramways Light and Power Company. Os bondes da Light constituíram-se em um fator importante para a reconfiguração urbana das grandes cidades brasileiras. A energia elétrica foi também muito importante para o desenvolvimento da industria têxtil, pois, até 1907, as máquinas do setor eram movidas a vapor. A crescente demanda de energia elétrica era uma conseqüência da expansão mundial do sistema capitalista. Em função desta necessidade, em 1901 a Escola Politécnica de São Paulo passou a oferecer a disciplina Eletrotécnica para todos os alunos do segundo ano de todas as habilitações. Em 1918, criou o primeiro curso de Engenharia Elétrica.

No ano de1934, foi aprovado o Código de Águas que estabelecia regras para a utilização da água na produção e fornecimento de energia elétrica. A primeira ação direta da União no setor elétrico ocorreu em 1945 com a criação da Companhia Hidrelétrica do São Francisco. Em 1955, foi inaugurada a Usina Hidrelétrica de Paulo Afonso, a primeira construída sem a intervenção de estrangeiros. Ainda na década de 1950, com a fundação da Eletrobrás, teve início o projeto e a construção de usinas nos estados de São Paulo, Paraná e Rio Grande do Sul. Durante o regime militar, intensificou-se a expansão da construção de usinas hidrelétricas que culminou com a inauguração de Itaipu e Tucuruí. Em 1980, a geração de eletricidade no Brasil atingiu aproximadamente 40.000 MW.

O Rádio

No final do século XIX, as telecomunicações, por meio de ondas eletromagnéticas, começavam a modificar as dimensões do mundo. Em setembro de 1895, Guglielmo Marconi efetuou a primeira transmissão de rádio. Em 1897, conseguiu em Londres a patente número 12.039 relativa à transmissão de impulsos e de sinais elétricos com o aparelho de rádio. Em 1901, Marconi realizou a primeira transmissão transoceânica lançando sinais entre a Cornualha, na Inglaterra, e Terra Nova, no Canadá.

Aqui no Brasil, o padre gaúcho Roberto Landell de Moura foi um pioneiro no estudo e prática de comunicação eletrônica sem fio. Seus primeiros experimentos em transmissão e recepção ocorreram com pleno êxito em 1893 e 1894, entre a Avenida Paulista e o Alto de

Santana, em São Paulo, a uma distância aproximada de oito quilômetros. Os experimentos de Landell de Moura continuaram, durante alguns anos, com sucesso e foram noticiados na edição de 12 de outubro de 1902 no jornal *New York Herald*. Marconi só conseguiria o mesmo feito alguns anos mais tarde.

Em 1901, Landell recomendava a utilização de ondas curtas para aumentar o alcance das transmissões. Foi também o descobridor da utilidade do arco voltaico para a transmissão de sinais de intensidade variada, o que propiciou o desenvolvimento futuro do *laser* e da fibra ótica. Credita-se também, ao padre gaúcho, a invenção da válvula eletrônica tríodo que foi patenteada por Lee de Forest, em 1906, nos Estados Unidos.

Em 7 de setembro de 1922, na Exposição do Centenário da Independência, foi montada no alto do Morro do Corcovado a estação experimental Rádio Corcovado pela Westinghouse e também a estação experimental da Western Electric na Praia Vermelha. A era do rádio brasileiro foi inaugurada com a fundação, em 20 de abril de 1923, da Rádio Sociedade do Rio de Janeiro por Edgard Roquete Pinto e Henry Morize. Em 1932, o Governo Federal publicou um decreto que regulamentou a utilização da propaganda comercial no rádio.

"*Ainda em 1932, no mês de maio, o rádio dava mostras de sua capacidade de mobilização política. A cidade de São Paulo exigia a deposição do então presidente Getúlio Vargas, as rádios paulistas, em especial a Rádio Record transformavam-se em poderosas armas. Em julho, teve início o movimento que ficou conhecido como a Revolução Constitucionalista.*" (Calabre, 2005.) São Paulo foi cercada pelas tropas federais e ficou isolada. As emissoras de rádio foram utilizadas para noticiar o desenrolar dos acontecimentos para outras regiões do país. O rádio saiu do conflito fortalecido e, alguns locutores, como César Ladeira, tornaram-se famosos em todo Brasil. Em 1936, foi inaugurada a Rádio Nacional no Rio de Janeiro, considerada uma referência na radiodifusão brasileira. Em pouco tempo, o rádio comercial tornou-se popular, sendo logo usado como instrumento oficial do governo de Getúlio Vargas, que criou a Agência Nacional e o programa a "Hora do Brasil". Em 1954, o rádio transmitiu a carta-testamento de Vargas após o seu suicídio (Magalhães, 1994).

Após a Segunda Guerra Mundial, ocorreu um crescimento rápido da radiodifusão no Brasil com a criação de novas emissoras e o aperfeiçoamento dos aparelhos. O rádio chegou ao final dos anos 1950 e início dos 1960, consolidado em sua posição de meio de comunicação de massa, como um elemento na formação de hábitos da sociedade (Calabre, 2005). Em 1960, 61% dos domicílios urbanos possuíam aparelhos de rádio. Nessa época, os famosos programas de auditório começaram a ser substituídos por programas de variedades liderados por locutores de boa voz e excelente estilo comunicativo (radialistasp, 2005). Teve início ainda a popularização dos programas esportivos e policiais.

No período do regime militar, muitas emissoras manifestaram-se contra o governo que acabou se fortalecendo com o Ato Institucional número 5. O Ministério das Comunicações, criado em 1967, instituiu um grande esquema de manipulação ideológica que também atingiu o rádio, considerado um instrumento subversivo. A partir de 1974, quando a ditadura amenizou a sua intervenção na imprensa, as rádios AM começaram a ser rotuladas de "bregas", abrindo espaço para as primeiras emissoras de FM que apresentavam um formato musical muito a gosto dos jovens da classe média, que tinham preconceitos contra o que era considerado antigo.

A Televisão

Das pesquisas das empresas RCA, nos Estados Unidos; EMI, na Inglaterra; e Philips, na Holanda, surgiram os tubos iconoscópicos, sucedidos pelo *orthicon e vidicon*, que possibilitavam a transmissão de imagens reais, a televisão. As primeiras transmissões regulares ocorreram, em 1941, nos Estados Unidos. A partir de 1946, instalou-se o mercado de consumo da TV que rapidamente se transformou em um dos melhores veículos de propaganda mundial.

No Brasil, em 18 de setembro de 1950, houve a primeira transmissão de TV pela TV Tupi de São Paulo, inaugurada pelo jornalista e empresário Assis Chateubriand. Até a sua morte, em 1968, Assis construiu a maior cadeia de comunicações da América Latina na época, os Diários Associados. Deixou vários marcos para a televisão brasileira, como o *Teleteatro* (1951), o *Repórter Esso* (1952), entre outros. Gradativamente, os aparelhos de TV começaram a chegar aos lares brasileiros, exercendo um importante papel social e cultural na vida do nosso país. Em 1953, foi criada a TV Record em São Paulo, responsável por dois grandes sucessos televisivos da década de 1960: *Jovem Guarda*, programa dominical de auditório comandado por Roberto Carlos, e os festivais de música, responsáveis pela formação de uma brilhante geração da música popular brasileira. Em 1965, no Rio de Janeiro, foi inaugurada a Rede Globo de Televisão, responsável pela difusão das telenovelas e do jornalismo televisivo moderno em nosso país. No ano 1967, foi inaugurada a Rede Bandeirantes de TV pelo empresário João Saad. Após a falência da TV Tupi, em 1980, o empresário e apresentador Silvio Santos, partidário do regime militar, conseguiu a concessão para colocar no ar o Sistema Brasileiro de Televisão (SBT).

Em março de 1972, o governo militar homologou um sistema de televisão em cores, o PAL-M. O surgimento da TV em cores no Brasil coincidiu com a ascensão da Rede Globo que propiciou uma ampla gama de possibilidades ao telespectador. A televisão transformou de vez os hábitos da população brasileira por meio de telejornais, novelas, transmissões internacionais esportivas e outros eventos. Em 1985, o Brasil possuía 126 aparelhos de TV por mil habitantes. Na década de 1990, a grande novidade foi a implantação da TV por assinatura.

As Telecomunicações no Governo de Juscelino Kubistchek

Até a metade da década de 1950, o Brasil vivia uma fase embrionária das telecomunicações, com a precariedade dos serviços telefônicos e de televisão. O Plano de Metas do governo de Juscelino Kubistschek, cujo *slogan* desenvolvimentista era: "crescer cinqüenta anos em cinco", deu a partida para viabilizar a interiorização do desenvolvimento. Era necessário, então, um sistema nacional de telecomunicações para facilitar e agilizar a difusão de informações para atingir a "integração nacional".

Em 1955, a Comissão Permanente de Comunicações do Estado Maior das Forças Armadas criou um grupo para elaborar estudo sobre as telecomunicações. Esse grupo era formado por representantes do Exército, Marinha, Aeronáutica e também da área civil de telefonia, correios e telégrafos. Foi criado, na época, o Código Nacional de Telecomunicações, que seria aprovado no governo de João Goulart.

Em 1960, quando da visita do presidente norte-americano Einsenhower a Brasília, foram instalados 20 teletipos para a cobertura do evento. Pela primeira vez no Brasil, radiofotos foram enviadas de Brasília e do Rio de Janeiro para os Estados Unidos. Dois anos antes, a Radiobrás, do grupo americano RCA Victor, inaugurara o serviço de comunicação por Telex entre o Brasil e os Estados Unidos, que em seguida foi estendido a outros países. O Serviço Nacional de Telex foi criado em 1960 e interligava Brasília, São Paulo, Campinas, Belo Horizonte e Rio de Janeiro. Na futura Capital Federal, foi instalada uma rede telefônica urbana moderna, porém as ligações interurbanas foram esquecidas. Os serviços de telefonia ainda não eram confiáveis e o país continuava "sem comunicação". Ainda em 1960, foram inauguradas 12 novas emissoras de TV no Brasil. As comemorações da inauguração da "novacap" foram transmitidas pela televisão por meio de uma rota de microondas de cerca de 1.200 quilômetros de extensão.

O Decreto-Lei 50.666 de 30 de maio de1961 criou o Conselho Nacional de Telecomunicações. Em 28 de agosto de1962, a Lei 4.117 aprovou o Código Nacional de Telecomunicações e o Conselho Nacional de Telecomunicações (Contel).

O Regime Militar e as Telecomunicações

O efetivo desenvolvimento das telecomunicações no Brasil teve início com os governos militares. O Movimento Militar de 1964, preocupado com a integração nacional do país em virtude de sua Doutrina de Segurança Nacional e, ao mesmo tempo, reconhecendo ser fundamental para o desenvolvimento nacional uma infra-estrutura moderna de telecomunicações, inclusive postais, tomou uma série de medidas para disciplinar e consolidar esse campo (Magalhães,1994).

Em 1967, foi criado o Fundo Nacional de Telecomunicações (FNT). Ainda nessa década, por intermédio do Contel, o Brasil passou a participar do sistema internacional de telecomunicações por satélite, filiando-se ao Intelsat. O Ministério das Comunicações criado no governo Castelo Branco, em 1967, abarcou os serviços e concessões de todas as telecomunicações e correios. A Embratel, criada em 1965, tinha como objetivo principal a integração nacional pelo sistema de Discagem Direta a Distância (DDD).

Em 28 de fevereiro de 1969, a Embratel colocou em funcionamento a estação terrena de Tanguá I e a estação rastreadora de Itaboraí, com a transmissão experimental, via satélite, da bênção do papa Paulo VI diretamente do Vaticano. Oficialmente a primeira transmissão via satélite ocorreu em 6 de março de 1969, mostrando o lançamento da Apolo IX. Em 20 de julho do mesmo ano, o povo brasileiro, emocionado e incrédulo, assistiu pela televisão ao pouso do módulo espacial Eagle, com o astronauta Neil Armstrong pisando o solo lunar no "Mar da Tranqüilidade". Em 1970, o Brasil inteiro vibrava, em frente dos aparelhos de TV, com a seleção nacional de futebol conquistando o tricampeonato mundial no México.

No governo de Ernesto Geisel, a Telebrás, criada no governo Médici em 1972, propiciou um substancial desenvolvimento do setor com o investimento de 10 bilhões de dólares. Em 1974, foi inaugurado o sistema internacional de discagem direta (DDI). As figuras principais desse importante momento das telecomunicações brasileiras foram José de Alencastro e Silva, Euclides Quandt de Oliveira e Hygino Corsetti.

Bibliografia

ALENCAR, Marcelo. *A telegrafia sai de cena.* In: JC OnLine. Acesso em 13/11/2005.
ALMEIDA, Alexandra Ozório. *O Império ligado na Ciência.* São Paulo: Folha de São Paulo, 03/12/2000.
BRENER, Jayme. *Jornal do Século XX.* São Paulo: Moderna, 1998.
CALABRE, Lia. *A participação do rádio no cotidiano da sociedade brasileira (1923-1960).* www.casaruibarbosa.gov.br. Acesso em 14/11/2005.
CANÊDO, Letícia Bicalho. *A Revolução Industrial.* São Paulo: Atual, 1987.
ENCARTA, Encyclopédia. *Televisão no Brasil.* Microsoft Corporation, 2002.
FELLOWES-GORDON, Ian. *A voz que viaja pelo fio.* In: *100 Eventos que abalaram o mundo.* Vol. 2. São Paulo: Melhoramentos, 1972.
_____. *Marconi inventa o rádio.* In: *100 Eventos que abalaram o mundo.* Vol. 2. São Paulo: Melhoramentos, 1972.
GORDINHO, Margarida Cintra (org.). *Telecomunicações: memória.* São Paulo: Marca D'Água, 1997.

MAGALHÃES, Gildo. Telecomunicações. In: VARGAS, Milton. *História da Técnica e da Tecnologia no Brasil.* São Paulo: Unesp e Ceeteps, 1994.
MOTOYAMA, Shozo. (org.). *500 anos de Ciência e Tecnologia no Brasil.* In: Fapesp Pesquisa n.52. São Paulo: Fapesp, 2000.
NUNES, Maria Aparecida Meliani. *Rádios Livres: o outro lado da Voz do Brasil.* Dissertação de Mestrado. São Paulo: ECA-USP, 1995.
PENTEADO JR., A. & DIAS JR., J. A. Eletrotécnica. In: VARGAS, Milton. *A História da Técnica e da Tecnologia no Brasil.* São Paulo: Unesp e Ceeteps, 1994.
VARGAS, Milton. *História da Ciência e da tecnologia no Brasil: uma súmula.* São Paulo: Humanitas, 2001.
www.radialistasp.org.br/hist_radio.htm. Acesso em 14/11/2005.

Parte II
Os Caminhos da Educação Brasileira

Os Caminhos da Educação Brasileira

Laís dos Santos Pinto Trindade
Diamantino Fernandes Trindade

O objetivo deste trabalho é mostrar o processo histórico do ensino no Brasil e seus problemas desde o processo de colonização, que visava ao enriquecimento da Metrópole, passando pelas reformas educacionais, sempre de caráter político, que atendiam às necessidades das elites, até os dias de hoje com a LDB 9.394/96, que pretende, pelo menos em sua essência, ser mais democrática.

O Ensino no Brasil Colonial

É bastante difícil compreender os problemas educacionais do Brasil de hoje desconhecendo-se o contexto no qual foi tecido o sistema escolar desde sua implantação, que remonta ao período da colonização.

Estruturada para atender as necessidades de enriquecimento da Metrópole, a economia na colônia, até o século XVII, assentou-se inicialmente no extrativismo do pau-brasil e, depois, em função de garantir a posse da nova terra, no plantio da cana-de-açúcar. Modificou-se o enfoque da colonização pela ocupação para o do povoamento e cultivo da terra. Com isso, aportaram no Brasil membros da pequena nobreza portuguesa que se dispuseram a levar avante tal empresa. Daí, a necessidade da criação de escolas. Para tanto, como já ocorria em Portugal, o ensino ficou a cargo dos jesuítas, o que desobrigou a Coroa de custeá-lo (Pinto, 2002).

Quando os jesuítas aqui chegaram (1549), fundaram em São Vicente um seminário que se tornou o modelo para ensino médio por mais de 200 anos. Embora tivesse como pressuposto a formação de sacerdotes, apresentava-se como a única opção para a formação da elite local, preparando-a para o ingresso nas universidades européias. Observa-se, então, que o ensino médio, desde sua implantação, apresenta uma configuração elitista e propedêutica cuja metodologia ainda valoriza a disciplina e a memorização e o estudo das humanidades em detrimento das ciências experimentais. No entanto, havia outro grupo a ser atendido: o constituído pelos nativos, negros e colonos pobres.

Assim, o primeiro programa educacional, implantado pelo padre Manuel da Nóbrega, além catequizar e instruir os indígenas, conforme determinavam os *Regimentos*,[1] atendia também aos filhos homens dos colonos, uma vez que os jesuítas eram os únicos educadores profissionais e a educação feminina restringia-se a boas maneiras e prendas domésticas. O mérito desse plano era ter sido elaborado de forma diversificada para atender à variedade aqui encontrada; mas, a partir de 1599, com a publicação da *Ratio Studiorum*,[2] o ensino jesuítico optou definitivamente pela formação da elite colonial. Seguindo os padrões vigentes em Portugal, tal sistema adaptou-se perfeitamente às necessidades da política colonial e, ao privilegiar o trabalho intelectual, acabou por afastar os estudantes da realidade imediata e evidenciou as desigualdades sociais.

No período que ficaram aqui no Brasil, mais de 200 anos, a Companhia de Jesus promoveu e sofreu modificações, *"entretanto, sempre permaneceu fiel àquela educação humanista, tão cara aos portugueses e ao espírito escolástico, impermeável à pesquisa e experimentação científica"* (Cardoso et al. 1985, p.15). E foi justamente esse conservadorismo, que manteve o ensino, tanto na Metrópole como na Colônia, nos moldes medievais e com o objetivo de formar indivíduos para a Igreja, o precursor de um movimen-

---

1. Os *Regimentos* eram a política de D. João III (17/12/1548) destinada à conversão dos nativos à fé católica por meio da instrução e da catequese.
2. O *Ratio Studiorum* era a organização e plano de estudos da Companhia de Jesus (1599), baseado na cultura européia. Consistia em aulas elementares de Humanidades, Filosofia (Artes) e Teologia, possibilitando a obtenção dos títulos de bacharel, licenciado e mestre em artes.

to de renovação que culminou com as reformas concretizadas pelo marquês de Pombal e resultou na expulsão dos jesuítas, em 1759. Para substituir este sistema, foram introduzidas as aulas régias,[3] interrompendo um processo educativo arcaico, mas uniforme em sua estrutura. "*A organização monolítica de ensino dos jesuítas não foi substituída por uma nova forma organizada de ensino que garantisse todas as etapas do processo de escolarização.*" (Feldman. 1983, p. 24.) Sob o ponto de vista pedagógico, foi um retrocesso embora trouxesse algumas modificações importantes introduzindo as ciências experimentais e o ensino profissional no seu currículo.

O maior problema encontrado na consolidação desse novo sistema foi a falta de recursos e o pequeno número de professores disponíveis que, formados pelo antigo método jesuítico, continuaram reproduzindo o ensino nos mesmos moldes. Mal remunerados e vitalícios nos cargos, freqüentemente sublocavam seu direito de lecionar (Pinto, 2002). Na prática, a elite colonial (masculina) continuou a freqüentar os mesmos seminários, que passaram a ser dirigidos por outras ordens religiosas.

Até o início do século XIX, o ensino fundamental, destinado às camadas populares, foi tratado com descaso pela administração colonial. Só com a vinda da Família Real é que foram abertas duas escolas primárias públicas no Rio de Janeiro, para atender a uma população de 45 mil pessoas, acrescidas das 15 mil que vieram com a Corte. De qualquer forma, mais para atender aos interesses da coroa portuguesa do que os da elite, foram instaladas as primeiras escolas superiores no Brasil. Entre elas, a Academia Real de Marinha (1808), a Academia Real Militar (1810), hoje Escola de Engenharia da Universidade Federal do Rio de Janeiro. Foram também criados os cursos de cirurgia, anatomia, para formar médicos e cirurgiões para o Exército e a Marinha, e os cursos técnicos de Agricultura, Química, Desenho e Economia. É importante frisar que eram cursos isolados e não tinham o caráter de uma organização universitária e os níveis escolares anteriores não sofreram qualquer modificação significativa: a escola primária, destinada às classes dominadas, uma

---

3. As aulas régias eram aulas avulsas, com professor único de latim, grego, filosofia e retórica.

vez que os mais abastados estudavam com preceptores, caracterizava-se pelo ensino das primeiras letras; a secundária, sem qualquer preocupação formativa, tinha objetivos nitidamente propedêuticos e destinava-se às classes dominantes. Esta organização refletia a estrutura da sociedade brasileira e, deste modo, pautada "*por objetivos diferentes, métodos pedagógicos diferentes, contribuindo para a sua caracterização como tipos de ensino ligados à determinada classe social e não graus subseqüentes de um processo de escolarização*". (Feldman. 1983, p. 27).

Foi nesse cenário que se estruturou o ensino no período imperial.

O Ensino no Período Imperial

Em que pese todas as modificações políticas originadas pela vinda da Família Real, a sociedade ainda se organizava em função de uma economia agro-rural cujas atividades produtivas eram garantidas pelo trabalho escravo, o que legou ao ensino técnico o caráter de escola de categoria inferior.

Com a Independência de 1822, embora fossem os mesmos grupos sociais que continuavam dominando o país, observa-se, pelo menos no discurso, a intenção de modernizar-se a educação. Contudo, o ensino no período imperial permaneceu divido nos três níveis: primário, secundário e superior. O primário mantinha a condição de escola de primeiras letras. Este nível de ensino passou a ter maior destaque em função do número crescente de pessoas que passaram a perceber que, além do preparo para o secundário, poderia também ser importante para o ingresso em cargos burocráticos de menor importância. O ensino secundário, com poucas alterações, continuou com a função de preparar a elite local para o acesso aos níveis superiores, que passaram a atender os anseios dos grupos dominantes com a criação dos cursos de Direito em São Paulo e Olinda.

Em 1827, D. Pedro I sancionou uma lei que criava as escolas de "primeiras letras", as chamadas pedagogias, único nível ao qual as meninas tinham acesso, em todas as cidades mais populosas do Império. Determinava, também, os limites da educação feminina que deveria se restringir a escrever, contar, bordar e costurar. Cabe lembrar que esta foi a única lei geral federal relativa ao ensino elementar até 1946. Às crianças negras, indígenas e mestiças era negada qualquer forma de escolarização e sua presença não era permitida nas escolas públicas.

Essas escolas continuaram a existir em pequeno número. Não existia pessoal preparado para o magistério e havia completa falta de amparo a esses profissionais (Ribeiro, 2003). Em 1834, o Ato Adicional à Constituição do Império atribuiu "*às províncias a responsabilidade da educação pública. Essa descentralização, naquele momento histórico, teve como conseqüência condenar as províncias mais afastadas da capital do Império a uma situação de abandono educacional, piorando uma situação que já era ruim*" (Tobias, s.d., p. 204-206).

Desse modo, não foi levada a efeito uma distribuição de escolas pelo território nacional, portanto a exclusão ocorria desde o início da escolarização. Ao omitir-se da organização as etapas iniciais, colaborou-se para o fracasso do ensino superior. A razão fundamental para o insucesso de toda e qualquer inovação sempre foi a manutenção dos interesses da classe dominante, avessa, é claro, às transformações sociais e especificamente às educacionais. E, nesse sentido, o ensino manteve-se como fiel guardião dos interesses dos grupos dominantes. Por isso, a exigência não recaía sobre uma formação de qualidade, mas sim que fosse o mais breve possível para habilitar os jovens para os exames preparatórios das faculdades.

Na tentativa de se modificar o padrão de ensino vigente, foi criada, na capital do Império em 1837, uma escola oficial que deveria atender a uma nova proposta: o Colégio D. Pedro II, exclusivo para rapazes e considerado padrão em excelência; manteve-se, entretanto, nos antigos moldes de ensino propedêutico. Um ano depois, Nísia Floresta fundou, na mesma cidade, o Colégio Augusto, que "*causou polêmicas, ao instituir uma educação feminina completamente inusitada para a época*" (Filgueiras. 2004, p. 2). Funcionou por 17 anos ensinando francês, inglês, italiano, geografia, história e educação física. Por se insubordinar contra a mentalidade hegemônica da época, ao manter uma escola que se preocupava mais com a instrução do que com o bordado e a costura, foi duramente atacada por seus contemporâneos. Naquele tempo só existia um colégio particular para moças, dirigido pela professora inglesa mrs. Hitchings, que ensinava ciências naturais. A educação feminina deveria ser feita por professoras mulheres e, para atender a tal necessidade, foram abertas nessa época, para ambos os sexos, as escolas normais secundárias para a formação de docentes. O interessante é que essas escolas passaram a receber um número cada vez maior de mulheres, em uma época em que o ensino superior era proibido para elas: a primeira brasileira médica formou-se no New York Medical College e, curiosamente, sob o patrocínio do próprio imperador.

Nota-se que no final do século havia uma tendência para se incrementar a educação feminina, especialmente no que se referia à formação das professoras. Este processo não aconteceu sem resistências. *"Para alguns parecia uma completa insensatez entregar às mulheres usualmente despreparadas, portadoras de cérebros 'pouco desenvolvidos' pelo seu 'desuso' a educação das crianças."* (Louro, 2004, p. 450.) Para outros, as mulheres seriam naturalmente moldadas para o ensino infantil, que seria uma extensão da maternidade. Assim, *"a docência não subverteria a função feminina fundamental, ao contrário, poderia ampliá-la ou sublimá-la. Para tanto seria importante que o magistério fosse também representado como uma atividade de amor, de entrega e doação. A ele acorreriam aquelas que tivessem 'vocação'"* (Louro, op.cit.).

O Ensino nos Primeiros Anos da República

Os últimos anos do regime imperial foram marcados por significativa modificação da paisagem social brasileira: o crescimento da classe média e sua participação na vida pública, a urbanização e a libertação dos escravos. Contudo, a Constituição de 1891 efetivou a descentralização do ensino proposta pelo Ato Adicional de 1834, reforçando a distância entre a educação para a classe dominante, concretizada nos níveis secundário e superior, e para o povo, restrita à educação primária e profissional. Nesse contexto, foi adiada, mais uma vez, a criação de uma universidade brasileira, sob a influência do positivismo que também orientou a organização escolar.

A Reforma Benjamin Constant, seguindo a orientação expressa na Constituição, visava à liberdade de ensino, sua laicidade e gratuidade, bem como a co-educação de gênero. A escola primária organizou-se em duas categorias: a de primeiro grau, para crianças de 7 a 13 anos, e a de segundo grau para as de 13 a 15 anos. O secundário passou a ter sete anos da duração. Uma das intenções da reforma era possibilitar que todos os níveis de ensino se ocupassem da formação, e não apenas de preparação dos alunos. A outra era estruturar a formação científica, substituindo a tradição humanista clássica que vigorava no país há mais de 300 anos. Nos moldes positivistas, foram introduzidas Matemática, Física, Astronomia, Biologia, Química e Sociologia. Nada disso se efetivou e o que ocorreu foi apenas um acréscimo das matérias científicas às tradicionais, sem se conseguir implantar um ensino secundário adequado.

Também teve início nesse período a implantação das escolas primárias estaduais. Em São Paulo, muitas escolas primárias foram abertas e mereceu cuidados especiais a formação dos futuros docentes que contavam com escolas-modelos para sua futura prática, onde havia a possibilidade de se experimentar novas técnicas e métodos de ensino. No entanto, não havia escolas que formassem professores para o ensino secundário. Os outros estados, pobres em sua maioria, não conseguiram desenvolver qualquer sistema em educação.

A Reforma Benjamin Constant ignorou o tema universidade. A primeira universidade brasileira foi criada no Paraná, em 1912, por iniciativa e esforços de alguns educadores e políticos locais. No entanto, o projeto não foi bem-sucedido e a universidade encerrou suas atividades três anos mais tarde. Um decreto de 7 de setembro de1920, do Presidente Epitácio Pessoa, criou a Universidade do Rio de Janeiro, *organizada pela reunião dos cursos superiores existentes na cidade, a saber: Escola Politécnica, a Faculdade de Medicina e a Faculdade de Direito* (Nathanael. 1977, p. 21). Em 1935, transformou-se na Universidade do Brasil que antecedeu a Universidade Federal do Rio de Janeiro.

Até 1920, 75% (Brasil, 1936, p. 43) da população brasileira era analfabeta e havia um número reduzido de escolas secundárias e, em sua maioria, particulares, que supriam os anseios da elite. Com isso, *"podemos afirmar que até 1930, o nosso sistema educacional continuava em grande parte sob a inspiração jesuítica de conteúdo intelectualista, sem ligação com o trabalho, refletindo sobretudo uma cultura importada de modelos e padrões estrangeiros e servindo quase que exclusivamente aos interesses da classe dominante"* (Feldman, 1983).

Esses primeiros anos da República foram marcados por intensas mudanças sociais como reflexo da chegada dos grupos de imigrantes, a quebra da Bolsa de Nova York, a industrialização e o decorrente aumento da urbanização do país, que criou uma nova classe dominante, agora constituída por uma burguesia industrial de origem estrangeira. A par disso, surgiu também uma classe operária que se organizou em torno de ideais políticos, como o socialismo e o anarquismo, que não só reivindicavam educação para suas crianças, como a efetivaram através da construção de escolas. Essas iniciativas ocorreram principalmente entre os anarquistas que enfatizavam "*as questões relativas à educação feminina (...) como arma privilegiada de libertação para a mulher*" (Louro, 2004, p.446). Deixou de ser, pois, uma questão de gabinete para receber atenção maior da população.

O Ensino no Período de 1930 a 1960

A revolução de 1930 provocou um rearranjo nos blocos do poder e refletia a crise em que mergulhara o modelo agroexportador. Pela primeira vez, nos 400 anos de sua história, o Brasil passou a contar com o Ministério da Educação e Saúde Pública, que elaborou mais uma reforma educacional, sem, entretanto, modificar substancialmente o curso primário, estruturou o secundário e as condições para o ingresso nesse nível de ensino, com a criação dos exames de admissão. Significativamente, esses exames exigiam conhecimentos que não eram fornecidos pela escola primaria, "*contribuindo, ao mesmo tempo, para resguardar a função seletiva desenvolvida pelo ensino secundário e reforçar o reconhecimento da inutilidade da escola primária*" (Feldman 1983, p. 38).

Conhecida como a Reforma de Francisco Campos, então Ministro da Educação, continuou marginalizando o ensino primário e desatendendo à formação de professores, mas instituiu, para o secundário, as disciplinas anuais com freqüência obrigatória. Com duração de 8 anos, dividia-se em um curso fundamental de 6 anos e outro complementar com 2 anos de duração.

Em 1932, um grupo de educadores dirigiu à Nação o Manifesto dos Pioneiros, um documento com inovações pedagógicas cujo objetivo era o de renovar o sistema educacional brasileiro. Almejava a escola como um serviço essencialmente público, laico[4] e gratuito, que garantisse a educação comum para todos. Colocava homens e mulheres como iguais frente às possibilidades de aprendizagem e às

---

4. O ensino laico está baseado no princípio de que o ambiente escolar deve ser autônomo em relação a crenças e disputas religiosas, garantindo a liberdade de consciência e o respeito à integridade da personalidade dos alunos.

oportunidades sociais, abolindo, assim, os privilégios de gênero e classe. No seu texto, encontramos que a escola nova[5] optara por *servir não aos interesses de classes, "mas aos interesses do indivíduo, e que se funda sobre o princípio da vinculação da escola com o meio social"* (in: EducaBrasil, 2004). Claro que foi uma visão bastante romântica, novamente um produto de transplante cultural e de uma concepção ingênua da realidade. Como sabemos, não se efetivou; no entanto, teve o mérito de trazer a primeira proposta concreta no sentido da integração dos diferentes níveis de ensino e influenciar, de maneira marcante, o capítulo da educação na Constituição de 1934. Essa Carta, apesar de ainda atender aos católicos conservadores, que se opunham à política de laicização da escola pública, com a introdução do ensino católico, incorporou a gratuidade do ensino, reconheceu a educação como um direito de todos e estabeleceu a universalidade do ensino primário.

Na década de 1920, São Paulo já reivindicava a criação de uma universidade que fosse um centro de produção científica, cultural e artística. Em 1934, um decreto do governador Armando de Salles Oliveira criou a Universidade de São Paulo com a integração da recém-estruturada Faculdade de Filosofia, Ciências e Letras à Faculdade de Direito (que antes era federal), a Escola Politécnica, a Escola de Agronomia Luiz de Queiroz, as Faculdades de Medicina, Farmácia e Odontologia, Medicina Veterinária e o Instituto de Educação Caetano de Campos. Este fato não se constituiu apenas em um processo burocrático de reunião de faculdades isoladas, mas, sim, uma revolução no ensino com a possibilidade de formação de professores universitários que pudessem se dedicar integralmente ao magistério. Até então, esses profissionais exerciam outras atividades de suas áreas e trabalhavam algumas horas semanais nas faculdades. A USP contratou alguns professores europeus que trouxeram novas idéias e concepções sobre o ensino. Porém, esse processo de transposição não respeitava as particularidades do ensino e dos alunos brasileiros.

---

5. A Escola Nova refere-se ao movimento de transformações na educação tradicional; dava ênfase na utilização de métodos ativos de ensino e aprendizagem e maior importância à liberdade e ao interesse dos alunos. Incentivou o trabalho em grupo e a prática de trabalhos manuais nas escolas. Colocou os alunos, e não mais os professores, como centro do processo educacional.

Com a Constituição Federal de 1937, implantou-se um sistema dual. Permanecia o ensino propedêutico, o único que possibilitava o acesso ao ensino superior e marcado pelas mesmas características, mas também foi criado o profissionalizante, que se destinava às classes operárias. A primeira reforma que trata da articulação entre o ensino primário e o secundário, em 1942, porém com uma abordagem muito aquém das expectativas, foi a Reforma Gustavo Capanema, Ministro da Educação na época. Restringia-se à proposta de que, para o ingresso no ensino secundário, o aluno precisava de uma satisfatória educação primária, ainda que não exigisse a necessidade de um curso primário regular para o ingresso. Manteve o ensino secundário com dois ciclos: o ginasial de 4 anos e o colegial de 3 anos, com as opções entre o curso clássico e o científico, formato que permaneceu quase que inalterado até 1971, não passando de *"um transplante da ideologia nazi-fascista"* (Ribeiro, 2003, p.131) para o ensino brasileiro. Apesar de o Estado continuar desobrigado da manutenção e expansão do ensino público, decretava as reformas do ensino industrial e comercial. Criou ainda o Serviço Nacional de Aprendizagem Industrial (SENAI), sob o controle dos empresários. A seguir, em 1946, foi promulgada a lei orgânica dos ensinos primário, normal e agrícola e foi implantado o Serviço Nacional de Aprendizagem Comercial (SENAC).

Transcorridos 119 anos, em janeiro de 1946, foi assinada a segunda Lei Orgânica do Ensino Primário que estabelecia a alçada da União, dos estados e dos municípios; as normas para a atribuição de cargos no magistério, bem como a remuneração e formação dos professores. O ensino primário passou para 4 anos, com uma quinta série, agora de caráter complementar. Novamente as medidas foram insuficientes para mudar a realidade do ensino primário: a demanda continuou maior que a oferta e a quantidade de professores leigos continuou praticamente inalterada, chegando a aumentar em 1957.

Como exigência da Constituição de 1946, em outubro de 1948, foi encaminhado à Câmara Federal o projeto da Lei de Diretrizes e Bases da Educação Nacional, que só seria aprovado em 1961, em função dos amplos debates que desencadeou, em especial pelos defensores do ensino particular, representados pela escola católica que defendia seus interesses sob o ponto de vista pedagógico e jurídico.

No aspecto pedagógico, *"a Igreja Católica acusa a escola pública de ter condições de desenvolver somente a inteligência e, enquanto tal, instrui, mas não educa. Ela não tem uma 'filosofia integral de vida'".* (Ribeiro 2003, p. 166). Portanto, apenas ela seria capaz de desenvolver a inteligência e formar o caráter, ou seja, educar. Em sua defesa chegou ao extremo de relacionar o aumento da criminalidade com o aumento do número de escolas públicas. Contudo, o próprio Manifesto dos Pioneiros da Educação Nova já apontava suas preocupações formativas ao afirmar que:

> O físico e o químico não terão necessidade de saber o que está a se passar além da janela do seu laboratório. Mas o educador, como o sociólogo, tem necessidade de uma cultura múltipla e bem diversa; as alturas e as profundidades da vida humana e da vida social não devem estender-se além do seu raio visual. Ele deve ter o conhecimento dos homens e da sociedade em cada uma de suas fases, para perceber, além do aparente e do efêmero, o "jogo poderoso das grandes leis que dominam a evolução social" e a posição que tem a escola e a função que representa, na diversidade e pluralidade das forças sociais que cooperam na obra da civilização. (Azevedo, s/d, p. 60.)

No aspecto jurídico, defendia que a família seria anterior ao Estado, cabendo a ela orientar a educação física, intelectual, moral e religiosa de seus filhos. Os escolanovistas, no entanto, argumentavam que a formação do indivíduo não era competência do Estado ou da família, que deveriam promover condições para que o indivíduo adquirisse autonomia para direcionar sua formação.

Conforme Fernandes (1966), as escolas religiosas abrigavam as classes sociais mais privilegiadas, contribuindo para a manutenção dos seus interesses. Com a República, por meio da escola pública houve uma democratização do ensino, o que justificaria plenamente a defesa deste tipo de escola.

A LDB, aprovada como lei de número 4.024/61, tendeu, no seu texto, a apoiar a vertente religiosa e, quanto à estrutura do ensino, manteve o que já existia, ou seja, o ensino primário de pelo menos quatro anos; o ginasial também com quatro anos, subdividido em comercial, industrial, agrícola e normal (formação de professores); o ensino colegial com três anos, subdividido em comercial, industrial, agrícola e normal (especialização) e o superior.

O Ensino durante o Regime Militar

O clima de terror instalado no país nos dias que se seguiram ao golpe militar de 1964 logo atingiu a educação. Universidades foram invadidas; alunos e professores, presos, inviabilizando qualquer processo de reforma universitária. Também foram extintos ou paralisados programas e núcleos de educação popular, especialmente aqueles orientados para a alfabetização de jovens e adultos. Muitos de seus membros foram considerados subversivos.

Paralelamente, o governo deveria tomar algumas iniciativas para ordenar as atividades educativas segundo seus princípios. Foi criado, em 1967, o Mobral (Movimento Brasileiro de Alfabetização) e a educação foi atrelada *"ao mercado de trabalho, incentivando a profissionalização na escola média, a fim de conter as aspirações ao ensino superior"* (Libâneo et. al., 2003, p.144), cujo número de vagas era extremamente reduzido. A Lei 5.692/71 ampliou a escolaridade básica para oito anos, fundindo o ensino primário com o ginasial e tornou profissionalizante, obrigatoriamente, o ensino secundário, agora denominado de segundo grau. Contudo, esta lei feria os interesses da elite que não tinha qualquer interesse na profissionalização de seus filhos; não teve, portanto, o apoio dos industriais a quem tinha a intenção de beneficiar. Assim sendo, nove anos depois foi revogada; e o problema da escolarização superior, resolvido, da pior forma possível, com o a expansão significativa das faculdades particulares. Analisando-a, verifica-se que essa lei tinha um caráter tecnicista, com destaque na quantidade e não na qualidade, nas técnicas pedagógicas em detrimento dos ideais pedagógicos, na submissão e não na autonomia.

Nesse período, houve, de fato, um crescimento do número de escolas públicas, mas sem a ampliação dos recursos financeiros, o que resultou na sua degradação. Com isso, a classe média, interessada em um ensino de melhor qualidade, abandonou a rede pública, gerando o incremento das empresas de ensino privado.

No final dos anos 1970 e início da década de 1980, a ditadura militar esvaía-se e iniciou-se o processo de redemocratização e reconquista dos espaços perdidos pela sociedade civil brasileira.

O Ensino nos Últimos Vinte Anos

As mais importantes modificações introduzidas pela Constituição de 1988 estão contidas nos artigos 205 e 208, que atribuem à educação um direito de todos e dever do Estado e da família, com acesso ao ensino obrigatório e gratuito como direito público subjetivo.[6] Estabeleceu por lei o Plano Nacional de Educação, que tem, em linhas gerais, definidos como objetivos: o aumento do nível de escolaridade da população; a melhoria da qualidade de ensino em todos os níveis, reduzindo as desigualdades sociais e regionais no que se refere ao acesso e permanência na escola pública; além de democratizar o espaço escolar com a participação dos professores e da comunidade na elaboração do projeto pedagógico da escola.

Embora o regime militar houvesse atribuído aos municípios a administração do ensino fundamental, não alocou recursos técnicos e financeiros para sua concretização. Apenas com a Constituição de 1988 é que o município passou a fazê-lo. Contudo, tal iniciativa velava os interesses neoliberais de reduzir os gastos sociais do Estado, o que se tornou mais claro após a promulgação da Lei 9.394/96, de Diretrizes e Bases da Educação, que centralizou na instância federal as decisões sobre currículo e avaliação, e transferiu para a sociedade responsabilidades que seriam de sua exclusiva competência. Essa descentralização é um exemplo concreto *"de uma política que centralizava o poder e descentralizava as responsabilidades"* (Libâneo et al., 2003, p. 142).

Na elaboração da Constituição de 1988, observou-se, novamente, o embate entre os defensores do ensino público e do privado, agora com suas fileiras engrossadas pelos empresários da educação. Estes últimos classificavam o ensino público como ineficiente e fracassado diante da superioridade de suas instituições, mas omitiam os benefícios obtidos do próprio governo, como imunidade fiscal, garantia de pagamento das mensalidades e bolsas de estudo e o descompromisso estatal com a educação pública, que deteriorou a estrutura da escola e o salário dos professores.

A partir daí, a educação escolar passou a se constituir de dois níveis: a educação básica, que compreende a educação infantil, o ensino fundamental e médio, e a educação superior.

À educação básica, dividida em três etapas (infantil, fundamental e médio), coube prover o estudante de uma formação indispensável para o exercício da cidadania, para progredir no trabalho e

---

6. O direito público subjetivo é aquele que pode ser pleiteado no Poder Judiciário.

em seus estudos posteriores. A educação infantil é uma novidade como dever do Estado e deve ser oferecida em creches para crianças de até 3 anos e em pré-escolas para crianças de 4 a 6 anos. Os níveis fundamental e médio têm, em seus currículos, uma base nacional comum e uma parte diversificada a fim de atender as características regionais. No que se refere ao ensino médio, cabe ressaltar que seus objetivos são ambiciosos, entretanto distantes da realidade do que hoje é oferecido, exceto pelo seu *eterno* caráter propedêutico.

A educação superior foi pela primeira vez contemplada em uma LDB, que definiu suas finalidades, objetivos e abrangência, mas, a par disso, o Estado vem se descuidando desse nível de ensino, beneficiando, mais uma vez, os setores privados da educação.

Considerações Finais

Nestes 500 anos do ensino no Brasil, a educação sempre esteve a serviço das elites políticas e financeiras. O professor sempre foi deixado à margem do processo, pelos baixos salários, pela má-formação e pelas precárias condições de trabalho. Na atualidade, a democratização do ensino público é uma necessidade social para as transformações do mundo do trabalho, para o desempenho econômico e técnico-científico. Contudo, acabou por assumir, no Brasil, um caráter de mercadoria ou serviço que pode ser adquirido e não um direito de todos, o que colabora por reafirmar sua condição competitiva, fragmentada e seletiva.

Bibliografia e Sitiografia

AZEVEDO, Fernando de. *A educação entre dois mundos: problemas, perspectivas e orientações*. São Paulo: Melhoramentos, s.d.
BRASIL. *Anuário Estatístico do Brasil*. Rio de Janeiro: Instituto Nacional de Estatística, 1936.
BRASIL. *Constituição Federal*. Brasília, 1988.
CARDOSO, Walter et al. *Para uma história das Ciências no Brasil colonial*. In: Revista da Sociedade Brasileira de História da Ciência. Rio de Janeiro: Sociedade Brasileira de História da Ciência, 1985.
EDUCABRASIL, Agência. *Manifesto dos Pioneiros*. In: Dicionário Interativo da Educação Brasileira. www.agenciaeducabrasil.com.br. Acesso em 15/11/2005.

FELDMAN, Marina Graziela. *Estrutura e Ensino de 1º Grau.* Petrópolis: Vozes, 1983.
FERNANDES, Florestan. *Educação e sociedade no Brasil.* São Paulo: Edusp, 1966.
FILGUEIRAS, Carlos, A.L. *A química na educação da Princesa Isabel.* In: Química Nova, vol. 27, nº 2. Sociedade Brasileira de Química, 2004.
LIBÂNEO, José Carlos; OLIVEIRA, João Ferreira & TOSCHI, Mirza Seabra. *Educação Escolar: políticas, estrutura e organização.* São Paulo: Cortez, 2004.
LOURO, Guacira Lopes. Mulheres na Sala de Aula. In: PRIORE, Mary Del (org.). *História das Mulheres no Brasil.* 7 ed. São Paulo: Contexto, 2004.
PINTO, José Marcelino de Rezende. O Ensino Médio. In: OLIVEIRA, R. Portela & ADRIÃO, Theresa (orgs.). *Organização do Ensino no Brasil.* São Paulo: Xamã, 2002.
RIBEIRO, Maria Luísa Santos Ribeiro. *História da Educação Brasileira a organização escolar.* 18 ed. Campinas: Autores Associados, 2003.
SOUZA, Paulo Nathanael Pereira. *LDB e Ensino Superior (Estrutura e Funcionamento).* São Paulo: Pioneira, 1997.
TOBIAS, J.A. *História da Educação Brasileira.* 2 ed. São Paulo: Juriscredi, s.d.
www1.folha.uol.com.br/folha/cotidiano/ult95u83031.shtml. Acesso em 29/11/2005.
www.usp.br/jorusp/arquivo/2004/jusp673/pag0809.htm. Acesso em 29/11/2005.

História da Ciência: uma Possibilidade para o Ensino de Ciências no Ensino Médio

Diamantino Fernandes Trindade

Neste trabalho, são expostas algumas das idéias colocadas em prática na disciplina "História da Ciência" do bloco de disciplinas optativas "Energia e Vida" do terceiro ano do Ensino Médio do Cefet–SP. São realizadas também algumas reflexões sobre o caráter integrador e interdisciplinar que tal disciplina pode ter e a sua contribuição na formação, por parte dos alunos, de uma visão de Ciência como processo construído historicamente.

Introdução

A partir da década de 1960, a História da Ciência começou a se delinear como um espaço para a crítica do conhecimento científico por meio da interdisciplinaridade. Um espaço estratégico do ponto de vista educacional, pois procura enfatizar a ética científica, respeitando a humanidade e a sua história, e, desta forma, resgatando o homem no seu sentido superior. Alguns autores abordam esta questão, como Ana Maria Alfonso-Golfarb na obra *O que é História da Ciência* (Brasiliense, 1995) e Maria Amália Andery em *Para Compreender a Ciência: uma perspectiva histórica* (Educ, 2000).

Durante os anos 1990, houve um crescente interesse, na área de educação, pela História da Ciência, e muitos trabalhos foram escritos nos últimos anos sobre a sua importância na formação dos alunos de Ensino Médio. Podemos citar os trabalhos de Attico Chassot, *A Ciência Através dos Tempos* (Moderna, 1994) e José Atílio Vanin, *Alquimistas e Químicos: o passado, o presente e o futuro* (Moderna,1994). Entretanto, freqüentemente o seu conhecimento é construído de forma episódica nas disciplinas das chamadas ciências da natureza (Física, Química, Biologia) e na Matemática, quando tópicos de História da Ciência são introduzidos apenas de forma ilustrativa, configurando o que se convencionou chamar de "perfumaria", uma espécie de pausa para respirar entre dois conteúdos "duros" e que realmente, estes sim, devem merecer a importância do professor e do aluno! Esta não é, seguramente, a História da Ciência que desejamos que faça parte da formação dos alunos de Ensino Médio do nosso país.

Apesar de ser fundamental que os professores das quatro disciplinas relacionadas às ciências naturais introduzam no cotidiano das suas disciplinas tópicos de História da Ciência, que não se limitem a um caráter apenas ilustrativo, episódico, factual e cronológico, a existência de um espaço curricular próprio e específico para os conteúdos de História da Ciência possibilita que estes conteúdos possam ser abordados e articulados de forma muito mais orgânica no processo de ensino-aprendizagem.

Em uma visão interdisciplinar da área de Ciências da Natureza, Matemática e suas tecnologias, a História da Ciência é por excelência uma disciplina aglutinadora. Pode-se citar como exemplo que uma compreensão do conceito de energia a partir dos modelos atômicos e moleculares não é algo que se restrinja à Física, pois também diz respeito à Química e à Biologia Molecular. Conceitos como estes transitam entre essas e outras disciplinas, e também podem ser interpretados quantitativamente pela Matemática.

Além disso, a inclusão de tópicos de História da Ciência deve procurar ressaltar o caráter da ciência como processo de construção humana em oposição ao seu caráter de objeto de estudo acabado, excessivamente enfatizado por muitos livros didáticos de Física, Química, Biologia e Matemática. A História da Ciência é fundamental para ressaltar o papel da Ciência como parte da cultura humana acumulada ao longo dos séculos, cultura esta com a qual uma educação científica efetivamente emancipadora deve estar sempre preocupada. O ensino da História da Ciência deve sempre que possível dar uma ênfase tanto nas controvérsias científicas que existiram no desenvolvimento da Ciência, quanto nos dilemas éticos vividos e nos valores assumidos por cientistas ao longo da história. A História da Ciência permite uma convivência crítica com o mundo da informação e a compreensão científica e social da vida no nosso planeta, ou seja, é um aprendizado que proporciona uma participação consciente no "romance" da cultura científica, ingrediente primordial da saga da Humanidade.

Em 1999 foi apresentada, e a partir de 2000 implementada, a idéia de que o bloco de cinco disciplinas optativas propostas para os terceiros anos do Ensino Médio do Cefet–SP – de responsabilidade da área de Ciências da Natureza, Matemática e suas tecnologias - contivesse uma disciplina de caráter integrador denominada "História da Ciência". O seu eixo gerador escolhido foi a evolução dos conceitos científicos ao longo da história, vinculada ao desenvolvimento tecnológico e econômico da humanidade, procurando inter-relacionar os conhecimentos fundamentais desenvolvidos nas diversas ciências da natureza. A introdução desta disciplina como componente curricular do Ensino Médio teve como objetivo principal aumentar a capacidade de reflexão crítica dos alunos sobre o desenvolvimento científico e tecnológico, estimulando a compreensão do mundo e da natureza que nos envolvem e dos instrumentos tecnológicos construídos com a ajuda da Ciência, inter-relacionando as diferentes disciplinas científicas entre si e com as humanidades, as artes e a Filosofia, e refletindo sobre o conhecimento científico, sobre as suas conseqüências sociais e éticas e sobre as controvérsias existentes ao longo da construção da Ciência, que precisam ser encaradas como naturais e até mesmo necessárias para que novas e importantes idéias possam vir à tona, colaborando para melhor compreensão do universo.

Essa disciplina se enquadrou ao Projeto Pedagógico do Cefet–SP nos seus três pontos basilares: a História da Ciência e da tecnologia como eixo temático, a interdisciplinaridade como método e também como princípio filosófico-pedagógico norteador, e a Pedagogia Crítico-Social dos Conteúdos como embasamento de caráter teórico.

Os Questionamentos e os Objetivos

Durante a minha trajetória como professor interdisciplinar de História da Ciência, situei algumas questões relevantes para a minha pesquisa:

- Por que ensinar e aprender História da Ciência?
- Qual o papel da História da Ciência como veículo interdisciplinar das Ciências Naturais, Matemática e suas tecnologias?
- Como é possível fazer a interação de disciplinas agrupadas em uma determinada área de conhecimento, por meio da contextualização de conteúdos, visando retirar o aluno da condição de espectador passivo?
- Qual o papel da Ciência, na vida social e produtiva do Planeta, para o tempo vivido pelo aluno e pelo professor?
- Quais as mudanças que a História da Ciência pode proporcionar ao aluno e ao professor em um tempo em que tudo é transformação, principalmente nas novas concepções educacionais?

Em decorrência de tais questões, delineei como objetivos desta pesquisa analisar criticamente, sob a ótica da interdisciplinaridade, minha experiência como professor da disciplina História da Ciência, apreendendo eixos de explicação e compreensão do que tem permeado práticas pedagógicas comprometidas com o conhecimento científico rigoroso e inovador.

Estes objetivos instigam a opção metodológica: ênfase no relato de minha prática como cenário de vivências que tentam imprimir uma perspectiva crítica e reflexiva ao exercício docente.

Para tanto, fundamentei-me nos textos legais, buscando a contextualização das ciências na sala de aula, principalmente nos "Parâmetros Curriculares Nacionais: Ensino Médio" do Ministério da Educação – Secretaria da Educação Média e Tecnológica (1999) com a finalidade de localizar a disciplina História da Ciência dentro das concepções do Ensino Médio expressas na Lei de Diretrizes e Bases da Educação – Lei 9394/96.

Quando a LDB destaca as diretrizes curriculares específicas do Ensino Médio, ela se preocupa em apontar para um planejamento e desenvolvimento do currículo de forma orgânica, superando a organização por disciplinas estanques e revigorando a integração dos conhecimentos, em um processo permanente de interdisciplinaridade.

A poluição ambiental não é, em particular, um problema físico, químico ou biológico. Não cabe apenas nas fronteiras das Ciências da Natureza, mas igualmente das Ciências Humanas.

A História da Ciência cria importantes interfaces com outras áreas do conhecimento. O caráter interdisciplinar da História da Ciência não aniquila o caráter necessariamente disciplinar do conhecimento científico, mas completa-o, estimulando a percepção entre os fenômenos. Isso é fundamental para grande parte das tecnologias e para o desenvolvimento de uma visão articulada do ser humano em seu meio natural, como construtor e transformador desse meio.

Em função do que foi explicado anteriormente, a interdisciplinaridade é outro interlocutor importante nesta pesquisa. No mundo atual, envolvido pelas exigências de contexto globalizante, é importante repensar acerca das reivindicações geradoras do fenômeno interdisciplinar e suas origens, que desencadearam uma nova ordem de pensar sobre o homem, o mundo e as coisas do mundo, que se encontram em estado de franca efervescência.

Outro interlocutor utilizado nesta pesquisa foi a contextualização como recurso para a integração das disciplinas da área de Ciências Naturais, Matemática e suas tecnologias.

Nas escolas, geralmente, o conhecimento é reproduzido das situações originais nas quais aconteceram suas produções. Por isso, quase sempre o conhecimento escolar se vale da transposição didática. Quando bem trabalhada, a contextualização possibilita, ao longo da transposição, que o conteúdo do ensino desencadeie aprendizagens significativas que mobilizam o educando e estabeleçam entre ele e o objeto do conhecimento uma relação de reciprocidade. A contextualização abarca, por isso, áreas, âmbitos e dimensões presentes na vida das pessoas, social e cultural, e mobiliza competências cognitivas já adquiridas.

História da Ciência: a Ótica de um Professor

Alguns aspectos importantes da História da Ciência são necessários para o desenvolvimento desta pesquisa, principalmente nas aulas da disciplina. Inicialmente foi feita uma abordagem epistemológica que mostra a história da História da Ciência. Em seguida, foram analisados os fenômenos naturais observados pelos homens primitivos e suas indagações sobre si mesmos, observando que as plantas e os animais, como eles, nasciam, cresciam, ficavam maduros, envelheciam e morriam. O Universo povoara-se de deuses e a terra, a grande Mãe, tornara-se origem e berço da humanidade; estabelecera-se, portanto, o estreito parentesco entre a ordem cósmica e o ser humano.

Um estudo sobre a estruturação do conhecimento na civilização grega antecede a análise da Idade Média, a longa noite dos mil anos, período herdeiro direto da cultura greco-romana e sua sociedade assentada em bases estritamente cristãs, portanto religiosa, dirigida e organizada pela Igreja Católica. Surge então a modernidade, que gerou uma nova concepção científica, afetando todos os campos do saber, modificando as técnicas de investigação, os objetivos e o papel que a Ciência passou a desempenhar na Filosofia e na própria sociedade.

As grandes transformações da Ciência surgem no século XIX com a retomada do modelo atômico de Demócrito, por Dalton, e mesmo não sendo aceito por nomes notáveis da comunidade científica, permitira que o conceito mecanicista do Universo se tornasse cada vez mais elaborado, agora atingira o invisível. Consolidara o desenvolvimento da Física e alimentava o crescimento de outras Ciências mais jovens, como a Química, a Biologia, a Psicologia e as Ciências Sociais. No final do século XIX, quando o grande edifício científico parecia pronto, e pouco poderia ser acrescentado, ele implodiu. Foi arrebentado de todos os lados. A descoberta dos elétrons, dos raios X e da radioatividade sugeriu a existência de um mundo infinitamente pequeno e extremamente complexo.

O grande ponto de mutação ocorreu com a publicação das descobertas de Albert Einstein sobre o efeito fotoelétrico, a resolução experimental da antiga questão da realidade dos átomos e a teoria da relatividade. Outros brilhantes cientistas contribuíram para essa nova visão de Ciência, como: Niels Bohr, Werner Heinsenberg, Erwin Schorindger, Max Planck e outros.

Para que a História da Ciência se tornasse de fato um espaço para a discussão sobre as formas de Ciência em várias épocas e lugares, seria preciso romper o dogma de que o conhecimento se desenvolve de forma continuada, acumulando o saber e progredindo em uma só direção, desde os primórdios da existência humana até a

Ciência Moderna. Thomas Kuhn foi sob este aspecto um divisor de águas. Na década de 1960, atraiu o interesse de historiadores, antropólogos e cientistas para a História da Ciência quando publicou uma obra justificando a descontinuidade da Ciência. Segundo ele, a Ciência de fato avança, acumula-se e se aprimora em torno de um determinado paradigma – um conjunto de regras, normas, crenças e teorias que direciona, conforme a época, a comunidade envolvida – nos períodos normais. Quando um paradigma se torna limitado demais frente às novas visões, ele entra em crise. Iniciam-se, então, as grandes revoluções científicas até o estabelecimento de outro modelo, eleito com base nas ansiedades estéticas e emocionais da sociedade naquele determinado momento, ou seja, uma busca de acordo com o critério das suas verdades.

O que conhecemos como Ciência Moderna tornou-se apenas uma forma de interpretar o mundo, mas nunca a melhor ou a mais completa e talvez, por buscar a dominação antes da compreensão, acabou por gerar competição e destruição.

A História de Minha Prática como Professor de História da Ciência

A importância deste espaço curricular fica patente pelo fato de que, cada vez com maior freqüência, há a necessidade de se conhecer a linguagem científica para compreender a situação da Ciência e da tecnologia sob o ponto de vista das conseqüências sociais, econômicas, políticas, culturais e éticas. Uma metodologia que se coaduna com os objetivos pedagógicos desta disciplina leva em conta, ainda, a relação bastante fértil entre a Ciência e a Literatura; portanto, atividades de leitura são fundamentais, seja de textos de divulgação científica ou de documentos originais. Trabalhando com eles, mais do que obter informações de maior ou menor importância, percebi que meus alunos se aproximavam da vida viva dos homens que os haviam escrito, de suas dificuldades, de suas emoções e também de suas incertezas frente às novas descobertas.

Alguns temas da História e da Filosofia da Ciência discutidos são: relações entre Ciência, tecnologia e sociedade; as visões internalista e externalista da História da Ciência; origens das atividades científicas; a ciência na Antiguidade e no mundo greco-romano; a ciência medieval e ainda a ciência árabe; o Renascimento e o nascimento da Ciência Moderna; o Iluminismo e a ciência clássica do século XIX; a Ciência do século XX e as perspectivas científicas para o futuro da humanidade. Como metodologia do trabalho pedagógico, foram usadas leituras de livros de divulgação científica, de literatura clássica e de textos originais de cientistas, além de seminários, vídeos científicos, filmes relacionados à História da Ciência, peças teatrais, visitas a museus, etc.

A dinâmica de trabalho para a discussão dos textos teve início com a divisão das turmas em dez grupos de quatro alunos. A cada semana, um grupo apresentou um seminário sobre o tema escolhido, seguido por uma discussão aberta a todos os grupos que haviam previamente lido o texto em questão. Via de regra, as discussões foram proveitosas, possibilitando um excelente exercício de interdisciplinaridade pelas ligações estabelecidas com as outras áreas do conhecimento, como a Filosofia, a História, a Arte, etc.

As peças teatrais foram muito enriquecedoras, particularmente "Copenhagen" e "Einstein" que, sem sombra de dúvidas, têm, ambas, como pontos centrais de seus textos os dilemas éticos vivenciados por cientistas importantes do século XX. Essas peças geraram enorme polêmica entre os alunos e propiciaram uma série de discussões em sala de aula quanto à ética e à moral.

Os alunos desenvolveram uma monografia de fim de curso que se mostrou um instrumento de desenvolvimento e amadurecimento científico. Desde o primeiro dia de aula, foram orientados para a sua elaboração com a utilização das normas e padrões ABNT quanto à estruturação do texto e as referências bibliográficas, bem como os elementos constitutivos de um projeto de pesquisa: a delimitação do problema, definição da base conceitual, etc.

Nesse projeto de inclusão da disciplina História da Ciência no Ensino Médio do Cefet–SP, os alunos acompanharam o desenvolvimento científico da humanidade desde os primórdios da civilização até os dias de hoje. Nessa grandiosa aventura da História, nos seus vários momentos, estudaram como os seres humanos se relacionam, em todos os tempos, com o conhecimento empírico-científico.

Ao longo do processo, perceberam e compreenderam que a Ciência pode ser estudada e aprendida de maneira integrada, incluída em um contexto social, político, econômico e científico, e então, em certa medida, passa também a ser vivenciada. Com isso, passaram a manifestar maior autonomia, pois desenvolveram, para tanto, um instrumento mais poderoso que a inteligência: a imaginação. A par disso, a consciência da interdependência entre as disciplinas, o que resultou em uma visão mais ampla e crítica. Com essas ferramentas certamente poderão continuar pesquisando e aprendendo sozinhos, se assim desejarem, amplificando a compreensão do significado de ciência.

Na análise deste processo, situo como eixo inicial de apreensão: **a própria Ciência**. Gradativamente, os alunos foram desconstruindo o conceito pronto e acabado de Ciência, que infelizmente é encontrado, ainda hoje, na maioria dos livros didáticos. Mais importante para nós, professores e alunos, é compartilhar a idéia de que a Ciência exerce um papel relevante na vida social e produtiva do ser humano, nos seus aspectos positivos e negativos. Não podemos negar as facilidades que a Ciência e a tecnologia trazem para o nosso cotidiano, nem a sua ação devastadora, como vimos nos atentados terroristas de 11 de setembro de 2001, que causaram perplexidade mundial. O compartilhamento dessas idéias se tornou viável através de um novo olhar do processo ensino-aprendizagem que colocamos em prática nos encontros semanais.

Ao conquistar a confiança dos alunos nessa nova empreitada, adquiri uma nova postura, buscando na minha prática pedagógica o que existe de positivo, observando-a com um olhar atento, sem medo das transformações e procurando as novas ações para transformar o ensino de História da Ciência em um espaço alegre de compartilhamento, de parceria com alunos e outros professores, de construção individual e coletiva, de aprendizagem. Neste novo olhar, a **atitude interdisciplinar** tomou conta da minha ação docente. Em uma postura interdisciplinar procuro ser um provocador de dúvidas, reflexões e questionamentos. A minha intervenção na construção do saber é necessária apenas para redirecionar os alunos, nos momentos de angústia, no caminho escolhido para a aprendizagem de determinados assuntos.

A interdisciplinaridade é um processo que precisa ser vivido, exercitado. O exercício desse processo ameniza, no interior do professor, o egoísmo, a vaidade e o orgulho. O principal fundamento da interdisciplinaridade é a humildade decorrente da visão panorâmica da realidade, em que a disciplina isolada deixa de ser importante se não for parte do todo que os seres humanos vivenciam consciente ou inconscientemente.

O espaço curricular História da Ciência mostrou-se capaz de promover o desenvolvimento científico e tecnológico, estimulando a compreensão e o respeito pela Natureza que nos envolve, bem como as relações com a Arte, a Filosofia, a Literatura e a História. O aluno crítico e pensante, que aprende a aprender, está preparado para os exames oficiais e os vestibulares, pois as novas concepções de Educação, que não deixaram de lado os conteúdos, passaram a contextualizá-los de forma interdisciplinar, possibilitando o desenvolvimento do pensamento em resposta aos desafios vitais. São estes os alunos que o novo tempo pede urgentemente, porque se torna cada vez mais importante a compreensão da interdependência entre todos os seres humanos.

Trabalhar com os alunos do Cefet–SP nesse espaço curricular foi uma experiência bem-sucedida, um desafio vencido. Ficou claro que é possível trabalhar de forma interdisciplinar e contextualizada e que a História da Ciência é um dos instrumentos que possibilita essa tarefa pedagógica.

Bibliografia

ALFONSO – GOLDFARB, Ana Maria. *O que é História da Ciência.* São Paulo: Brasiliense, 1995.
ALVES, Rubem. *Filosofia da Ciência: introdução ao jogo e suas regras.* São Paulo: Loyola, 2000.
BATISTA, Nildo Alves e SILVA, Sylvia Helena Souza Batista. *O professor de Medicina.* São Paulo: Loyola, 1999.
BRASIL. Ministério da Educação. Secretaria da Educação Média e Tecnológica. *Diretrizes Curriculares Nacionais: Ensino Médio.* Brasília, 1998.
BRASIL. Ministério da Educação. Secretaria de Educação Média e Tecnológica. *Parâmetros Curriculares Nacionais: Ensino Médio.* Brasília, 1999.
CAPRA, Fritjof. *O Ponto de Mutação.* 22 ed. São Paulo: Cultrix, 2001.
CHASSOT, Attico. *A Ciência através dos tempos.* São Paulo: Moderna, 1994.
CHAUÍ, Marilena. *Convite à Filosofia.* São Paulo: Ática, 1994.
DELORS, Jacques et al. *Educação: um tesouro a descobrir.* Relatório para a Unesco da Comissão Internacional sobre Educação para o século XXI. São Paulo: Cortez, 1999.
FAZENDA, Ivani. *Novos enfoques da pesquisa educacional.* 4 ed. São Paulo: Cortez, 2001.

FURLANETTO, Ecleide. *A sala de aula interdisciplinar vista como um vaso alquímico.* São Paulo: Mimeo, 2001.
FREIRE, Paulo. *Pedagogia da Autonomia: saberes necessários à prática educativa.* 15 ed. São Paulo: Paz e Terra, 2000.
KUHN, Thomas S. *A estrutura das revoluções Científicas.* 5 ed. São Paulo: Perspectiva, 2000.
MORIN, Edgar. *A religação dos saberes: o desafio do século XXI.* Rio de Janeiro: Bertrand Brasil, 2001.
SEVERINO, Antonio Joaquim. *Metodologia do trabalho científico.* 21 ed. São Paulo: Cortez, 2001.

Por Que Ensinar e Aprender História da Ciência?

Diamantino Fernandes Trindade

O objetivo deste ensaio é apresentar uma visão interdisciplinar do ensino da História da Ciência e suas inter-relações com a Arte, a Religião e a Filosofia. Mostra ainda que, por meio dela, é possível entender melhor a história do ser humano em busca de suas origens e a compreensão de si mesmo. A História da Ciência é um instrumento importante nos novos enfoques da Educação, em que se pretende formar cidadãos de mentes abertas que vivenciam e entendem, cada vez mais, o seu papel na vida social do Planeta.

Desde 1977, no início da minha carreira como professor universitário, a história do desenvolvimento do pensamento científico vem chamando minha atenção. De início, o simples histórico factual e a curiosidade me induziam às leituras de autores renomados da História da Ciência, como Dampier, Bigelow, Solla Price, Smith e outros.

O pouco tempo disponível e o difícil acesso ao grupo fechado de História da Ciência da USP fizeram-me desistir da idéia de cursar um programa de mestrado nessa área. Passei então a procurar vários textos sobre o assunto e estudar por conta própria. Sempre que possível, levava para a sala de aula os fatos históricos pertinentes ao assunto a ser desenvolvido com o intuito de ilustrar e despertar o interesse dos alunos.

Eu sentia, mas não sabia o porquê, que ensinar História da Ciência era muito importante. Em 1999, quando da apresentação da parte diversificada oferecida aos alunos do 3º ano de 2000 do Ensino Médio do Centro Federal de Educação Tecnológica de São Paulo, verifiquei que uma das disciplinas optativas dentro da área de conhecimento "Ciências da Natureza, Matemática e suas tecnologias" era História da Ciência, disciplina enquadrada dentro do Projeto Pedagógico do Cefet–SP que tem como seus três pontos basilares: a História da Ciência e da Tecnologia como eixo temático; a interdisciplinaridade como metodologia e a pedagogia crítico-social do conteúdo como embasamento de caráter teórico.

Juntamente com o professor Ricardo Plaza Teixeira, que ministrava a mesma disciplina em outra turma, fizemos um plano para explorar melhor os assuntos em sala de aula e proporcionar aos alunos a oportunidade de estar em contato com o desenvolvimento da Ciência. De imediato, concordamos que seria importante deixar de lado a história factual e promover reflexões críticas sobre o conhecimento científico e suas conseqüências sociais e éticas. Para isso optamos por iniciar o Curso com o texto "Filosofia da Ciência: introdução ao jogo e suas regras" de Rubens Alves, porque a Filosofia é a ciência das causas, da origem de todas as coisas, a parte abstrata da ciência.

Em seguida, trabalhamos com o texto "Grandes Debates da Ciência" de Hal Hellman, que aborda os caminhos trilhados pelos cientistas mostrando quão trabalhoso foi levar suas idéias ao pleno amadurecimento e a constante interferência da Igreja Romana nos processos do desenvolvimento científico.

Gradativamente outros textos foram sendo introduzidos, sempre com o objetivo de mostrar que um dos maiores estímulos da Ciência é o simples prazer de descobrir coisas, de aprender algo novo acerca do mundo à nossa volta e de mesmos.

O primeiro grande desafio que enfrentamos foi a desconstrução da tentativa de direcionar as aulas para a Química, no meu caso, e para a Física, no caso do professor Plaza. Os alunos foram sentindo isso ao longo do ano (a maioria deles foram nossos alunos de Química ou de Física no 1º e 2º anos) e, gradativamente, conseguiram nos ver como professores de História da Ciência e passaram a confiar na nossa imparcialidade quando estávamos em sala de aula abordando assuntos variados sobre a Ciência.

No plano de trabalho para 2001, deixamos de lado tudo aquilo que não foi produtivo em 2000. Neste ano assumi as duas turmas: 300 e 335.

O meu aprendizado tem sido constante e a resposta dos alunos, que começaram a sentir e a viver a convergência e a interdisciplinaridade em nossas aulas, tem sido muito importante para os meus questionamentos; dentre eles, o mais severo que é: "Por que ensinar História da Ciência?".

Tais inquietações me remetem à própria História do Homem que, via de regra, sempre foi contada pelos vencedores. Os vencidos passaram a ser os maus, os covardes, os ignorantes, enquanto os vencedores eram os corajosos, os heróis, que estariam modificando a própria história em benefício de toda a humanidade. E mais, a interpretação histórica de tudo o que foi e está sendo descoberto é feita pela civilização branca, quase sempre preconceituosa. Quem interpreta o passado de um povo dizimado ou desaparecido, que também possuía uma cultura e conhecimento próprio, é um ser humano que tem suas expectativas, seus preconceitos, seu modo de ver o mundo, enfim seus próprios dogmas; além disso, baseia todo seu estudo em valores morais e éticos atuais, porque vive sob o domínio desses valores.

Se pensarmos, por exemplo, nos maias, nos incas, nos astecas, que foram destruídos pelos espanhóis, o que restou foi a história que os colonizadores contaram deles. É muito difícil haver imparcialidade porque aqueles que a fizeram já foram parciais, vieram para vencer, nos moldes de uma cultura européia medieval, mergulhada na Idade das Trevas.

Então a História que se ensina para as crianças e adolescentes é essa, a dos vencedores, dos heróis, sob o ponto de vista de uma civilização que se acha a melhor do mundo. Até o método de pesquisa, determinado por ela, que pode estar errado e ninguém questiona.

A História da Ciência já não pode ser feita assim. Por mais parcial que seja o historiador científico, a Ciência deixa os fatos registrados. Estou referindo-me à parte mais formal das ciências, como a Química, a Física, a Biologia. Não é possível olhar para a Porta do Sol, na Bolívia, e dizer que não representa algo cientificamente importante. Não é possível olhar para um calendário solar antigo e dizer que quem o construiu não tinha o conhecimento que convencionamos chamar científico. Em uma época em que boa parte da Europa era habitada por bárbaros, muitas civilizações chamadas de primitivas conheciam a Astronomia. Não sabemos quando o homem começou a medir os ângulos, mas, com certeza, eram medidos na antiga Mesopotâmia; os construtores da Pirâmides tinham muita intimidade com eles e eram perfeitamente conhecidos quando Stonehenge foi construída, no 2º milênio antes de Cristo. As posições da Lua e das estrelas eram importantes para o homem "pré-histórico" e sua determinação implicava a medição de ângulos.

O cientista é mais imparcial quando interpreta evidências e não conta apenas a história dos vencedores, porque os vencidos também têm seu conhecimento, sua própria ciência.

O nosso Planeta viveu e vive os horrores da guerra, e passou a utilizar todos os recursos para evitar a grande catástrofe final, apesar das aspirações e ideologias políticas que ainda recorrerão à guerra como único recurso para concretizar suas ambições. Infelizmente, isso ainda continua a ser o principal sustentáculo da História. A subjugação bem-sucedida de homens é a essência dos livros de História, enquanto os sucessos dos homens em levantar os véus da ignorância e da superstição continuam em um plano secundário.

A História da Ciência possibilita saber como a Ciência ganhou muitas batalhas contra a ignorância, sua eterna inimiga.

Voltando no tempo, vamos encontrar os primeiros homens dotados de alguma inteligência e que, com certeza, devem ter ficado muito impressionados com algumas transformações que ocorriam à sua volta: dia e noite, nascimento e morte, crescimento das plantas e o movimento dos astros. Estas transformações devem ter chamado muito sua atenção, a ponto de começar a pensar se seria possível interferir nisso tudo em benefício próprio, para sua sobrevivência. Para interferir é preciso conhecer, então surgiram as primeiras questões. Por que existe o céu? Que lugar é esse onde se desenrola a vida? De onde eu vim? Para onde vou? Quem sou? Nesse momento, pelas diferenças, pelas distâncias de cada grupo, pelas características naturais do lugar onde viviam, começam a aparecer modos diferentes de responder a essas perguntas, surgiam os vários ramos da Ciência. Não podemos desconsiderar a questão da religiosidade, da vivência do Sagrado, que é comum a todo ser humano de todas as épocas, pois mesmo aquele que se diz ateu sabe ou pressente que existe uma força maior que rege toda a vida. Houve uma época em que não havia diferença entre Ciência e Religião, como se conhece hoje, pois para o homem o conhecimento do Sagrado era a vida, era a Natureza, e ele como parte dessa Natureza, tendo, como temos, nossas vidas intimamente ligadas a ela, não podia dissociar esses fatores. No movimento dos astros, encontrou a Divindade, seus deuses estavam ali. Olhando para o céu à procura desses deuses, o seu pedido era para que pudesse entender as transformações que ocorriam no seu meio a partir do movimento dos astros. Surgiu daí o primeiro calendário. Desse movimento dos astros, começou a relacionar e entender as transformações das estações: o frio mais intenso, o calor, as chuvas, toda a renovação da vida. Isso tinha certamente origem divina, eram forças que ele não podia, como não podemos, controlar, mas que algo ou alguém podia, alguém que também tinha dado origem à sua vida e a todas as coisas que o cercavam. O "homem moderno" baseado em seus processos intelectivos rotulou esse conhecimento como Magia e misticismo.

É impossível examinar a História da Ciência sem se defrontar com a Magia, a qual foi o modo legítimo de expressar uma síntese do mundo natural e seu relacionamento com o homem. Quando, em uma sociedade primitiva, o mago ou o curandeiro se predispõe a provocar chuva por métodos artificiais, ele expressa sua compreensão de uma ligação entre a chuva e o crescimento das plantações, entre um e outro aspecto da natureza e sua estimativa de que a sobrevivência do homem depende do comportamento natural. Ele sente que existe alguma relação entre o homem e o mundo que o cerca, algum entendimento primitivo de que, conhecido o procedimento correto, o homem pode harmonizar as forças da natureza e usá-las em seu benefício.

A magia exprimiu o que, de modo geral, era uma visão anímica da natureza. O mundo era habitado e controlado por espíritos e forças espirituais ocultas, que habitavam talvez os animais, as árvores, o mar, o vento, e a função do mago era submeter essas forças e o seu objetivo, persuadir os espíritos a cooperar.

O mago podia ter uma visão sutil das relações existentes entre os elementos da natureza, e seus atos de manipulação, por mais errados que fossem, conduziam, tal como deviam, a um determinado conhecimento empírico de várias substâncias.

Os componentes dos medicamentos, por exemplo, podiam ter sido originalmente escolhidos por suas associações mágicas, mas, gradativamente, seu sucesso ou fracasso mostraria quais eram os genuinamente eficazes. Lentamente, um conjunto de conhecimentos práticos seria reunido, usado e desenvolvido à luz da experiência, de tal modo que, gradativamente, o mago se tornou o primeiro de um grupo de pesquisadores experimentais e o primitivo cientista moderno.

Se em uma época o homem vivia em comunhão com a Natureza compreendendo ser parte dela, mais tarde sentiu-se tão poderoso que tentou dominá-la, e dominar seu próximo. Aí ele precisou da tecnologia para continuar dominando. Em vez de ser uma força aliada, sentiu que fosse algo contrário aos seus desejos, então deveria dominar, isso pelo medo das mudanças que todo sistema aberto envolve e que convida as pessoas a mudarem também.

Os homens perceberam que envelheciam, morriam e isto deve ter trazido uma certa instabilidade, que existe até hoje. Essa necessidade de vencer a morte, a busca da eternidade, é que a Biologia almeja com projetos como o Genoma, alimentação adequada para retardar o envelhecimento e a morte, pesquisas em comunidades onde se vive mais tempo que o normal. O homem quer vencer a morte, quer ser eterno, que é sua condição natural como ser espiritual. Desejamos a eternidade, porque ela nos pertence.

A ciência mecanicista, determinista, impôs ao homem a condição de complexo biológico, que se um dia havia nascido estava fadado ao desaparecimento. A Religião também não foi capaz de dizer outra coisa: os justos iriam para o céu e os maus queimariam no inferno. O homem não podia aceitar essas coisas, porque não pertence à sua natureza.

A Ciência é uma atividade peculiar a todo ser humano e quase sempre surge encarada como produtora de tecnologia. O mundo globalizado não comporta mais o romantismo da pesquisa científica pelo prazer. Já os filósofos gregos atomistas quando buscavam a estrutura última da matéria, buscavam, na verdade sua essência, a contraparte não visível e indivisível do homem, o átomo, seu "atma".

Alan Heeger, físico norte-americano ganhador do Prêmio Nobel de Química de 2000 pelas suas pesquisas com plásticos condutores, nos dá sua opinião sobre o assunto, em uma entrevista concedida à *Folha de São Paulo*:

Folha – Seu prêmio foi em uma área de claras aplicações práticas. É esse o tipo de Ciência que o senhor prefere?

Alan Heeger – A maravilha de minha área é que ela engloba toda uma gama de conhecimento. Nosso trabalho era ciência muito básica, na fronteira entre a Física e a Química. Conceitos inteiramente novos foram desenvolvidos. O que é um metal? Como se faz um metal? Ao mesmo, desde o início prevíamos as aplicações que surgiriam. Assim aprendemos a fazer plásticos que conduziam eletricidade, vimos o potencial.

Folha – Em uma área em que a ciência básica e tecnologia são tão entrelaçadas, como optar pelo trabalho na universidade ou na indústria?

Heeger – Fiz as duas coisas. Em 1990, fundei uma empresa com outro professor aqui da Universidade. Tentamos levar a Ciência a uma próxima etapa – a das aplicações práticas.

Folha – O senhor acha que é um ponto fundamental, que todo trabalho científico tem de ter aplicações?

Heeger – Fazer as duas coisas é sempre uma oportunidade interessante, mas não acho que toda Ciência deva seguir esse caminho. No fim, estamos tentando entender Ciência de modo que ela tenha uso, que faça a vida mais fácil.

Convivemos diariamente com a Ciência e suas aplicações (tecnologia) em todas as nossas atividades, inclusive as mais primárias. Será que o homem está sabendo lidar com essa tecnologia? Vivemos uma época difícil, onde tudo aquilo que a humanidade criou para facilitar ou melhorar a qualidade de vida se volta contra ela. Parece que não se promove mais a subjugação pelo poderio militar, mas pelo domínio das civilizações que detêm e controlam a produção científica e tecnológica.

Depois de tanta divagação sobre o homem, a Magia, a Ciência e a tecnologia, a pergunta continua sendo: Por que ensinar e aprender História da Ciência? Por que ela é importante?

Algumas frases de autores renomados podem, de alguma forma, abrir o caminho para a resposta a tais questionamentos. Vejamos:

"A História da Ciência é a verdadeira História da humanidade."

Du Bois – Reymond

"A História da Ciência é muito importante para a compreensão de nós mesmos."

Colin A. Ronan

"Aqueles que pretendem compreender mais profundamente a significação da Ciência e das conexões com os outros objetos de pensamento e da atividade humana devem conhecer um pouco da história do seu desenvolvimento."

William Dampier

A História da Ciência leva o homem em busca de suas origens e seus questionamentos: De onde vim? Para onde vou? O que eu sou? O que estou fazendo aqui? Por que as coisas se transformam? Da mesma forma que nos leva à nossa origem, conduz-nos também à origem dos quatro pilares básicos da gnose humana: a Religião, a Filosofia, a Arte e a Ciência, instrumentos que criamos para nos compreender, a partir de uma necessidade interna que se confundiu, em algum momento, com a necessidade externa, de sobrevivência e convivência.

Todas as tecnologias derivam dessa busca constante e desenfreada de si mesmo. Quanto, em termos de tecnologia, foi adquirido quando o homem resolveu que deveria ir à Lua? E, em última instância, talvez sem saber, buscava nesse empreendimento algo transcendental. Vejamos: ele queria conhecer, de alguma forma, a composição do solo lunar, do que ela seria composta, de onde ela saiu; com isso esperava compreender melhor a origem da Terra, a origem do Sistema Solar, do Universo, sua própria origem. Poderia assim entender melhor o meio em que vive e a si mesmo.

Então por que ensinar e aprender História da Ciência? Porque ela nos remete àqueles questionamentos sobre nossa origem. E conhecer a nossa origem, responder de onde eu vim e o que sou é a maior necessidade da humanidade, o autoconhecimento.

Se o conhecimento pode ser encarado como uma construção histórica das percepções do mundo, que se apresentam como verdadeiras em um determinado período ou época, esta construção se desenvolve das diversas maneiras pelas quais os indivíduos se vêm e vêm o mundo. Portanto, todo o conhecimento, individual ou coletivo, tem de incluir o observador – a maneira ou modo de como vejo, ou melhor, interpreto o mundo. Só que essa interpretação e a seleção das informações recebidas passam obrigatoriamente pelo crivo de nossos modelos (conhecimentos anteriormente adquiridos). Dispomos então de parâmetros estéticos, culturais, familiares, religiosos científicos, etc., que estabelecem nossos valores, crenças, relacionamentos, que estão para nós acima de qualquer suspeita, não devem e não precisam ser questionados. Observamos e conhecemos o mundo de acordo com esses paradigmas, de maneira estática e usualmente preconcebida, a partir de padrões externos.

Só que por trás de tudo que pensamos que estamos cansados de conhecer, ou de saber, se esconde tudo que ainda precisamos descobrir. Aquilo que nos parece lógico, óbvio, pode ser, na verdade, um condicionamento longamente instituído e profundamente sedimentado. E como modificar esse estado de coisas? Pelo autoconhecimento, que destrói a ignorância fundamental daquele que desconhece a si mesmo.

Espírito Santo (1998) fala do autoconhecimento em sala de aula:

> "O autoconhecimento conduz aquele que nele se inicia a um crescente prazer de estar vivo, porque gera a consciência crescente do vínculo do homem à totalidade."

> "Sem a percepção profunda da própria ignorância, é impossível o caminho na direção do autoconhecimento."

> "Na verdade a consciência do erro faz parte da postura do eterno aprendiz! Por nos sabermos 'errados' é que vamos aprender."

Cita ainda que seu primeiro questionamento em sala de aula é "quem você é?" E fica surpreso ao descobrir que os alunos, via de regra, respondem o nome, ou seja, uma manifestação, uma representação do próprio eu. Não sabem dizer quem são.

O mesmo autor mostra ainda:

> A educação enfrenta hoje a instigante questão da interdisciplinaridade, que já é uma conseqüência da consciência que Teilhard de Chardin chama de 'luminosa síntese', e Jung, no seu precioso trabalho, ensejou o início de uma atividade que se estende até hoje pelos seus seguidores, conhecido pelo nome de 'processo de individualização'. Conclui-se daí a importância do educador retomar o autoconhecimento para redimensionar sua identidade ante tais indicações vindas de diferentes áreas.

Por que ensinar e aprender História da Ciência? Porque ela abarca e reflete tudo o que é inerente ao homem. Todos esses questionamentos que englobam suas angústias fundamentais. Alberga em seu seio a Arte, a Religião e a Filosofia, construções do homem para tentar conhecer-se, encontrar-se com ele mesmo, com seu próximo, com a Natureza e com o Sagrado. Toda história conta a história do homem e o homem conta a História do Sagrado, por ser, ele mesmo, reflexo do Sagrado.

Por isso a História da Ciência é importante, ensina a origem do homem, que então pode começar a perceber-se e conhecer-se, seu grande desejo.

Segundo Sarton, no livro *The Life of Science*, a História da Ciência tem valor fundamental e caracteriza-se como o principal fio condutor da História da Civilização, pista para a síntese do conhecimento, mediadora entre a Ciência e a Filosofia, a verdadeira pedra angular da educação. Por meio dessa História, é possível rastrear a "grande libertação do espírito em relação à treva e ao preconceito" e ver "a gradual revelação da verdade e as reações do homem a esta verdade".

O relatório de Harvard (1945) cita o seguinte:

"Um dos melhores meios para conseguir os elevados objetivos da Educação em geral em uma sociedade livre é o estudo da História e da Filosofia da Ciência, pois 'Ciência' não é apenas o produto, mas também a fonte do hábito de formar pensamentos objetivos e desinteressados, baseados em prova exata". Assim acontece porque pela História e Filosofia da Ciência "ganhamos, além de conhecimentos e habilidades específicas, as inter-relações conceituais, uma visão do mundo e uma visão do homem e do conhecimento que formam juntas, a Filosofia da Ciência; uma história que forma um segmento contínuo e importante de toda história humana; e escritos que abrangem algumas das mais significativas e impressionantes contribuições de toda literatura".

Em vista disso, a História da Ciência não deveria ser omitida nos cursos que pretendem formar homens abertos e capazes de compreender a si mesmos e o mundo em que vivem. Talvez a ausência desse estudo explique o fracasso daqueles que se julgam possuidores de conhecimentos vários, mas não do Conhecimento.

Bibliografia

ALFONSO-GOLDFARB, Ana Maria. *O que é História da Ciência*. São Paulo: Brasiliense, 1994.

ALVES, Rubem. *Filosofia da Ciência: introdução ao jogo e suas regras*. São Paulo: Loyola, 2000.

BRASIL. Ministério da Educação. Secretaria de Educação Média e Tecnológica. *Parâmetros Curriculares Nacionais: Ensino Médio*. Brasília, 1999.

DAMPIER, William C. *Pequena História da Ciência*. São Paulo: IBRASA, 1961.

D'OLIVET, Antoine Fabre. *História filosófica do gênero humano*. São Paulo: Ícone, 1997.

EINSTEIN, Albert. *Como vejo o mundo*. 22 ed. Rio de Janeiro: Nova Fronteira, 1981.

ESPÍRITO SANTO, Ruy Cezar e outros. *Ética, valores humanos e transformação*. São Paulo: Peirópolis, 1998.

KUHN, Thomas. *A estrutura das revoluções científicas*. 5 ed. São Paulo: Nova Perspectiva, 2000.

LAMBERT, Karell e BRITTAN, Gordon G. *Introdução à Filosofia da Ciência*. São Paulo: Cultrix, 1972.

RONAN, Colin. *História Ilustrada da Ciência*. Vol. 1: *das origens à Grécia*. São Paulo: Círculo do Livro, 1987.

SEDGWICK, William W. e TYLER, H. W. *História da Ciência: desde a remota Antiguidade até o alvorecer do século XX*. Porto Alegre: Globo, 1950.

SMITH, Alan G. R. *A revolução científica nos séculos XVI e XVII*. Cacém: Verbo, 1973.

SOLLA PRICE, Derek. *A Ciência desde a Babilônia*. Belo Horizonte: Itatiaia e EDUSP, 1976.

TRINDADE, Laís dos Santos Pinto. *Conhecimento: a Ciência do Sagrado*. São Paulo: ensaio, 1999.

A Divulgação Científica e o Ensino do Cálculo no Curso de Licenciatura em Física: A Construção de uma Experiência Conjunta para um Novo Perfil de Trabalho

Wânia Tedeschi
Diamantino Fernandes Trindade

Neste trabalho, relatamos as atividades que estão sendo desenvolvidas em disciplinas que abordam o Cálculo e o Ensino e Divulgação da Ciência no que diz respeito ao vínculo da leitura de textos de divulgação científica e os conteúdos ministrados no Cálculo para o curso de Licenciatura em Física, esperando contribuir para o amadurecimento do debate da divulgação científica como um elemento fundamental da formação inicial de professores.

Introdução

     Mais que em qualquer outra época, temos vivido situações nas quais o conhecimento de tecnologias e de Ciência são determinantes na vida das pessoas. Por outro lado, o crescimento cada vez mais rápido das descobertas científicas e tecnológicas tem alterado profundamente o ritmo e a maneira de viver de grande parte das pessoas, o que tem levado à necessidade de rever conceitos e posturas sobre nossas ações no mundo e a conseqüente quebra de paradigmas.

A explosão da microeletrônica e seu constante avanço criam possibilidades de intervenção jamais imaginadas. Assim, novas questões como a bioética, o direito internacional ou a comunicação via Web estão sendo extensamente discutidas em busca de novos referenciais.

Relativamente aos cursos de formação de professores, temas sobre educação científica têm aparecido de maneira recorrente, demonstrando que a necessidade de integrá-los ao currículo é cada vez maior. Outra necessidade é a de discutir o desenvolvimento das descobertas científicas como algo que não se dá por acumulação ou invenções isoladas, mas que crenças e contextos são também determinantes para esse desenvolvimento.

Proporcionar ao futuro professor a possibilidade de discutir criticamente, com seus alunos, os avanços tecnológicos e da Ciência, bem como possibilitar o entendimento de fatores que influenciam seu desenvolvimento e as possíveis conseqüências que dele resultam, nos motivou a propor uma atividade que examinasse a construção do trabalho científico e como uma mudança nesse pensamento pode afetar a vida de uma sociedade.

A Proposta

O trabalho é realizado com a turma do segundo semestre do curso de Licenciatura em Física, e consiste na leitura, discussão e resenha de dois textos de divulgação científica enfocando o tema: "A Física e a Matemática à época de Newton e Leibniz e a divulgação da Ciência inglesa por Voltaire". Como conclusão do trabalho, os alunos também elaboram, em grupo, folhetins que devem enfocar os aspectos, presentes nos textos, que mais chamaram a atenção do grupo durante as leituras e discussões discorrendo sobre elas com o objetivo de elaborar um pequeno material de divulgação científica, na forma de folhetins.

Os textos lidos foram:
Em 2001 e 2002:

1. Sobre o infinito e sobre a cronologia
Décima sétima carta do livro *Cartas filosóficas de Voltaire*, em que se faz um apanhado dos diversos autores que, à época de Voltaire, se ocuparam com a questão do infinito, entre os quais as concepções de Newton e Leibniz. Trata também da datação dos eventos históricos onde tenta discorrer sobre os possíveis enganos na cronologia que teriam sido anotados por Newton.

2. Newton contra Leibniz – Um choque de titãs
Capítulo três do livro Grandes *Debates da Ciência – Dez das maiores contendas de todos os tempos* de Hal Hellman, que analisa o debate ocorrido a respeito da primazia da invenção do Cálculo, traçando um perfil dos dois pensadores e dos contextos que envolveram esse episódio.

Em 2003:
1. Descartes – a razão acima de tudo
Artigo da revista *Superinteressante* que aborda a vida e obra do filósofo francês.

2. O século XVII
Capítulo VI do livro *História concisa das matemáticas* de Dirk J. Struik que traça um panorama da matemática e da ciência em um século no qual, as guerras, as navegações e a crescente urbanização estimulavam novas idéias e a criação do que foi chamado universo mecanicista.

3. Sobre Descartes e Newton
Décima quarta carta do livro *Cartas filosóficas de Voltaire*, no qual se faz uma comparação sobre as concepções científicas de Newton e Descartes, tentando expor a superioridade das idéias que se afastavam da filosofia escolástica, tudo isso em favor da causa das luzes.

Leituras Optativas:

4. Isaac Newton: perfil biográfico
Capítulo 1 do livro *Newton e consciência européia* de Paolo Casini, que faz um rápido apanhado de sua vida e obra e destaca alguns trabalhos de maior relevância como: a experiência com o prisma, o Cálculo, a lei da gravitação universal, o conceito de espaço absoluto e a concepção corpuscular da matéria (oposta a *res extensa* de Descartes).

5. Nasce a Ciência Moderna e O século das luzes

Capítulos XVII e XVIII do livro *A Ciência Através dos Tempos* de Attico Chassot, que foca as obras de Copérnico, Galileu e Newton como a grande virada na maneira de ver o mundo e o próprio homem e como a Idade das Luzes desencadeou a parceria Ciência e tecnologia propiciando a Revolução Industrial.

Os Objetivos

Em termos gerais, desejamos proporcionar, aos alunos do curso de licenciatura, a possibilidade de um trabalho conjunto envolvendo disciplinas que, aparentemente, não proporiam tal trabalho se tomarmos por base os objetivos tradicionalmente colocados para os cursos de Cálculo.

Ainda em termos de objetivos gerais, em um comparativo com o surgimento da Ciência Moderna, no século XVII, particularmente no que diz respeito aos trabalhos daqueles que, em algum momento, contribuíram para o desenvolvimento das idéias do Cálculo diferencial integral, notadamente Newton, Leibniz e Descartes e, como um dos maiores divulgadores dessas idéias, Voltaire, a chance de fazer uma ponte entre o que nos tem proposto a sociedade atual, ou seja, o de debater uma série de questões como: a possibilidade da Ciência proporcionar bem estar ao ser humano, qual o nível de alcance das tecnologias em benefício do grande público.

Mais especificamente, o objetivo é de proporcionar, ao professor em formação, a possibilidade de refletir acerca dos acontecimentos que possibilitaram o avanço da matemática culminando com a síntese do Cálculo, quer dizer, o que lera Newton? O que era prioridade em sua mente e que caminhos seguiu para chegar às suas descobertas? Certamente o aparecimento dos trabalhos de Galileu, Descartes, Wallis, Kepler, entre outros, é uma decorrência imediata nessa perspectiva, mas os tomamos apenas com o caráter de contribuição aos trabalhos de Newton.

Por fim, enfatizamos o alcance que os trabalhos de Newton tiveram principalmente pela divulgação feita nos textos de Voltaire, nos quais procuramos trabalhar as diferentes visões de mundo existentes à época e sua influência ocasionada por essa divulgação.

Temas discutidos nas aulas a partir da leitura dos textos:

- Os caminhos e objetivos diferenciados que levaram à concepção do cálculo por Newton e Leibniz.
- O desenvolvimento do artigo científico – possibilidade a partir das disputas entre intelectuais.
- A credibilidade das teorias de Newton em sua época.
- A publicação de resultados de pesquisas para a comunidade científica – sobre os motivos de Newton não ter publicado seus manuscritos por muitos anos e, ainda, sobre os *Principia* terem sido publicados depois dos resultados de Leibniz.
- A disputa pela supremacia nas ciências – rivalidade dos grupos de cientistas da Alemanha e da Inglaterra e os efeitos no âmbito da ciência.
- A concepção de Deus em Newton e Leibniz e a influência em seus trabalhos.
- O papel da matemática na questão da validação dos resultados experimentais.
- A rivalidade política de França e Inglaterra e seus efeitos no âmbito da ciência.
- Quais os motivos de Voltaire, sendo um homem das letras, ter assumido a tese newtoniana tão abertamente, tornando-se seu grande divulgador.
- A "tradução" das idéias do cálculo para uma linguagem mais acessível, não apenas para uma elite intelectual.
- Sobre a dificuldade de aceitar a idéia do infinito e suas conseqüências, como, por exemplo: a empreitada audaciosa do cálculo da raiz quadrada de números de aritmética difícil.
- A influência das sociedades científicas, recém-formadas, em determinar os caminhos do que era considerado científico.

Todos esses aspectos foram discutidos, inevitavelmente, à luz de sua contemporaneidade incorporando vários tópicos atuais às discussões.

O vínculo entre a leitura de textos de divulgação científica e os conteúdos ministrados no cálculo para o curso Licenciatura em Física

As primeiras noções de Cálculo na universidade têm sido tarefa árdua para os estudantes que, dependendo da carreira escolhida, limitam-se a conseguir os créditos de forma menos dolorosa possível, comprometendo-se apenas em conseguir a nota necessária. Outro aspecto bastante interessante é que, apesar de muitos alunos terem grandes problemas na aprendizagem dos conceitos vinculados ao cálculo, ao mesmo tempo, grande parte deles acredita que a abordagem desses conceitos deva ser feita com a maior rigorosidade possível, ou seja, a exploração dos temas considerando abordagens que se utilizem do formato numérico e/ou geométrico são consideradas apenas uma complementação, pois possuem caráter intuitivo.

Ao longo de um curso inicial de Cálculo, não são raros os questionamentos dos alunos sobre como os cientistas fizeram suas descobertas e qual o motivo da busca por esses resultados. Em vista disso e também do fato de que o professor em formação enfrentará os mesmos questionamentos, acreditamos que a discussão sobre as transformações ocorridas na Ciência, ao longo do tempo, seja de fundamental importância para a formação do professor de Ciências, em particular para o professor de Física, pois incorpora ao trabalho de sala de aula outros aspectos do processo do trabalho científico que facilitam a abordagem das questões levantadas acima.

Juntamente a esse trabalho, os conteúdos específicos de cálculo puderam ser tratados, nessas diversas ocasiões, adotando-se a construção dos conceitos e procurando ter sempre uma motivação que não necessariamente esteve ligada a problemas práticos, mas a problemas de desenvolvimento do próprio conteúdo (como o uso da melhor nomenclatura ou o caminho mais interessante a se seguir em determinado problema), e mesmo ligados a problemas pedagógicos como, por exemplo: abordar conteúdos da Física para o ensino médio utilizando elementos do Cálculo, mesmo sem o conhecimento rigoroso dos tópicos do Cálculo.

Aspectos Pedagógicos do Trabalho

De acordo com as Diretrizes para formação de professores (julho de 2000), é preciso que o professor assuma a dimensão profissional do seu trabalho; assim, a formação desse profissional deve possibilitar a construção de um perfil crítico e autônomo capaz de confrontar-se com as situações surgidas na sala de aula, resolvendo suas especificidades.

Para que isto se dê é *"necessário refletir os objetivos da formação, os conteúdos a serem desenvolvidos, qual abordagem metodológica e a criação de tempos e espaços de vivência para os professores em formação"*.

E, ainda, as diretrizes para a formação de professores de Física determinam habilidades específicas dessa área de atuação que incluem:

1. O planejamento e o desenvolvimento de diferentes experiências didáticas em Física, reconhecendo os elementos relevantes às estratégias adequadas.

2. A elaboração ou adaptação de materiais didáticos de diferentes naturezas, identificando seus objetivos formativos, de aprendizagem e educacionais.

Essas diretrizes devem, na nossa avaliação, estar presentes, sempre que possível, nas mais diversas atividades do curso, sendo isso válido para as disciplinas do núcleo comum ou específico.

Incluímos abaixo dois aspectos que procuramos trabalhar, ao longo da atividade de leitura dos textos e elaboração dos folhetins, que são relacionados no documento para a formação de professores de maio de 2000.

A simetria invertida

Diz respeito ao fato de que o professor em formação fará uma transposição da sala de aula e de sua vivência como aluno para sua experiência como professor.

Um dos objetivos com essa atividade é o de motivar o aluno a refletir sobre as diversas formas de abordagem inicial dos conceitos ligados ao cálculo, tanto na disciplina de Física como na de Matemática do ensino médio, do qual será professor, como também, em seguida, convidá-lo para uma discussão sobre as várias possibilidades de tratar temas do Cálculo no ensino médio e depois avaliando seus benefícios e suas desvantagens para os alunos.

Espera-se que os alunos possam, a partir dessa e de outras atividades na mesma linha, ao longo do curso, incorporar, em sua futura prática docente, práticas que levem à reflexão e ao tratamento crítico dos temas propostos, bem como a elaboração de estratégias que façam a ligação entre a Física e a Matemática.

Prática Reflexiva do Professor Formado

Ação/reflexão/ação – Articulação entre conhecimento experencial, pedagógico e técnico.

Sendo um curso de formação de professores de Física, nas aulas e no trabalho de elaboração dos planos de aulas e de materiais didáticos, a proposta era a de assumir uma dinâmica, na qual os professores em formação pudessem, de maneira verdadeira, aprender a ensinar.

Ensinar, restrito ao âmbito escolar, significa ser professor; com isso, preocupações específicas estão ligadas ao ato docente, tais como: lidar com as pessoas da escola como os próprios colegas professores e, sem dúvida, com os próprios alunos no sentido de fazê-los aprender algo, ou seja, que se eduquem.

Para o professor da licenciatura é fundamental que a prática de refletir sobre sua própria atuação se estabeleça. Interligar os conteúdos a serem ensinados com os conteúdos que o professor em formação irá ensinar e também a expressão escolar dos mesmos. Ninguém ensina aquilo que ainda não interiorizou, que não faz parte da sua prática. Se o faz é como mero reprodutor de conceitos estabelecidos por outros. Se as atividades que se proporciona, aos alunos das licenciaturas, seguirem um direcionamento onde o ato de ensinar não faz parte das discussões de uma forma geral, mas se restrinja a espaços específicos, como nas disciplinas pedagógicas, então não se estará formando professores, no sentido mais estrito do termo.

Desencadear a prática de refletir sobre as experiências como formador de professores requer a possibilidade pessoal de abrir-se para novas experiências e de admitir novas possibilidades de solução para os problemas, de encarar os erros sob uma perspectiva investigativa e ainda a possibilidade de rever os modelos de formação e avaliar em que medida eles dão conta de novas questões colocadas pela sociedade atual.

Como estratégia, tornar explícitos os saberes construídos na prática docente e fazê-los objeto de reflexão traz um ponto de vista diferenciado do que se costuma chamar de investigação, mas esta possibilidade, se colocada dentro de um programa de desenvolvimento profissional, conferirá à reflexão um verdadeiro caráter de pesquisa, pois ela resignifica as ações pedagógicas e, em um processo dinâmico, faz uma sistematização teórico-prática desses saberes.

A prática reflexiva é, antes de tudo, uma ação coletiva. Ela abre espaço para o debate amplo e criação de novas hipóteses que possibilitam a profissionalização e a evolução da profissão. Para que se alcancem os objetivos mais amplos na construção de um curso de professores, é necessário considerar, também, que essa ação coletiva deve estar voltada para uma atitude democrática e emancipatória e que ao formarem grupos de aprendizagem estarão contribuindo para o crescimento de todos e, portanto, traçando um novo perfil para os cursos de licenciatura.

Considerações Finais

A divulgação científica e o ensino de Cálculo podem criar um proveitoso vínculo com o objetivo de diminuir as ansiedades dos estudantes em relação a essa disciplina que, em estudando as condições culturais, históricas e sociais possibilitam a promoção de significados, tendendo a eliminar a visão mítica que envolve o Cálculo e os personagens a ele ligados. Sem dúvida, não pretendemos, com isso, dizer que esse tipo de abordagem pode eliminar os problemas do ensino do Cálculo, mas sim que a contribuição desse tipo de atividade vem no sentido de relativizar os caminhos diminuindo a sensação de impotência e perplexidade e até de incapacidade cognitiva que muitos alunos expressam quando diante dos conceitos nos primeiros cursos de Cálculo.

Bibliografia

ALVES, Rubem. *Filosofia da Ciência: introdução ao jogo e suas regras*. São Paulo: Loyola, 2000.
AROUET, François – Marie (VOLTAIRE). *Cartas Filosóficas*. XIV e XVII. São Paulo: Landy, 2001.
BRASIL. Ministério da Educação. *Proposta de Diretrizes para a Formação Inicial de professores da Educação Básica em Nível Superior*. Brasília, maio de 2000.
BRASIL. Conselho Nacional de Educação. *Diretrizes Curriculares Nacionais para o Ensino Médio*. Brasília, junho de 1998.
BRONOWSKY, J. *O Senso comum da Ciência*. São Paulo: Itatiaia e Edusp, 1990.
CASINI, Paolo. *Newton e consciência européia*. Cap. 1. São Paulo: Unesp, 1995.

CRESTANA, Silvério et al. *Educação para a Ciência: curso para treinamento em centros e museus de Ciência.* São Paulo: Livraria da Física, 2001.
FOUREZ, Gerard. *A construção das Ciências: introdução à filosofia e a ética das Ciências.* São Paulo: UNESP, 1995.
GUIMARÃES, Eduardo et al. *Produção e Circulação do Conhecimento: Estado, Mídia e Sociedade.* Campinas: Pontes, 2001.
HEINSENBERG, Werner. *Física e Filosofia.* 4 ed. Brasília: Humanidades, 1999.
HELLMAN, Hal, *Grandes Debates da Ciência – Dez das maiores contendas de todos os tempos.* São Paulo: UNESP, 1995.
JAPIASSU, Hilton. *A Revolução Científica Moderna – de Galileu a Newton.* São Paulo: Letras & Letras, 1999.
KUHN, Thomas S. *A Estrutura das Revoluções Científicas.* 5 ed. São Paulo: Perspectiva, 2000.
LEODORO, Marcos Pires. *Plano de Curso de formação de Professores para o Ensino de Física.(Licenciatura em Física).* São Paulo: Cefet–SP, 2001.
MARTINEZ, Eduardo & FLORES, Jorge. *La Popularización de la Ciencia y la Tecnología: reflexiones básicas.* México, D.F.: Unesco, 1997.
POINCARÉ, Henri. *O valor da Ciência.* Rio de Janeiro: Contraponto, 1995.
TRINDADE, Diamantino Fernandes & TRINDADE, Laís dos Santos Pinto. *A Teia do Ensinar e do Apreender.* In: Sinergia, nº3. São Paulo: Cefet–SP, 2002.
STRUIK, Dirk J. *História concisa das matemáticas.* Capítulo VI: O século XVII. Ed. Gradiva,1989.

O Jornal, a Revista, os Folhetins e a Internet como Instrumentos de Educação Científica na Escola

Diamantino Fernandes Trindade

O presente trabalho tem como objetivo analisar, sob a ótica da interdisciplinaridade, alguns aspectos do projeto História da Ciência e Educação Científica desenvolvido, desde 2003, com os alunos do segundo ano do Ensino Médio do Cefet–SP e a sua função como instrumento integrador da Área de Ciências da Natureza, Matemática e suas tecnologias. O projeto contribui também para desenvolver nos alunos uma visão da Ciência como processo de construção diária. Uma visão geral da educação científica mostra a sua importância, em uma época como a nossa, em que desempenha papel indiscutível no processo social, histórico e econômico.

Procurei relatar algumas práticas privilegiadas pelo projeto, de forma que podem ser utilizadas por professores de Física, Matemática, Biologia e Química da Rede Pública e da Rede Privada no contexto particular de cada disciplina, utilizando instrumentos como: jornais, revistas, elaboração de folhetins, murais de divulgação científica e a Internet. Na experiência em questão, a educação científica na escola mostrou-se um importante veículo para o aprendizado da Ciência, tornando-a mais acessível aos aprendizes, iniciantes no seu estudo.

Introdução

A Educação Nacional passa por profundas mudanças, visando ajustar-se aos pressupostos da Lei de Diretrizes e Bases, LDB 9394/96. Em seus artigos 35 e 36, a LDB delineia o perfil de saída do aluno do Ensino Médio especificando a importância da "compreensão dos fundamentos científico-tecnológicos dos processos produtivos, relacionando a teoria com a prática, no ensino de cada espaço curricular". Também enfatiza que o currículo do Ensino Médio, voltado ao exercício da cidadania, deverá destacar a educação tecnológica básica e a compreensão do significado da Ciência.

É indiscutível que nossa sociedade se tornou totalmente dependente das ciências e de suas tecnologias. Em todas as ações diárias elas se fazem presentes; portanto, cientistas, tecnólogos e professores têm como responsabilidade contribuir para sua maior compreensão. Ao adquirir algum conhecimento científico, os indivíduos tornam-se aptos a discutir criticamente as reais possibilidades e as conseqüências da sua utilização. Ninguém que pretenda ser um cidadão participante pode ignorar tal fato, daí a importância da sua divulgação.

Os meios de educação, divulgação e popularização das ciências evoluíram acompanhando a própria evolução da Ciência. Contudo, não devemos confundir a popularização com a vulgarização. Trata-se de uma atividade complexa e rica na qual conhecimentos científicos e tecnológicos são postos ao alcance da população, de tal modo que esta possa torná-los apropriados para entender aspectos do mundo moderno e utilizá-los nas suas ações cotidianas. A educação científica assume, dessa forma, um papel de destaque diante da necessidade da socialização do saber e da velocidade com que este se acumula.

O Brasil iniciou um movimento ambicioso para ampliar a educação e divulgação da Ciência. Os indícios dessa prática são muitos e podem modificar o panorama da popularização do conhecimento científico no país. Podemos citar alguns exemplos: a revista *Pesquisa Fapesp* passou, a partir de março de 2002, a ser comercializada em bancas e aumentou a sua tiragem de 24 mil para 30 mil exemplares. A Sociedade Brasileira para o Progresso da Ciência (SBPC) reformulou, em julho de 2002, a revista *Ciência e Cultura*, aproximando-a mais do público leigo. Em junho de 2002, a Duetto Editorial lançou a versão brasileira da *Scientific American*, uma das mais importantes revistas mundiais de divulgação científica. O CNPq investiu cerca de R$ 450 mil para a criação de um portal na Internet que aglutina informações sobre 120 centros e museus de ciência brasileiros.

Devemos também levar em consideração as revistas mais populares como a *Galileu* (que circulou até agosto de 1988 com o nome de *Globo Ciência*) e *Superinteressante*, com tiragens de 180 mil e 467 mil exemplares respectivamente, o que denota, pelo menos, o interesse pelos temas científicos.

Percebe-se, ainda, uma crescente incorporação nas escolas de eventos como as chamadas Feiras de Ciências, com ênfase no aspecto da divulgação e popularização da Ciência.

Em função de tudo isso, a educação científica assume um papel de vital importância na formação dos jovens cidadãos do século XXI que possuem uma visão mais ampla e panorâmica do mundo e da vida, o que impõe aos professores dos espaços curriculares da Área de Ciências da Natureza, Matemática e suas tecnologias uma nova visão dos processos de ensino e aprendizagem. Necessitam assim uma atenção especial às novas descobertas da Ciência e da tecnologia, que permeiam o cotidiano dos cidadãos dos novos tempos. A educação científica surge, portanto, como um importante veículo para o trabalho do professor nos espaços de aprendizagem e no âmbito da escola.

A metodologia do projeto consistiu em:

a) Planejamento detalhado das atividades.

b) Desenvolvimento das experiências junto aos alunos e registro do trabalho e motivação dos grupos.

c) Análise crítica de todo o processo.

d) Conclusões e recomendações para trabalhos futuros.

Pressupostos Teóricos

Ciência e Divulgação Científica

Várias são as concepções de Ciência. De acordo com Japiassu (1996), é a modalidade de saber constituída por um conjunto de aquisições intelectuais que tem por finalidade propor uma explicação racional e objetiva da realidade. Conforme Mora (2003), a Ciência é uma criação humana que desempenha um papel indiscutível no processo de civilização, é uma atividade intelectual cujos resultados têm repercussão em todos os âmbitos da existência. Diz ainda que, em geral, tem-se a falsa imagem de que a Ciência é uma tarefa desarticulada das outras atividades humanas. Até o final do século XIX, qualquer pessoa culta podia ler, da mesma forma que uma obra literária ou filosófica, uma grande variedade de obras científicas. O conhecimento científico formava uma unidade, um só corpo, que era conhecido como filosofia natural, e o acesso a esse conhecimento ocorria verbalmente nas escolas, pela publicação de obras relativamente acessíveis e por meio da comunicação textual de cientistas entre si e com leigos no assunto.

Desde o início do século XX, e mais precisamente a partir da Segunda Guerra Mundial, a Ciência, no seu avanço e especialização, utilizou cada vez menos termos da linguagem comum, criando às vezes um léxico hermético, mesmo para cientistas de outras áreas. No final do século XX, essa comunicação passou a apresentar um fosso aparentemente intransponível: a linguagem superespecializada da Ciência Moderna.

Neste contexto, a divulgação escrita da Ciência tem como objetivo tornar acessível esse conhecimento superespecializado. Não se trata de uma simples tradução, no sentido de verter de uma língua para outra, mas de criar uma ponte entre o mundo da ciência e os outros mundos. A importância da Ciência, nos dias de hoje, é inquestionável e a importância dessa comunicação não é menor, pois ela é o veículo que possibilita ao público leigo a integração do conhecimento científico à sua cultura, que procura explicar, a seu modo, o mundo que o cerca de outra linguagem.

Não existe uma fronteira bem delineada entre divulgação e ensino convencional. Podemos dizer que o ensino, ao apresentar conceitos, o faz (ou tenta fazê-lo) enfatizando o ideal da metodologia científica, ainda que se deva observar que, com isso, não melhorou necessariamente. A transposição didática, ou seja, a passagem do conhecimento como produto primário da pesquisa científica para o conhecimento que vai ser ensinado, deve levar em conta a riqueza dos processos reais de elaboração do conhecimento primário; caso contrário, a transposição será uma degradação, podendo ocorrer o mesmo com a divulgação.

> A distinção entre texto científico e de educação científica também não é bem definida. Enquanto a Ciência possui todo

um arsenal de técnicas, de metodologias teóricas e práticas e diversos tipos de linguagem – em particular, a Matemática, que dá suporte e sentido aos seus conteúdos, a educação científica precisa, de alguma maneira, prescindir disso tudo e utilizar apenas ferramentas da linguagem escrita para recriar os conceitos da Ciência, reproduzir as imagens, utilizar modelos e comparações e, resgatar a essência do conhecimento científico.

Seja qual for o tema científico, a obra deve despertar prazer no leitor. Por outro lado, a divulgação deve ser fiel à mensagem científica, no sentido de transformar sem desvirtuar. Segundo Goldsmith (1986):

> O divulgador da Ciência deve ajudar aqueles que não são cientistas a adquirirem uma maior profundidade, de sorte que também eles possam ser capazes de desfrutar o poético da experiência científica. Mas, para fazê-lo, o divulgador científico deve sentir grande simpatia por seus semelhantes. A divulgação da Ciência exige que ela seja compreensível a todos; para que isso aconteça, o divulgador deve captar as formas de expressão das pessoas e enriquecê-las.

Uma parte considerável da divulgação científica é feita pela mídia. De acordo com Mora (2003), para a maior parte dos jornalistas, o importante é chegar às massas, e, em geral, eles contam com recursos e habilidade para fazê-lo. No entanto, para os cientistas, o jornalista costuma deturpar a informação, pois não tem conhecimento científico especializado. Outro problema do jornalista é a sua tendência a fazer de toda informação uma matéria de impacto.

Na escola, o professor surge como o primeiro divulgador e educador científico na vida do aluno. Como todo ser humano, o professor tem suas tendências políticas, filosóficas e científicas. No entanto, não é seu objetivo deturpar a Ciência, e sim, de algum modo, divulgá-la. A escola, então, torna-se um espaço interessante para a divulgação da Ciência. Para tanto, o professor de Ciências do Ensino Médio precisa estar habilitado para tal mister. É necessário que, gradativamente, deixe de lado o cartesianismo fragmentário com suas conseqüências que ainda permeia a sociedade e, em particular, os sistemas de ensino.

Como vimos anteriormente, a LDB 9394/96, em seus artigos 35 e 36, delineia o perfil de saída do aluno do Ensino Médio especificando a importância da "compreensão dos fundamentos científico-tecnológicos dos processos produtivos, relacionando a teoria com a prática, no ensino de cada espaço curricular. Também enfatiza que o currículo do Ensino Médio, voltado ao exercício da cidadania, deverá destacar a educação tecnológica básica e a compreensão do significado de ciência".

Os textos legais

A Lei 9.394/96 determina a construção de currículos, no Ensino Fundamental e Médio, com uma Base Nacional Comum. Quando a LDB destaca as diretrizes curriculares específicas do Ensino Médio, ela se preocupa em apontar para um planejamento e desenvolvimento do currículo de forma orgânica, superando a organização por disciplinas estanques e revigorando a integração dos conhecimentos, em um processo permanente de interdisciplinaridade. Essa proposta de organicidade está contida no artigo 36:

> ...destacará a Educação tecnológica básica, a compreensão do significado de ciência, das letras e das artes; o processo histórico de transformação da sociedade e da cultura; a língua portuguesa como instrumento de comunicação, acesso ao conhecimento e exercício da cidadania.

A Base Curricular Nacional foi organizada por áreas de conhecimento e isto não implica desconsideração ou esvaziamento dos contextos, mas a seleção e integração das que são importantes para o desenvolvimento pessoal e para o estabelecimento da participação social. Esse conceito de organização curricular não deixa de lado os conteúdos específicos, mas considera que devam fazer parte de um processo global com várias dimensões articuladas. A reforma curricular do Ensino Médio estabeleceu a divisão do conhecimento escolar em três áreas: Linguagens, Códigos e suas tecnologias; Ciências da Natureza, Matemática e suas tecnologias; e Ciências Humanas e suas tecnologias. A organização dessas três áreas tem como base a reunião daqueles conhecimentos que compartilham objetos de estudo e criam, em função de sua facilidade de comunicação, condições para que a prática escolar se desenvolva em uma perspectiva de interdisciplinaridade.

Em uma visão interdisciplinar da área de Ciências da Natureza, Matemática e suas tecnologias, o projeto História da Ciência, com ênfase em divulgação científica, credencia-se a ser um instrumento aglutinador. Podemos citar como exemplos que um entendimento atual do conceito de energia, dos modelos atômicos e moleculares, não é algo particular da Física, pois também diz respeito à Química e é fundamental à Biologia Molecular. São conceitos que transitam entre essa e outras disciplinas e podem também ser interpretados quantitativamente pela Matemática. A poluição ambiental não é, em particular, um problema físico, químico ou biológico. Não cabe apenas dentro das fronteiras das Ciências da Natureza, mas também das Ciências Humanas.

A investigação e compreensão científica e tecnológica direcionam-se no sentido da representação e comunicação em Ciência e tecnologia que estão associadas a Linguagens e Códigos. A contextualização sociocultural e histórica da ciência e tecnologia associa-se às Ciências Humanas. A História da Ciência e a educação científica criam, então, importantes interfaces com as outras áreas do conhecimento. O caráter interdisciplinar da História da Ciência não aniquila o caráter necessariamente disciplinar do conhecimento científico, mas completa-o, estimulando a percepção entre os fenômenos, fundamental para grande parte das tecnologias e para o desenvolvimento de uma visão articulada do ser humano em seu meio.

A História da Ciência e a educação científica possibilitam, então, uma construção e uma compreensão dinâmica da nossa vivência, da convivência harmônica com o mundo da informação, do entendimento histórico da vida científica, social, produtiva do Planeta e do Cosmos, ou seja, é um aprendizado com aspectos práticos e críticos de uma participação no romance da cultura científica, ingrediente primordial da saga da humanidade. É um espaço interdisciplinar estratégico do ponto de vista educacional, pois procura enfatizar a ética científica, respeitando a humanidade e a sua história e, desta forma, resgatando o homem no seu sentido superior.

Desenvolvimento e Procedimento do Projeto

No quadro curricular, estão previstas quatro aulas semanais para o projeto. No início de cada encontro, é feita uma breve exposição teórica do tema em questão. Em seguida, os alunos, divididos em grupos de quatro componentes, dão seqüência às atividades do dia.

Algumas das atividades desenvolvidas são:

- Sessão Marcelo Gleiser
- Mural de divulgação científica

- Produções textuais e internet
- Elaboração de folhetins de educação científica

Sessão Gleiser

Marcelo Gleiser é um dos principais divulgadores científicos da atualidade. Seus livros são *best-sellers* "e todos os domingos no Caderno Mais!" do jornal *Folha de São Paulo*, é publicada a sua coluna **Micro e Macro**, onde são abordados temas polêmicos sobre a Ciência, como buracos negros, big-bang, relatividade, pesquisa científica, ética e moral na Ciência, clonagem, meio ambiente e outros.

No início de cada encontro semanal, um grupo apresenta o tema abordado por Marcelo Gleiser no domingo anterior. Em seguida, acontece um debate com perguntas e comentários livres. Este é o primeiro contato, mais direto, dos alunos com a divulgação científica.

O grupo apresentador tem a responsabilidade de fazer uma pesquisa paralela para viabilizar o contraponto crítico em função da opinião de outros autores. Esta atividade tem se mostrado bastante produtiva e coloca os alunos em contato com temas da Ciência que permitem uma reflexão sobre a construção do conhecimento científico.

Mural de divulgação científica

A cada encontro, fazemos a atualização do mural de divulgação que fica exposto no saguão da escola. Durante a semana selecionamos nos jornais, revistas e Internet as matérias que consideramos mais importantes e que são montadas na forma de *papers* em papel A4. Esse material fica exposto durante a semana possibilitando para toda a comunidade escolar um contato com as mais recentes notícias científicas.

Produções textuais e Internet

Uma atividade importante é a divulgação científica produzida pelos alunos através de textos. Vários temas são propostos periodicamente para que os grupos desenvolvam suas produções em sala de aula. Podemos citar como exemplos: as telecomunicações no Brasil desde o Segundo Império; o importante trabalho dos sanitaristas brasileiros como Vital Brasil, Carlos Chagas, Emilio Ribas, Oswaldo Cruz e Adolfo Lutz; o aquecimento global e o protocolo de Kyoto; os grandes físicos modernos e a bomba atômica.

Esta atividade coloca os alunos, por meio da pesquisa, em contato com as revistas de divulgação científica como *Superinteressante*, *Galileu* e *Scientific American Brasil*, bem como as páginas de Ciência dos principais jornais brasileiros e a internet.

Os melhores textos são selecionados e publicados na Internet na revista eletrônica de divulgação científica *Ciclo da Ciência*. Esta revista é produzida pelos alunos do curso de Licenciatura em Física do Cefet–SP com a colaboração dos alunos do Ensino Médio. Os textos voluntários também são analisados e publicados.

A revista *Ciclo da Ciência* pode ser acessada pelo sítio www.ciclodaciencia.net.

Elaboração de folhetins como instrumento de educação científica

No início do semestre, cada grupo escolhe um tema para ser abordado na forma de folhetim (quatro páginas – papel A4 dobrado ao meio). Cada folhetim tem um nome e traz na quarta página as referências bibliográficas, os autores e os créditos relativos à Instituição, o curso, o professor e a turma. No final de cada semestre, é feita uma mostra de todos os trabalhos no mural de divulgação científica já citado anteriormente. Uma versão, em preto e branco, é impressa e distribuída na escola. É uma atividade que tem muito sucesso e é utilizada por professores de outras áreas.

Considerações Finais

Na atualidade, a maioria dos programas escolares ainda está fundada no pressuposto de que os conhecimentos podem ser aprendidos em uma ordem lógica predeterminada. Ou seja, parecem ignorar que a aprendizagem acontece, preferencialmente, como uma resposta aos desafios do momento da vida do estudante. Sem esses desafios da vida, o pensamento morre. Talvez isto nos dê uma pista para compreender o fracasso das nossas escolas – não há como dar vida a um conhecimento morto. Ocorre então o esquecimento do que foi supostamente aprendido.

O ensino voltado apenas para a transmissão de informações e que visa aos bons resultados nos exames vestibulares se encontra distanciado de uma formação completa, interdisciplinar, multidisciplinar e abrangente que permita uma preparação para o acompanhamento das rápidas transformações da Ciência, da tecnologia e da sociedade em geral.

Em um mundo em que a informação é cada vez mais valorizada, por ser cada ver mais fácil o seu acesso, cresce o valor de tal formação. Em um momento em que a velocidade das transformações sociais e tecnológicas é alucinante, aprender a aprender é um requisito que não pode ser descartado pelo cidadão, que necessita ler bem, tanto revistas, jornais, sítios da internet quanto livros, inclusive como instrumento para uso crítico de outros meios de informação e educação.

Desde os primeiros encontros do nosso projeto, os alunos começam a tomar contato com as novas concepções do conhecimento e da Educação, dentro das suas possibilidades para o atual estágio de maturidade. Vão, gradativamente, percebendo a importância do "pensar" em lugar do "memorizar". As produções, ao longo do ano, mostram a sua evolução e eles percebem a importância da História da Ciência e da divulgação científica no grande romance da construção do conhecimento.

O estabelecimento de parcerias com os professores de outras áreas, além de nos auxiliar no projeto, mostrou a importância da interdisciplinaridade e da interdependência entre os seres humanos, elemento importante nas novas concepções da construção do conhecimento. Tem sido viável compartilhar não só as idéias, mas também as ansiedades diante das novas situações.

Quando fiz a descrição de algumas das atividades propostas no projeto, tive a intenção de mostrar aos colegas professores de Física, Química, Biologia e Matemática que, independentemente da existência de um espaço curricular específico como o projeto História da Ciência e Educação Científica, cada um pode, dentro das suas possibilidades, utilizar um ou vários desses instrumentos, incluídos no projeto de ensino, nas suas aulas e, de alguma forma, começar a modificar o ensino tradicional anacrônico por algo mais prazeroso para os alunos, abrandando assim a repulsa por tais disciplinas.

O projeto História da Ciência e Educação Científica, para os alunos do segundo ano do Ensino Médio do Cefet–SP é uma experiência inovadora e prazerosa e que pode ser incorporada por todos os professores da área de Ciências da Natureza, Matemática e suas tecnologias, tanto da Rede Pública como da Rede Privada.

Bibliografia

BRASIL. Ministério da Educação. Secretaria de Educação Média e Tecnológica. *Diretrizes Curriculares*. Ensino Médio. Brasília, 1998.
BRASIL. Ministério da Educação. Secretaria de Educação Média e Tecnológica. *Parâmetros Curriculares Nacionais*. Ensino Médio. Brasília, 1999.
DIEGUEZ, Flávio & MELO, André Chavez. *Divulgação científica tem ofensiva inédita*. São Paulo: Folha de São Paulo, p. A 14, 2002.
EPSTEIN, Isaac. *Divulgação Científica: 96 verbetes*. Campinas: Pontes, 2002.
GOLDSMITH, Maurice. *The Science Critic*. London: Routledge & Kegan Paul, 1986.
JAPIASSU, Hilton & MARCONDES, Danilo. *Dicionário Básico de Filosofia*. 3 ed. Rio de Janeiro: Jorge Zahar Editor, 1996.
MORA, Ana Maria Sanches. *A divulgação científica como literatura*. Rio de Janeiro: UFRJ, 2003.
TRINDADE, Diamantino Fernandes. *História da Ciência: um ponto de mutação no Ensino Médio – A formação interdisciplinar de um professor*. Dissertação de Mestrado. São Paulo: Unicid, 2002.
—————— & TRINDADE, Laís dos Santos Pinto. *A História da História da Ciência: uma possibilidade para o ensino de Ciências*. São Paulo: Madras Editora, 2003.
—————— et al. *Temas Especiais de Educação e Ciências*. São Paulo: Madras Editora, 2004.

Contra o "Efeito Vitrine" da Divulgação Científica

Marcos Pires Leodoro

Neste artigo, formula-se a contextualização e uma crítica à atual tendência da divulgação científica, sobretudo aquela praticada pelos museus de ciências, pautada na espetacularização das demonstrações científicas e seu apelo aos sentidos. Aponta-se para o caráter acrítico dessa prática frente à necessidade contemporânea da problematização das referências e repercussões culturais da ciência. Tendo como subsídio a noção de curiosidade epistemológica de Paulo Freire, é proposta uma divulgação da Ciência mais propícia à articulação entre a apreciação dos fenômenos científicos e a reflexão sobre a Ciência.

O caráter espetaculoso das demonstrações científicas junto ao público dos salões da ascendente burguesia européia durante os séculos XVII e XVIII, particularmente na Inglaterra e na França, pode ser associado às estratégias de consolidação institucional da Ciência, tendo como marcos históricos desse processo a criação da *Royal Society* de Londres, em 1662, e a *Academie Royale de Sciences* de Paris, em 1666. Adicionalmente, o ostensivo desenvolvimento e a utilização de aparatos para pesquisa – os instrumentos científicos –, tais como o telescópio, o microscópio, o barômetro e mesmo o prisma de Newton – constituíram, em um certo sentido, desdobramento da tradição da *magia natural*, uma vez que tanto os filósofos naturais quanto os "magos" desejavam "manipular" a natureza, ainda que esses últimos priorizassem a emulação das maravilhas naturais e os primeiros estavam mais preocupados em escrutar os fenômenos.

De modo complementar à continuidade entre Ciência e Magia, mas sinalizando a ruptura entre ambas, Simon Stevin (1548-1620) enfatizou na capa de seu livro de 1605, *Hypomnemata mathematica* que "a maravilha não é maravilha" (*"wonder en is gheen wonder"*). Com isso, o matemático quis reafirmar o projeto arquimediano de uma mecânica explicada em termos de uma articulação entre deduções matemáticas e observações experimentais.

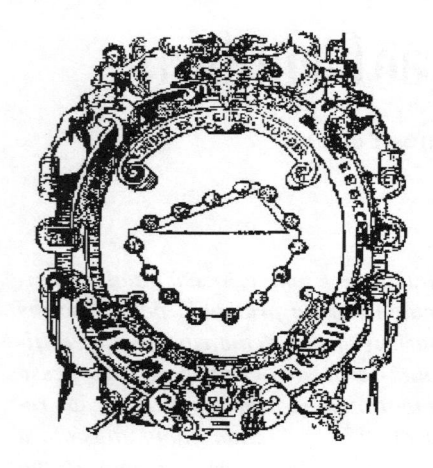

No "emblema" de Stevin, vê-se uma representação de seu procedimento para concluir que em planos inclinados de igual altura, pesos iguais atuam em razão inversa aos comprimentos dos lados dos planos em que os pesos se encontram apoiados. Stevin admitiu que a configuração representada encontra-se em equilíbrio, uma vez que, se assim não fosse, o colar de contas estaria em um movimento perpétuo, situação que considerou *evidentemente* absurda. Desse modo, pode-se subtrair a parte suspensa do colar, tendo em vista a distribuição simétrica das contas. *A maravilha se desvanece pela evidência.*

A referência histórica à demonstração pública da Ciência como um tipo de espetáculo é um preâmbulo para tratarmos da abordagem contemporânea da divulgação científica praticada pelos museus de ciências. Na segunda metade do século XX, observamos a ocorrência de um marco histórico que contribuiu para a configuração da atual concepção do museu de ciências (*science museum*) como uma "casa dos espetáculos". Trata-se do que pode ser chamado o "Efeito Sputnik", caracterizado pelo impacto que o lançamento, em 1957, do primeiro satélite russo ao espaço teve sobre a sociedade dos Estados Unidos, disparando uma disputa científica e tecnológica entre os dois países, com repercussões mundiais. As autoridades norte-americanas tiveram de promover uma ostensiva ação de divulgação e educação científicas, a fim de atrair a atenção dos seus cidadãos para a Ciência, visando ao engajamento e à formação de quadros de pesquisadores que pudessem reabilitar a hegemonia científica daquele país no mundo. Nesse processo, disseminou-se a concepção do *science museum* voltado à consecução da empatia pública com a Ciência, favorecendo a concepção da espetacularização das demonstrações científicas e seu apelo aos sentidos, segundo a estratégia das exposições interativas caracterizadas como "*hands on*".

Esse modelo de divulgação científica se espalhou pelo mundo, tornando-se um paradigma para diversas iniciativas correlatas em numerosos países. Mas, uma vez que, sobretudo a partir da década de 70 do século XX, surgiram diversos movimentos sociais questionando os rumos da sociedade tecnocientífica, o uso econômico e militar da Ciência contra os interesses da maioria e a necessidade de uma atitude crítica do público frente ao quadro atual da degradação ambiental e da globalização econômica, a ênfase dos museus científicos na publicidade acrítica e muitas vezes "alienada" da Ciência tem sido posta sob suspeita. Se, de um lado, prevalece o caráter de *didatismo* das exposições científicas, em que medida ele se torna um entrave à construção da atitude crítica do público com respeito à Ciência? É nesse contexto que Fourez (1995) se refere ao "efeito de vitrine" da divulgação científica, caracterizando-a como uma vulgarização que cumpre prioritariamente o papel de relações públicas da comunidade científica e que esvazia o público de um efetivo poder sobre a Ciência.

Há, ainda, o problema epistemológico que se coloca com relação à ênfase sensorial das exposições científicas tendendo a obliterar uma percepção do caráter teórico e hipotético da construção do conhecimento científico. Sem querer obter respostas definitivas para essas questões, gostaríamos de levantar alguns elementos que poderão contribuir para a renovação do papel dos museus de ciências no panorama atual da reflexão histórica e epistemológica. Por exemplo, o potencial da "pergunta" como jogo intelectual que pode ser exercitado nesses museus.

Paulo Freire (1985) propõe uma pedagogia da pergunta relacionada à criatividade e ao "espantar-se" como atos característicos da experiência radical da existência humana e, portanto, como ações fundamentais do pensamento. No entanto, ele critica o aspecto burocrático da pergunta com "hora marcada" que tende a vigorar nas instituições escolares. Freire recomenda que o jogo de perguntas e respostas esteja coordenado de modo a favorecer a construção de significados e promover uma relação dinâmica entre a palavra, a ação e a reflexão, articulando a sensação do fato com a apreensão da sua razão de ser, pois a razão não está dicotomizada do desejo, da sensação e da percepção. Ela se abre à experiência e ao desafio que a sensibilidade representa, tornando a tentativa de compreensão do mundo uma atitude crítica e reflexiva, uma *curiosidade epistemológica*, ou seja, uma postura epistemologicamente curiosa.

Desse modo, podemos falar de uma verdadeira "arte da pergunta" no processo educativo que consiste na capacidade em circunscrever determinada problemática sem que, no entanto, se limite o potencial de reflexão e significação que a pergunta ou a situação oferece àqueles que se propõem ao seu enfrentamento, estimulados pela curiosidade e pelo desafio.

Consideremos, então, uma situação concreta que representa uma tentativa de estímulo à curiosidade epistemológica. Trata-se de oferecer ao público uma oportunidade de vivenciar determinado fenômeno, tendo a pergunta a ser formulada um papel fundamental na apreensão *curiosa* do mesmo. Tomemos o caso do carretel com um barbante nele enrolado, conforme mostrado a seguir:

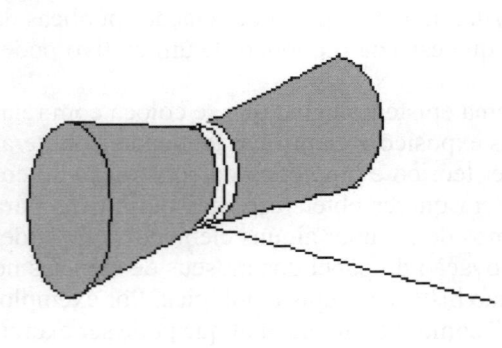

Que fenômenos podem ser vivenciados com tal dispositivo? O arranjo convida-nos a puxar o barbante a fim de fazer rolar o carretel. Podemos orientar o barbante em uma direção vertical, horizontal ou, ainda, em uma inclinação qualquer entre ambas. No caso de apoiarmos o carretel na superfície horizontal, ao puxarmos o barbante mantendo-o nessas direções mencionadas, o que se observará? Se desejarmos manipular o carretel sem apoiá-lo em nenhuma superfície, deixando-o submetido apenas à força gravitacional, quais são as configurações possíveis do barbante e do movimento do carretel? O que pode ser inferido acerca da influência do *design* do carretel nas manipulações propostas com o mesmo?[7]

Enfim, o que se propõe é uma atitude dialógica entre o sujeito e o objeto da observação, constituindo verdadeiro *ato cognoscente* segundo uma transformação qualitativa do objeto "admirável" em "ad-mirado".[8] No primeiro momento, o da *doxa*, o sujeito percebe o objeto: $S \xrightarrow{doxa} O$. Ele não é, ainda, conhecimento. Apenas no momento seguinte, o do *logos*, o sujeito "penetra" o objeto: $S \xleftarrow{logos} O$, atingindo o seu *ontos*. Esquematicamente temos:

$$\begin{array}{c} doxa \\ S \longrightarrow O \end{array}$$

O *ato cognoscente* segundo Paulo Freire

$$\xleftarrow{logos}$$

Freire (2001) fez referência a uma alfabetização na visão científica do mundo em que a perspectiva científica é o objeto do conhecimento. Para abordá-la, é necessário que o sujeito realize o movimento de aproximação ao fenômeno, segundo o apelo exercido sobre a mente curiosa, a qual reage com o distanciamento da criticidade. Nesse processo, é a própria curiosidade que se torna objeto da mente e, portanto, converte-se em uma curiosidade epistemológica. De acordo com Freire (2001, p. 188):

> Um indício da boa formação [em alfabetização em ciências] seria este: a mente se instrumenta, ela própria vira curiosidade em ato. Penso que esta curiosidade epistemológica é uma qualidade sem a qual a Ciência não se teria feito.

Uma alternativa à espetacularização da Ciência é, pois, a "ad-miração" conforme proposta por Freire, pois ela pressupõe um ato de curiosidade epistemológica que é uma articulação entre o sensível e a reflexão e, portanto, construção de uma atitude crítica.

---

7. Alguns temas relacionados às questões e manipulações propostas com o carretel e o barbante são: funcionamento do "iô-iô", do giroscópio, do peão, a inércia de rotação (momento de inércia), torque, "equilibrismo" (condições de equilíbrio de um corpo), etc.
8. Acerca do ato de "ad-mirar", Paulo Freire o associa com a diferenciação do ser em relação ao seu meio em contraposição à adaptação. Ele pressupõe uma tomada de decisão (do latim *decidere* ou "cortar").

Em uma tentativa de promover a "ad-miração" na divulgação científica, temos concebido e experimentado uma ambiência de exposição científica[9] na qual os visitantes são expostos a situações que possam favorecer à curiosidade epistemológica. Para tanto, coordenamos a apresentação dos fenômenos científicos com questões conceitualmente potencializadoras da problematização dos mesmos. Ou seja, os fenômenos não são simplesmente oferecidos à contemplação sensorial ou imediatamente acompanhados de uma explicação científica. Algo como o exemplo do carretel e do barbante anteriormente citados.

Bibliografia

FOUREZ, Gérard. *A construção das Ciências: introdução à filosofia e à ética das Ciências*. Trad. Luiz Paulo Rouanet. São Paulo: Editora da Universidade Estadual Paulista, 1995.
FREIRE, Paulo. *À sombra desta mangueira*. São Paulo: Olho d'água, 2004.
_____. *Pedagogia dos sonhos possíveis*. São Paulo: Unesp, 2001.
_____ & FAUNDEZ, Antonio. *Por uma pedagogia da pergunta*. 5 ed. Rio de Janeiro: Paz e Terra, 1985.
GIL, Fernando Bragança. Museos de ciencia y tecnología: preparación del futuro. In: MARTÍNEZ, Eduardo; FLORES, Jorge (compiladores). *La popularización de la ciencia y la tecnologia: reflexiones básicas*. México: Fondo de Cultura Económica, 1997.
HANKINKS, Thomas L.; SILVERMAN, Robert J. *Instruments and the imagination*. Princeton: Princeton University Press, 1995.
JANEIRA, Ana Luisa. *Fazer-ver para fazer-saber: os museus das Ciências*. Lisboa: Salamandra, 1995.
LEODORO, Marcos Pires. *Pensamento, cultura científica e educação*. Tese de Doutorado. São Paulo: Feusp, 2005.
MACH, Ernst. *Desarrollo historico-critico de la mecanica*. Trad. Jose Babini. Buenos Aires: Espasa-Calpe Argentina, 1949.

---

9. O modelo dessa ambiência tem sido experimentado nas instalações e atividades do *Clube de Ciência e Tecnologia do Centro Federal de Educação Tecnológica de São Paulo*.

Marcelo Gleiser e a Divulgação Científica Brasileira

Diamantino Fernandes Trindade

O objetivo deste trabalho é mostrar alguns aspectos relevantes da divulgação científica brasileira tais como o seu desenvolvimento histórico e os principais divulgadores, como D. Pedro II, José Reis e Marcelo Gleiser.

Introdução

> *A Ciência é uma narrativa em constante processo de renovação.*
>
> Marcelo Gleiser

A Ciência é uma das maneiras de interpretar a realidade, é uma das formas de pensamento desenvolvidas pelo ser humano e desempenha um papel indiscutível no processo de civilização. Os resultados da Ciência repercutem em todos os âmbitos da existência, pois estão associados à produção de tecnologia. O mundo globalizado não comporta mais o romantismo da pesquisa científica pelo prazer. O século XX vivenciou um intenso processo de produção científica, inigualável há tempos anteriores, e a associação entre Ciência e tecnologia (tecnociência) se estreita, garantindo a parceria de resultados.

Existe uma imagem distorcida de que a Ciência é algo alheio às outras atividades humanas. Para Gleiser (2000), quando se diferencia ciência básica da ciência aplicada, estamos supondo que ela trata de questões que não estão diretamente ligadas a aplicações imediatas, como a criação de novas tecnologias. Uma parte significativa dos seres humanos não consegue associar a Ciência e a tecnologia. Quando alguém usa um celular, assiste um capítulo da novela das oito, envia um e-mail ou utiliza o seu automóvel, dificilmente associa essas tecnologias com o processo de desenvolvimento científico que lhe possibilita utilizar esses confortos.

Desde o início do século passado, e mais intensamente a partir da Segunda Guerra Mundial, a Ciência, no seu desenvolvimento mais acelerado, utiliza-se cada vez menos da linguagem popular, do senso comum. Passamos a ter uma linguagem superespecializada, acessível a poucos. A divulgação científica procura tornar acessível tal conhecimento a um número cada vez maior de pessoas. De acordo com Mora (2003):

> A divulgação é uma tarefa que não admite apenas uma definição; além disso, ela varia segundo o lugar e a época. Para alguns, divulgar continua sendo traduzir. Para outros, ensinar de forma amena ou informar de um modo acessível. Fala-se, também, que divulgar é tentar reintegrar a Ciência na cultura.

Diz ainda a autora que *a divulgação é uma recriação do conhecimento científico, para torná-lo acessível ao público.*

Voltando no tempo, encontramos Kepler e Galileu como os primeiros grandes divulgadores da Ciência. O primeiro escreveu um livro de ficção científica chamado *Somnio,* que falava sobre um homem que viajava à Lua, em sonho. O segundo formulou uma descrição matemática do movimento dos corpos, na sua obra *Duas Novas Ciências,* onde questiona todas as concepções aceitas, testando-as por meio do novo método, o método experimental. A invenção da imprensa deslocou um pouco a Ciência do seu aspecto privado, tornando-a pública. Galileu divulgou a teoria heliocêntrica de Copérnico quando publicou, em italiano, o *diálogo sobre os dois principais sistemas do mundo,* em 1624.

D. Pedro II: o Pioneiro da Divulgação Científica Brasileira

Ao longo do tempo, divulgação científica desenvolveu-se juntamente com o próprio desenvolvimento da Ciência. Durante o Segundo Reinado, D. Pedro II mostrou-se bastante dedicado às Ciências.

Buscava a imagem de um imperador esclarecido e procurava sustentar a idéia de que a elite imperial brasileira estava empenhada no avanço científico e preparada para incorporar as conquistas técnicas modernas, como o telégrafo e a ferrovia.

O imperador patrocinava, particularmente, projetos de pesquisa de documentos relevantes à História do Brasil, no país e no estrangeiro. Ajudou, de várias maneiras, o trabalho de cientistas, como Martius, Lund, Agassiz, Derby, Glaziou, Seybold e outros. Financiou ainda outros profissionais, como agrônomos, arquitetos, professores, engenheiros, farmacêuticos, médicos, etc. Muitos deles estudaram na França com bolsas imperiais e até com auxilio financeiro do próprio imperador.

Quando o Brasil participou da Exposição Internacional da Filadélfia, D. Pedro II fez contato com Graham Bell, que lhe apresentou sua nova invenção: o telefone. Ficou muito impressionado com o aparelho e encomendou-lhe alguns. No retorno dos Estados Unidos, mandou instalar linhas telefônicas entre o Palácio da Quinta da Boa Vista e as residências de seus ministros.

D. Pedro II correspondia-se regularmente com as sociedades científicas e cientistas da Europa. São célebres as trocas de cartas com Pasteur, tendo este colaborado com o Brasil nos graves problemas de saúde pública, como a raiva, a febre amarela e o cólera. Foi também um grande incentivador da fotografia no Brasil, tendo adquirido seu equipamento em março de 1840, alguns meses antes que esses aparelhos fossem comercializados em nosso país.

D. Pedro II foi, sem dúvida, um grande incentivador e primeiro divulgador científico em uma época em que a Ciência e a tecnologia eram um privilégio para poucos.

José Reis: a popularização da Divulgação Científica no Brasil

> *Suponho que a alegria do divulgador é maior que a do mestre, que ensina em classes formais. O divulgador exerce um magistério sem classe.*
>
> *José Reis*

José Reis foi o principal divulgador científico do Brasil. Nasceu em 12 de junho de 1907, na cidade do Rio de Janeiro, e estudou no Colégio Pedro II. Ingressou, em 1925, na Faculdade Nacional de

Medicina. No segundo semestre de 1929, foi convidado para trabalhar no Instituto Biológico em São Paulo, sendo contratado como bacteriologista. Formou-se em 1930.

No Instituto Biológico, onde iniciou a sua carreira de divulgador científico, trabalhava sob a orientação do eminente cientista Hermann von Ihering, que lhe propôs pesquisar uma peste desconhecida que matava as galinhas de um criador. Após resolver o problema, decidiu informar outros criadores e passou a escrever sobre o assunto, de forma clara e simples, e em pouco tempo, passou a publicar artigos na revista *Chácaras e Quintais*.

Convidado pelo professor Thomas Rivers, estagiou entre 1935 e 1936 no Instituto Rockfeller, nos Estados Unidos. Voltou para o Brasil e prosseguiu as suas pesquisas com galinhas e outras aves. Esses estudos deram origem ao livro *Tratado de Ornitopatologia*, escrito em parceria com Annita Swenson Reis e Paulo Nóbrega, publicado em 1936. Em 1948, o jornal *Folha da Manhã* (do Grupo Folha) começou a publicar a coluna dominical de José Reis, denominada *No Mundo da Ciência*. A coluna teve outras denominações, mas nunca deixou de ser publicada até maio de 2002, quando ele faleceu. Os artigos de divulgação eram abrangentes e abordavam várias áreas do conhecimento, sempre com assuntos interessantes sobre Ciência, História, Política e Filosofia.

José Reis teve tanto destaque como jornalista que, em 1962, assumiu a direção da redação da *Folha de São Paulo*. Nessa mesma época, iniciou um movimento de divulgação científica nas escolas com a criação das, agora populares, feiras de ciências. Era chamado carinhosamente de caixeiro-viajante da Ciência, pois incentivava a realização dessas feiras em várias cidades do interior dos estados brasileiros. Foi também um dos idealizadores do prêmio *Cientistas de Amanhã*. Em 1968, foi publicada a sua importante obra *Educação é Investimento*.

No Instituto Biológico promovia, toda sexta-feira, as famosas "reuniões sexta-ferinas", onde eram discutidos assuntos científicos de caráter geral. Uma das conseqüências dessas reuniões foi a fundação, em 1948, da Sociedade Brasileira para o Progresso da Ciência (SBPC) que, em 1949, lançou a revista *Ciência e Cultura* com o objetivo de divulgar trabalhos inéditos de cientistas brasileiros.

É importante saber qual o conceito de divulgação científica para José Reis. Em uma entrevista concedida a Alzira Alves de Abreu, em julho de 1982, disse:

A divulgação científica é a veiculação em termos simples da Ciência como processo, dos princípios nela estabelecidos, das metodologias que emprega. Durante muito tempo, a divulgação científica se limitou a contar ao público os encantos e os aspectos interessantes e revolucionários da Ciência. Aos poucos passou a refletir também a intensidade dos problemas sociais implícitos nessa atividade.

Disse ainda nessa entrevista que:

> Uma das maiores recompensas do meu trabalho tem sido aprender, tentando ensinar. E uma das maiores alegrias é quando escrevo por sugestão do leitor, o que não é raro, mesmo quando a pergunta está longe de minha imediata cogitação; isto me obriga a enveredar por um caminho novo, fazer meu aprendizado e transformá-lo depois em ensinamento. A divulgação envolve para mim dois dos maiores prazeres desta vida: aprender e repartir.

A sua tarefa como pesquisador e divulgador científico foi reconhecida pela maioria dos cientistas brasileiros e cientistas de outros países. Ganhou prêmios importantes como o "John Reitemeyer" de jornalismo científico, no México; o "Kalinga" da UNESCO, recebido na sede do CNPq e o "Instituto Biológico", do próprio Instituto. Em 1978, o Conselho Nacional de Desenvolvimento Científico (CNPq) criou o Prêmio José Reis de Divulgação Científica. Em 1992, a Universidade de São Paulo fundou o Núcleo José Reis de Divulgação Científica.

Morreu aos 94 anos sempre trabalhando. Na primeira quinzena de maio de 2002, enviou seu último artigo ("Esquizofrenia e PET") à Folha para a coluna *Periscópio,* que foi publicado em 26 de maio de 2002 no "Caderno Mais"!

Marcelo Gleiser: Ciência para Todos

Com o falecimento de José Reis, Marcelo Gleiser tornou-se o principal divulgador científico brasileiro. Aproximar a Ciência do leigo é uma tarefa para poucos. Gleiser exerce essa difícil tarefa, tornando palatáveis as mais complicadas teorias da Física Quântica, da Astrofísica e outros temas de difícil entendimento para a maioria das pessoas, desde os mais jovens até os adultos. Fala e escreve, ao

mesmo tempo, para os que já sabem e para os que sabem pouco sobre Ciência.
Desde criança, sempre foi fascinado pelos mistérios do mundo. No sentido de despertar nas crianças e nos adolescentes a beleza do funcionamento das coisas, costuma relatar o que sentiu quando, aos 7 anos, começou a perceber o mundo. Em uma entrevista à revista *Nova Escola,* relata o que sentiu quando leu um livro sobre mamíferos e se perguntou como era possível a existência de tantos animais:

> A coisa ficou mais interessante quando descobri que nem sempre existiram tantos animais ou mesmo a Terra. Ou seja, tudo tem uma história com começo, meio e fim.

Quando percebeu que era possível descobrir cada uma dessas histórias, viu a abertura de outras possibilidades. Para ele, o mais importante era passar a vida tentando decifrar mistérios, e acabou tornando-se cientista.

Para explicar aos alunos a importância das informações científicas, recorre à perspectiva histórica dos fatos. Ainda na entrevista à revista *Nova Escola* explica:

> Falar, por exemplo, que em 1600, na época em que Galileu e Johannes Kepler viveram, acreditava-se em um Universo completamente diferente do atual. A medicina era primária, "bruxas" estavam sendo queimadas. Pensava-se que o Universo era estático, que a Terra era o centro de tudo e que o Sol girava em torno dela. Os cientistas começaram a questionar isso e em 50 anos viraram todas as crenças de cabeça para baixo. Assim, o professor mostra que ao longo da história a Ciência ajudou as pessoas a perceber em que mundo elas vivem.

Sobre os seus tempos de estudante relata que era bem "caxias", mas também era normal. Tocava violão e jogava vôlei, foi até campeão brasileiro infanto-juvenil, quando estava no segundo ano colegial, juntamente com Bernardinho. Seu técnico era Bebeto de Freitas. Era um estudante muito aplicado e, aos quinze anos, já participava de um grupo de estudos de Física. Ingressou na Universidade Federal do Rio de Janeiro e, durante dois anos, cursou Engenharia Química. Parou para fazer o curso de Física na PUC-RJ.

Doutorou-se no King's College na Inglaterra, em 1986. Foi pesquisador do *Fermi National Aceletator Laboratory* de Chicago e do *Institute for Theoretical Physics* da Universidade da Califórnia. Recebeu bolsas de pesquisa da NASA e da OTAN. Concorreu, com 357 candidatos, a uma vaga no Dartmouth College, em New Hampshire, onde é professor de Física e Astronomia, tendo recebido o título de *Appleton Professor of Natural Philosophy*.

Em 1994, foi agraciado pelo Presidente Bill Clinton com o prêmio *Presidential Faculty Fellows Award* pelo seu trabalho de pesquisa em Cosmologia e pela sua dedicação ao ensino. Recebeu ainda outras importantes premiações: Prêmio Jabuti, da Câmara Brasileira do Livro, pela obra *A Dança do Universo* e o Prêmio José Reis de Divulgação Científica. Foi também premiado pelo conselho Nacional de Desenvolvimento Científico (CNPq).

Marcelo Gleiser não se furta a escrever sobre os mais polêmicos temas científicos como os conflitos entre Ciência e Religião, que afligem o ser humano há séculos; Projeto Genoma; Clonagem; o *Big Bang* e a criação do Universo em contraponto à teoria bíblica do criacionismo; o aquecimento global, os problemas do meio ambiente, etc.

Para ele, a Ciência deve ser trazida para a vida das pessoas por intermédio das escolas e o ensino científico deve ser apaixonado, instigante, relacionado ao cotidiano e, acima de tudo, aberto à curiosidade natural dos jovens. Em uma entrevista ao *Educacional,* diz como a Ciência poderia se tornar mais popular:

> Eu sempre digo que, infelizmente, a Ciência é ensinada de uma maneira tão chata que é um milagre as pessoas desejarem ser cientistas. Por quê? Porque a Ciência é ensinada como um formulário. Quando você fala de movimento retilíneo uniforme, parece até missa: "eme, erre, u". Essas coisas são totalmente desligadas da História da Ciência, que é extremamente interessante, cheia de aventuras e desventuras. Você não sabe quem é Newton ou Galileu. Você não aprende quem são essas pessoas, só as fórmulas que elas inventaram. Falta inserir a Ciência no contexto da história das idéias, mostrar que ela é parte da cultura da humanidade, do processo cultural em que é criada, não só um conjunto de fórmulas. E faltam demonstrações em sala de aula. Infelizmente, na escola, a Ciência é ensinada no quadro-negro. E a Ciência é "ver para crer", sabe? Você não pode falar sobre a queda dos objetos, o crescimento das células ou sobre reações químicas sem mos-

trar as coisas acontecendo. Ao fazerem experimentos, as crianças aprendem e, mais ainda, maravilham-se com aquilo, porque participar do processo de descoberta é muito mais importante que ver fórmulas no quadro negro.

Marcelo Gleiser é considerado o professor que a maioria dos alunos gostaria de ter. Substitui as frases mais acadêmicas por citações mais interessantes da História da Ciência e dos cientistas. Uma das disciplinas que ele ministra no Dartmouth College, desde 1993, para alunos de várias áreas, é denominada *Entenda o Universo e a Física Através dos Tempos* e não envolve nenhuma equação, falando da história da Física como sendo um processo de descoberta do homem. Essa disciplina foi apelidada de *Física para Poetas* e utiliza como referência o livro *A Dança do Universo*.

Para encerrar citaremos as suas principais obras para o leitor que desejar se aprofundar nos seus escritos:

- *A Dança do Universo* – Companhia das Letras
- *O Fim do Céu e da Terra* – Companhia das Letras
- *O Livro do Cientista* – Companhia das Letras
- *Micro Macro: reflexões sobre o homem, o tempo e o espaço* – Publifolha

Além dessas obras, Marcelo Gleiser é coordenador da coleção *Imortais da Ciência*, da Odysseus Editora, com obras de vários autores sobre Platão e Aristóteles, Arquimedes, Lavoisier, Darwin, Bohr, Watson & Crick, Pré-socráticos, Euclides, Copérnico, Kepler, Galileu, Newton, Faraday & Maxwell, Einstein, Hubble, Schrödinger e Heinsenberg e Feynman & Gell-Mann.

> A nossa missão é tornar a Ciência parte integral da bagagem intelectual do cidadão moderno, atuante no processo democrático. Precisamos desta juventude, de sua energia e dedicação.
>
> *Trecho de um e-mail enviado por Marcelo Gleiser para Diamantino Fernandes Trindade em 05/07/2005.*

Bibliografia e Sitiografia

CANDOTTI, Ennio. *Cientistas do Brasil: depoimentos*. São Paulo: SBPC, 1998.
GLEISER, Marcelo. *Micro Macro: reflexões sobre o homem, o tempo e o espaço*. São Paulo: Publifolha, 2005.
————. *A Dança do Universo: dos mitos da criação ao big bang*. 2ed. São Paulo: Companhia das Letras, 2000.
————. *O fim da Terra e do Céu: o apocalipse na Ciência e na Religião*. São Paulo: Companhia das Letras, 2001.
MORA, Ana Maria Sánchez. *A Divulgação da Ciência como Literatura*. Rio de Janeiro: UFRJ, 2003.
NOVA ESCOLA. Edição 181. *Fala Mestre*. Entrevista de Giovana Girardi com Marcelo Gleiser. São Paulo: Abril, 2005.
TRINDADE, Diamantino Fernandes & TRINDADE, Lais dos Santos Pinto. *Os Pioneiros da Ciência Brasileira: Bartholomeu de Gusmão, José Bonifácio, Landell de Moura e D. Pedro II*. In: Sinergia. Vol. 4, nº 2. São Paulo: Cefet–SP, 2003.

www.biologico.sp.gov/grandes_nomes/jose_reis/jr.htm.
www.eca.usp.br/nucleos/njr/biogr.htm.
www. radiobras.gov.br/ct/falaciencia_211201.htm. *A Ciência com prazer*. Entrevista de Hebert França com Marcelo Gleiser.
www.educacional.com.br/entrevistas/entrevista0072.asp. Entrevista de Vitor Casimiro com Marcelo Gleiser.

Uma Proposta Simbólica para o Ensino da Química

Laís dos Santos Pinto Trindade

O objetivo deste trabalho é mostrar as possibilidades de reformular os processos de ensino e aprendizagem em Química, de maneira a criar situações que despertem outro sentido no estudo desta ciência.

1. Introdução

Para introduzir este trabalho, senti a necessidade de retomar o caminho percorrido desde onde ele se iniciou. Foi no princípio da década de 1990 que, depois de dez anos como professora de Química Geral nas Faculdades Oswaldo Cruz, assumi a disciplina Química Geral II, obrigatória no curso de Licenciatura em Química e que tinha como objeto de estudo parte dos conteúdos programáticos do Ensino Médio. Percebi que meus alunos, alguns dos quais já eram professores, tinham dificuldades com aqueles conteúdos, que eles mesmos ensinavam. Alguma coisa, ou melhor, muita coisa estava errada.

Em 1996, uma dessas alunas convidou-me a integrar o corpo docente de uma reputada escola em São Paulo. Acabei aceitando o convite em função da necessidade de desenvolver o presente estudo e, no ano seguinte, iniciei uma nova fase na minha vida, talvez a mais desafiadora. Precisava saber como aqueles professores que eu auxiliara a formar se saíam no Ensino Médio.

Encontrei-os apenas transferindo o que aprendiam tecnicamente na faculdade, com a agravante de usarem como fonte de consulta para a preparação das aulas o próprio livro didático utilizado pelos alunos. As aulas no laboratório eram utilizadas apenas como uma motivação para que os estudantes aceitassem melhor os conteúdos, memorizando-os com maior facilidade e para comprovar o acerto das teorias; nunca como um dos momentos para a reelaboração do conhecimento. Mesmo revestidos pelo discurso de um ensino inovador, nas salas de aula os professores de Química continuavam, e continuam, ensinando como a última "novidade" uma descoberta ocorrida no início do século – passado – reduzida a definições, leis, regras e fórmulas, que exige apenas memorização. Parece que esqueceram do que aconteceu no mundo nesta centena de anos.

Não é à toa que, na Química, se registrem os maiores índices de rejeição e menores índices de aproveitamento em quase todas as escolas. O fato é tão grave que, perguntando aos meus alunos sobre a importância do aprendizado da Química para suas vidas, a resposta é, invariavelmente, nenhuma. Como se o crescer, pensar, respirar, digerir, não estivesse vinculado à vida. Isto desconsiderando outros aspectos nos quais encontramos transformações químicas diversas, tais como no cozimento dos alimentos, na confecção dos tecidos das roupas que usamos, nos tecidos que constituem nosso organismo, nos medicamentos, nesta folha de papel, nas tintas, nos plásticos, nas cerâmicas, nos vidros, nos metais... Nenhum material fica fora do alcance da Química, seja vivo ou morto, vegetal ou mineral, na Terra ou em uma estrela distante.

Havia achado, talvez, a primeira pista do porquê tanta aversão e dificuldade no estudo da Química. Comecei a perceber que o conhecimento científico, apesar de todas as mudanças que vinham acontecendo dentro da própria Ciência e das significativas pesquisas publicadas relativas à formação de professores de Química, continuava sendo tratado como um conjunto de regras prontas e acabadas. Não é sem razão que os jovens, freqüentemente, não gostem de aprender Química.

A outra face dessa moeda é que o professor universitário não se envolve com a questão da formação de seus alunos que aspiram exercer o magistério, na expectativa de que outros docentes cumpram tal tarefa, uma vez que eles próprios, freqüentemente, não têm qualquer experiência com alunos que cursam o Ensino Médio. Deixam-na para os professores da área de pedagogia, cuja formação não contempla o estudo da Química. Também não se discutem as bases epistemológicas da Química. O problema é que muitos dos professores ainda aceitam a idéia de que o conhecimento científico é um conhecimento comprovado. Tal visão, já formalizada, tende a ser reforçada e repetida. Não havendo nenhum questionamento, perpetua-se e concretiza-se em uma crença.

Ao não serem confrontados, em seus cursos de formação, com as perspectivas filosóficas e históricas do conhecimento, o estudo da Química continua a se apoiar no conceito positivista de que a Ciência é fruto do trabalho de dedicados cientistas que descobrem as verdades já escritas na natureza, das quais nos aproximaremos até as desvelarmos completamente por meios da observação e de medidas mais rigorosas. Sem condições de analisar criticamente o projeto de ensino, esses docentes acabam retransmitindo um programa em uma lógica de conteúdos baseada no conhecimento estruturado de quem já sabe Química, na qual os alunos não encontram sentido e, portanto, não aprendem.

Há, ainda, particularmente no ensino da Química, uma confusão entre os objetos teóricos, idealizados por esta ciência e os objetos reais. Os modelos teóricos da química que chamamos de átomos, moléculas, íons, equações químicas, ligações químicas, substâncias puras, etc. têm existência real no campo conceitual da química, são criações humanas, próprias da Química e não fatos embutidos na natureza que possam ser observados ou medidos. Não são objetos concretos. Por outro lado, sabemos que não há observação neutra, essencialmente objetiva e independente das crenças de quem as faz. Assim o fenômeno químico observado não pode ser compreendido fora da trama histórica que o produziu.

Nenhuma mudança pedagógica acontece sem uma compreensão do que é e de como a Química se constitui, de sua história. Os professores não abrirão mão do que fazem enquanto acreditarem que o ensino da Química se restringe à transmissão de um conjunto de verdades já bem estabelecidas e que para isso basta conhecerem os seus conteúdos específicos, que servem apenas para serem esquecidos depois dos exames vestibulares. E é sem dúvida muito difícil a superação dessa forma de atuar, porque o contrato com a escola, especialmente no caso das escolas particulares, obriga o professor a ser uma máquina de dar aulas.

O saber científico, da forma como é ensinado, fica desprovido do poder de invasão. Em outras palavras, não encanta, não seduz, porque não explica o homem. O resultado é um ensinar descomprometido como se nada tivesse a ver com o mundo vivido – um "lá fora" distante e alheio. Nesta sala de aula, sem cor ou sabor, reduto de um saber sem proveito, as ciências deixam de ser compreendidas como uma das formas do conhecimento humano e são, quando isto acontece, apreendidas como um sistema exclusivamente racional, afastado das necessidades dos jovens estudantes: a de perceber alguma significação que esse saber possa ter para as suas vidas. Daí a pergunta de sempre: "Professora, para que serve isso?"

Do quadro até aqui desenhado, parti em busca de outras possibilidades para os processos de ensino e de aprendizagem em Química. Deslocando o olhar do conteúdo disciplinar e me aproximando das necessidades dos estudantes, percebi que a sala de aula poderia se tornar um ambiente propício para construir situações que poderiam despertar outro sentido para o estudo da Química.

Delineei essa busca inspirando-me nos procedimentos metodológicos da Alquimia ocidental e considerando as fases principais da via úmida. Elas me forneceram as metáforas que possibilitaram estruturar e descrever este estudo.

Então, uma nova necessidade, a de revisitar a Química em seu passado para buscar o contexto de seu surgimento e seu significado. Nessa procura reencontrei a Alquimia. Por meio de sua linguagem simbólica, descobri o significado da minha sala de aula, ela seria um vaso alquímico, o recipiente sagrado para o alquimista, onde se realiza a Obra Alquímica, a Grande Obra.

2. A Alquimia do Ensino

> *Acontece que meu espelho ficou cansado dessa função de repetir o que vinha de fora e começou a ter idéias próprias. Em vez de só mostrar reflexos fiéis, começou a mostrar imagens para as quais não havia, do lado de fora, nenhum objeto correspondente.*
>
> *Rubem Alves*

Da minha prática pedagógica e do olhar que lanço às outras práticas, encontrei na Alquimia as metáforas necessárias para compreendê-las. Comecei a perceber que mesmo aqueles que desejam criar outras condições para os processos de ensino-aprendizagem, mas se encontram ainda aprisionados nas concepções positivistas da Ciência e nos conteúdos, cuja única função é preparar os alunos para os exames vestibulares, procedem como aqueles alquimistas que, fascinados pelas possibilidades de obter rapidamente a Pedra Filosofal, lançavam-se à sua busca pelo caminho mais curto, o da *Via Seca*.

Nesse método, o vaso alquímico constitui um crisol cerâmico, um ovo, no qual a matéria-prima, previamente escolhida, é ali colocada e fechada. Por tratar-se de um recipiente opaco, não é possível verificar quais são as modificações que se sucedem. Da mesma forma, esses docentes, preocupados com os resultados, pouco tempo têm para compreender como e se aquele conhecimento provoca transformações. Ao não estabelecer a relação pelo olhar, resta ao alquimista determinar o final de seu trabalho no momento em que ele pode verificar a evolução da matéria-prima pela emissão sonora. Se o ovo alquímico reverbera sua própria voz, a transmutação ocorreu e o processo é encerrado – então o ovo é aberto. Não é um processo muito diferente deste o que ocorre no momento da avaliação dos alunos: ele é considerado "pronto" quando for capaz de "reverberar a voz de seu professor".

Traçando um paralelo com os principais passos propostos pela *via úmida,* pressenti que poderia usá-la como referência para pensar em uma sala da aula renovada. Neste método alquímico, longo e árduo, o vaso alquímico constitui um crisol de vidro, o que permite observar todos os estágios da *Opus*, quando o sujeito e o objeto fundem-se na busca à espera pelo despertar da matéria. Ao atingir a *Nigredo*, fase inicial, que dará início à transmutação, o alquimista mantém o olhar, atento para as modificações ocorridas na matéria-prima, descobrindo, no velho, o novo, redescobrindo-se *na Albedo*, período do trabalho em que a matéria decomposta renasce ou "adquire qualidades da prata" e desperta no adepto a paixão da busca pelo saber, a vontade de transcender, o deslumbramento diante da possibilidade de obter a Pedra Filosofal para finalmente alcançar a Rubedo, a última etapa da transmutação alquímica, quando a matéria-prima se transforma em ouro e o iniciado alcança a imortalidade, resultado do encontro de si mesmo com o Universo.

O vaso alquímico é um espaço sagrado capaz de transformar a matéria-prima, origem criativa de tudo o que existe, em "ouro". Sagrado para o alquimista porque mágico, espelho de si mesmo, reflete as transformações que com ele ocorrem no processo, sempre únicas para cada um. É o macrocosmo, o Universo, refletido no microcosmo, o homem. É o espaço da totalidade, onde convivem a razão e a emoção, a técnica e a arte, o conhecimento e a sabedoria. A sala de aula pode ser entendida como um vaso alquímico, local propício para os mais diferentes encontros entre o conhecimento e os sujeitos que o buscam.

No entanto, lembrando que nossa própria fronteira é delimitada pela pele, cabelos, unhas, ou seja, por tecido queratinizado, portanto morto, somos levados a inferir que esses encontros são gestados em um espaço intersubjetivo. Neste espaço, compreendemos nossa individualidade e aprendemos a conviver com as diferenças – delas nascem as possibilidades criativas e o conhecimento que temos do mundo se amplia. Assim, o gosto pelo saber intensifica-se e a ação pedagógica adquire um poder mágico, o de alcançar e ultrapassar fronteiras, sejam as pessoais ou as das disciplinas, transitando entre elas.

Regiões de fronteira são, também, regiões de encontros e transformações que se concretizam no comprometimento do professor com seu trabalho e se alimentam pelas experiências e vivências rituais de sua arte, anunciando possibilidades de vencer os limites impostos pelo conhecimento fragmentado, transformando-as em espaços criativos. Na arte de educar é que o professor realiza sua "Grande Obra", que talvez não seja outra senão permitir que cada estudante construa seu próprio sistema de pensamento e de valores e aí descubra seu ideal de vida, sua pedra filosofal.

Venho observando que, quando um conteúdo é integrado de alguma forma ao seu contexto histórico, que também transita em regiões entre as disciplinas, conhecer transforma-se em um ato prazeroso – ativa a imaginação e a criatividade. A abordagem analítica, que enfoca o conteúdo de maneira compartimentada e fragmentada, não permite essa integração por considerar apenas os seus elementos isolados. Contudo, ao lançar mão de uma abordagem sistêmica, necessária quando se considera a historicidade da Química, os estudantes passaram a perceber também as relações estabelecidas entre eles. Começaram a valorizar a percepção global, incluindo-os em um sistema mais amplo, conectado às suas necessidades mais próximas.

Os desafios com os quais nos defrontamos exigem, cada dia mais, um diálogo constante e profundo entre os campos do saber. Se ao longo do século findo a fragmentação do conhecimento possibilitou o aparecimento de várias tecnologias, o século que se inicia aponta para a necessidade de integração desses conhecimentos para que possamos nos posicionar frente à complexidade do mundo que agora conhecemos.

Neste aspecto, a História da Química, como parte de outra mais antiga, a do Universo, serviu de veículo para que ocorresse uma profunda mutação na minha sala de aula. De um local fechado, de experimentos, onde se priorizavam as situações de ensino e a transmissão do conhecimento, passou a ser também um ambiente aberto para novas aprendizagens e de compartilhamento de experiências. Tornou-se um espaço de encontro dos mais diferentes saberes, onde a Ciência pôde ser articulada à Arte, à Filosofia e à Religião.

A Química, quando estudada através de sua história, mostra-se viva e permite que o jovem aprendiz se perceba não só como ator, mas como um possível autor desse conhecimento. Mais do que isso, passa a compreender criticamente a limitação da própria Ciência e a entender que ela, isolada dos outros saberes, não preenche nossos anseios, não responde às nossas questões. Memorizar regras e fórmulas não desperta o desejo pelo saber. Mas ao estudá-la, segundo sua história, integrada à história do Universo e à nossa história social, vivemos, meus alunos e eu, aventuras estimulantes, utilizando, como recurso, a imaginação, que depois de tanto tempo afastada da sala de aula foi convidada a preencher esse espaço. De acordo com Thompson (2001), imaginar não é produzir enganos ou ilusões, mas é uma capacidade que, quando adequadamente desenvolvida, permite sentir o que ainda não se conhece e intuir o que ainda não se compreende. Kekulé, químico do século XIX, citado com freqüência pelos professores, propôs uma estrutura para o benzeno ao imaginar que era semelhante ao símbolo alquímico do ouroboros... Kekulé acreditou em um sonho e a partir dele intuiu a possibilidade de uma explicação para o arranjo dos átomos de carbono, aceita até hoje.

Portanto, se quisermos pensar em um ensino de Química que se proponha a desenvolver o ser humano para sua totalidade, o grande desafio será manter a sala da aula como um espaço aberto, tal qual o vaso alquímico, onde não serão mais necessárias as verdades absolutas e os caminhos únicos. Esse processo fatalmente passará pela desconstrução do professor tradicional, que mantém sua posição ante o aluno dentro dos estritos limites do racional. Mas isto significa caminhar por campos desconhecidos, freqüentemente assustadores para aqueles que se sentem confortáveis com sua condição de transmissores de informações. Contudo, para os insatisfeitos, pode transformar um conteúdo tedioso em algo inesquecível, pode renovar experiências e produzir alterações inesperadas e enriquecedoras na sala de aula. Segundo Byington (1995), a aprendizagem ocorre preferivelmente pela emoção, vivenciando-a em vez de apenas memorizá-la. Para Maturana (2001), não há atividade humana que não se sustente pela emoção, nem mesmo os sistemas racionais.

Transcendendo a lógica racional e operando no universo das emoções mais profundas, encontrei uma fonte inesgotável de energia para empreender mudanças que me colocaram em uma contínua auto-reconstrução. Coloquei minha objetividade entre parênteses, o que vale dizer: assumi que não posso fazer referências a entidades independentes de mim para construir meu explicar. Tornei-me uma buscadora, porque, inconformada, deixei de aceitar passivamente as coisas tais quais se me apresentavam. No lugar da experimentação, reproduzindo conceitos já sistematizados, optei pela experienciação, o que nos colocou, a mim e a meus alunos, em conexão imediata com outras possibilidades de construção do conhecimento que já não mais nos separava, antes, nos unia pessoalmente ao que estudávamos.

Claro que é um caminho pleno de riscos, mas o professor que não ousa arriscar-se, em um trabalho coerente, não promove o desenvolvimento de sua consciência, não muda a si mesmo e nem ao entorno em que atua. Não sai do lugar e envelhece parado, em um tempo de mudanças. Em época de construir outras possibilidades de conhecimento e, junto com os alunos, empreender uma aventura fascinante ao núcleo de cada disciplina e, a partir daí, às suas vastas regiões fronteiriças, de imensas possibilidades criativas, onde freqüentemente se estabelecem novas descobertas. Talvez, ver o que todo mundo já viu, mas ainda não pensou – uma nova maneira de interpretar o mesmo mundo –, e descobrir que debaixo de tudo o que estamos cansados de conhecer se encontra tudo aquilo que realmente deveríamos saber.

Daí poderá surgir uma nova forma de conhecer. Mas um conhecimento embasado nas noções de complexidade e complementaridade de um mundo cada vez mais unificado e ao mesmo tempo mais dividido; que possibilite o afloramento de novas potencialidades, fruto de uma ação reflexiva e vivenciada. Em outras palavras, em um mundo globalizado há que se propiciar o desenvolvimento de uma consciência global, capaz de integrar e respeitar as diferenças, reconhecer no outro o direito de existir com suas idéias e crenças, reconhecendo-o em sua humanidade. Para tanto, torna-se necessário exercitar um conhecimento sistêmico, contextual que implica a aceitação de que o Universo é uma teia dinâmica de eventos inter-relacionados e que a compreensão dos processos de conhecimento, a epistemologia, está incluída na descrição dos fenômenos.

Um todo interligado e interdependente ao meio ambiente, do qual somos parte, aponta para uma nova metáfora dos processos de ensino e de aprendizagem, que propõe outra forma de reorganizá-los. Surge em oposição à hierarquização do conhecimento e estabelece valores centrados na Terra, na teia da vida, substituindo os atuais centrados no homem e no individualismo. É *"uma proposta que compreende a Ciência não apenas como mediadora das interações entre os raciocínios concreto e abstrato, dos métodos indutivos e dedutivos, dos sentidos que registram os dados observáveis e que os ordenam em esquemas de ações significativos. Mas uma Ciência que vai muito além, que busca compreender a natureza não como uma simples coleção de objetos isolados, mas como uma realidade única, cuja beleza e grandeza podem ser experimentadas em múltiplos níveis"* (Moraes, 2002, p. 206).

Daí a necessidade de se abdicar da pretensão de que a Química, ou qualquer outra ciência, isolada como disciplina, possa servir de continente para a organização e aprimoramento de conhecimento, ainda que específico. A palavra passa a ser a inter-relação, a complementação dos diversos campos do saber. A nova ordem é ousar e criar, transcendendo sua especificidade disciplinar, permitindo que o sujeito transcenda a si, unindo-se ao Universo, unindo-se a si mesmo, na busca de sua verdade, seu "ouro alquímico", cujo poder de transformação é infinito.

É assim que uma sala de aula interdisciplinar pode também se transformar em um vaso alquímico: *para ele, cada um de nós trará suas experiências, seus conhecimentos, seus medos, suas perguntas e adicionaremos a toda essa matéria-prima outras substâncias, tais como leituras e escritas de textos que contri-*

buirão para sua depuração e transformação. Talvez, vivendo esse processo, possamos nos aproximar da tão desejada "pedra filosofal", que não é única para todo o grupo: cada um poderá encontrar a sua, cujo formato também não será definitivo.(...) Quando nos autorizamos a viver esta aventura pedagógica, entramos em contato com a riqueza e a beleza de um processo de aprendizagem vivido com radical intensidade. Neste momento nos transformamos em alquimistas do século XXI (Furlanetto, 2000, p. 3).

Bibliografia

ALFONSO-GOLDFARB, Ana Maria. *Da Alquimia à Química.* São Paulo: Landy, 2001.
BELTRAN. Maria Helena Roxo. *Imagens de Magia e de Ciência: entre o simbolismo e os diagramas da razão.* São Paulo: educ/ Fapesp, 2000.
BYINGTON, Carlos Amadeu B. *Pedagogia Simbólica: a construção amorosa do conhecimento de ser.* São Paulo: Rosa dos Tempos, 1995.
CHALMERS, Allan F. *O que é Ciência afinal?* São Paulo: Brasiliense, 1993.
DAMPIER, William Cecil. *Historia de la ciencia y sus relaciones con la filosofia e la religión.* Madrid: Technos, 1986.
—————. *Pequena História da Ciência.* São Paulo: IBRASA, 1961.
FILGUEIRAS, Carlos. *Lavoisier e o estabelecimento da Química Moderna.* São Paulo: Odysseus, 2002.
FRANZ, Marie von. *A alquimia e a imaginação ativa.* 10 ed. São Paulo: Cultrix, 1992.
FURLANETTO, Ecleide C. et al. *As dimensões interdisciplinares dos projetos.* In: MENESES, João Gualberto. *Revisitando a prática docente: interdisciplinaridade, políticas públicas e formação.* São Paulo: Thomson, 2003.
FURLANETTO, Ecleide C. *Como nasce um professor.* São Paulo: Paulus, 2003.
—————. *A sala de aula interdisciplinar vista como um vaso alquímico.* São Paulo: Unicd, mimeo, 2001.
—————. *Fronteira.* In: FAZENDA, Ivani. *Dicionário em construção: interdisciplinaridade.* São Paulo: Cortez, 2001.

_____. *O desapego, o sacrifício compondo o vaso alquímico da transformação.* São Paulo: mimeo, 2001.
_____. *A formação de professores: aspectos simbólicos de uma pesquisa interdisciplinar.* São Paulo: mimeo, 2000.
GUSDORF, Georges. *Prefácio.* In: JAPIASSU, Hilton. *Interdisciplinaridade e Patologia do Saber.* Rio de Janeiro: Imago, 1976.
JAPIASSU, Hilton. *Desistir do pensar? Nem pensar! Criando o sentido da vida num mundo funcional e instrumental.* São Paulo: Letras e Letras, 2001.
_____. *Um desafio à educação: repensar a pedagogia científica.* São Paulo: Letras e Letras, 1999.
_____. *As paixões da Ciência.* 2 ed. São Paulo: Letras e Letras, 1999.
_____. *Interdisciplinaridade e Patologia* do Saber. Rio de Janeiro: Imago, 1976.
JUNG. C.G. *Estudos alquímicos.* Petrópolis: Vozes, 2003.
KINCHELOE, Joe L. *A formação do professor como compromisso político: mapeando o pós-moderno.* Porto Alegre: Artes Médicas, 1997.
KOYRÉ, A. *Do mundo fechado ao universo infinito.* Rio de Janeiro: Forense Universitária, 1979.
KUHN, Thomas. *A estrutura das revoluções científicas.* 5 ed. São Paulo: Perspectiva, 2000.
LEVY-LEBLOND, Jean Marc. *É possível ensinar física moderna?* In: MORIN, Edgar. *A religação dos saberes: o desafio do século XXI.* Rio de Janeiro: Bertrand Brasil, 2001.
MAAR, Juergen Heinrich. *Pequena História da Química – primeira parte – dos primórdios a Lavoisier.* Florianópolis: Papa-Livro, 1999.
MATURANA, Humberto. *Cognição, Ciência e vida cotidiana.* Belo Horizonte: UFMG, 2001.
MALDANER, Otavio A. *A formação inicial de professores de Química.* Ijuí: UNIJUÍ, 2000.
MORAES, Maria Cândida. *O paradigma educacional emergente.* 8 ed. Campinas: Papirus, 2002.
MORIN, Edgar. *A religação dos saberes: o desafio do século XXI.* Rio de Janeiro: Bertrand Brasil, 2002.
PUGLIESI, Márcio. *Alguns conceitos de matéria e Alquimia.* In:

AQUINO, São Tomás. *A arte da alquimia e a pedra filosofal.* São Paulo: Global/GROUND, 1984.
ROSSI, Paolo. *O nascimento da Ciência Moderna na Europa.* Bauru: Edusc, 2001.
SADOUL, Jacques. *O ouro dos alquimistas.* Lisboa: Edições 70, s/d.
SANTOS, Boaventura. *Um discurso sobre as Ciências.* 13 ed. Porto: Edições Afrontamento, 2002.
STRATHERN, Paul. *O sonho de Mendeleiev.* Rio de Janeiro: Jorge Zahar, 2002.
THOMPSON, William Irwin. *Gaia: uma teoria do conhecimento.* São Paulo: Gaia, 2001.
TRINDADE, Diamantino Fernandes & TRINDADE, Lais dos Santos Pinto. *A História da História da Ciência.* São Paulo: Madras Editora, 2003.
──────────. *Química e Alquimia.* In: Sinergia nº 4. São Paulo; Cefet–SP, 2002
──────────. *A teia do ensinar e do aprender.* In: Sinergia n.3. São Paulo: Cefet–SP, 2002.
TRINDADE, Diamantino Fernandes & PUGLIESI, Márcio. *Química Básica Teórica.* 3 ed. São Paulo: Ícone, 1993.
VANIN, José Atílio. *Alquimistas e químicos: o presente, o passado e o futuro.* 3 ed. São Paulo: Moderna, 1994.
WALDSTEIN, Arnold. *Os segredos da Alquimia.* Lisboa: Europa-América, 1973.

As Independências do Brasil

Luiz Felipe dos Santos Pinto Garcia
Laís dos Santos Pinto Trindade
Diamantino Fernandes Trindade

O objetivo deste trabalho é mostrar alguns aspectos da independência do Brasil em contraponto à visão tradicional que é apresentada nas obras tradicionais, principalmente nos livros didáticos.

São Paulo, 7 de setembro de 1822. Às margens do rio Ipiranga, D. Pedro, príncipe-regente do Brasil, herdeiro do trono português, proclamou a denominada independência do Brasil. É a partir deste fato incontestável da história de nosso país que pretendemos iniciar essa discussão sobre a validade dos chamados fatos históricos, que na verdade não existem, restando deles apenas as suas mais variadas versões, subordinadas aos mais variados interesses.

Apesar de ser uma data comemorativa e significativa para os brasileiros, não é nossa intenção apenas louvar tal fato, mas sim colocar para vocês uma reflexão sobre o significado da nossa independência, não como um acontecimento isolado, surgido de um rompante de insubordinação passional e romântico de um jovem descompromissado com a vida e com os destinos da nação que se formava; ao contrário, foi, como veremos, um processo, e uma conquista. Por isso nossa independência consolidou-se de forma totalmente diferente da América espanhola, que se fragmentou em vários países. Aqui mantivemos nossa unidade em torno da figura do imperador, que, contudo, era verdadeiro, humano e generoso. Seu lema "**independência ou morte**", portanto, nada se parece com "exportar ou morrer" dos governantes de hoje.

Em primeiro lugar, vamos tentar antecipar a data da independência em alguns anos. Para isto, apenas abandonaremos, pelo menos por um momento, os marcos cronológicos oficiais da história e tentaremos refletir um pouco sobre o processo de separação do Brasil em relação a Portugal. É sabido por todos que em 1808 a Família Real portuguesa desembarcou no Brasil, em razão da invasão napoleônica. Pois bem, a partir desse momento, a sede do Império português passou a ser o Brasil. Mais do que isso, logo no ano de sua chegada o príncipe regente D. João, que governava no lugar de sua mãe, considerada mentalmente incapaz, assinou o tratado que entrou para história com o sugestivo nome de Abertura dos Portos às Nações Amigas, ou seja, à Inglaterra. Até aqui, já temos dois fatores importantes para reflexão. Em primeiro lugar, com a vinda da Família Real para o Brasil, paulatinamente a estrutura da administração colonial foi sendo substituída por uma estrutura administrativa de uma nação politicamente autônoma. Além disso, a abertura dos portos rompeu a principal amarra econômica que prendia o Brasil a Portugal: o monopólio. Acabado o monopólio, ou seja, o dever do Brasil exportar seus produtos somente para Portugal, estava acabado também o Pacto Colonial. Pelo menos economicamente o Brasil já era independente.

Neste momento, pensamos ser importante mostrar a opinião, sobre este assunto polêmico, de um dos maiores historiadores brasileiros. Caio Prado Jr. (1991) nos diz que "o certo é que se os marcos cronológicos com que os historiadores assinalam a evolução social e política dos povos não se estribassem unicamente nos caracteres externos e formais dos fatos, mas refletissem sua significação íntima, a independência brasileira seria antecipada em 14 anos, se contaria justamente da transferência da corte em 1808. Estabelecendo no Brasil a sede da monarquia, o regente aboliu *ipso facto* o regime de colônia em que o país até então vivera. Todos os caracteres de tal regime desapareceram, restando apenas a circunstância de continuar à sua frente um governo estranho. São abolidas, uma atrás da outra, as velhas engrenagens da administração colonial, e substituídas por outras **já de uma nação soberana**. Caem as restrições econômicas e passam para um primeiro plano das cogitações políticas do governo os interesses do país. São esses os efeitos diretos e imediatos da chegada da corte. Naquele mesmo ano de 1808 são adotadas "mais ou menos" todas as medidas **que mesmo um go-**

verno propriamente nacional não poderia ultrapassar. Caio Prado Jr. (1992) ressalta dois fatores fundamentais para justificar que o ano de 1808 deveria ser considerado como o ano da independência do Brasil: os fatores administrativos e os fatores econômicos. Poderia aqui se utilizar do argumento que a maioria da população brasileira não foi atingida por essas medidas. Isso é verdade, mas o 7 de setembro talvez tenha passado ainda mais despercebido.

A data oficial da independência do Brasil poderia ser considerada como o marco político final do processo de emancipação, que em termos administrativos e econômicos já havia acabado ou estava em vias de acabar. Mas não pretendemos nos alongar na descrição do contexto em que D. Pedro proclamou a independência, já que este é conhecido por todos. Mas, de novo a pergunta: será que em 1822 a maioria da população brasileira sabia o que estava acontecendo? A resposta é a mesma. A maioria da população brasileira não tinha a mínima noção do que estava acontecendo. Primeiro, porque, desde os primórdios da colonização, a maior parte da população estava marginalizada do processo político e, em segundo, porque a grande quantidade de analfabetos dificultava a circulação das informações. Outro ponto fundamental é analisar como a independência mudou a vida dessas pessoas. Aqui também a resposta não é muito difícil: para a maioria, a independência política do Brasil não mudou em nada a sua situação. Os escravos continuavam escravos e os pobres continuavam pobres. E para a aristocracia? Bom, as amarras econômicas que tanto incomodavam as elites já haviam sido quebradas em 1808; a diferença é que a partir da independência poderiam intervir de maneira mais direta no poder central, e é claro que isso foi uma grande vantagem para a aristocracia brasileira.

Mas ainda existia um problema, que não passou despercebido por uma parcela da população brasileira: D. Pedro (agora I) era o herdeiro do trono português, e quando D. João morresse existia o risco de novamente as coroas de Brasil e Portugal voltarem a se unir. Este risco se tornou evidente a partir de 1826, quando D. Pedro começou a brigar com seu irmão D. Miguel pela sucessão do trono português, com a morte de D. João VI. Essa e outras atitudes de D. Pedro acabaram por minar sua popularidade, já deteriorada pela sua tirania. Essa situação chegou em um ponto extremo em 1831, levando-o à abdicação, por temer que uma revolução tomasse o poder e alterasse de maneira radical as estruturas do país, fato que nem ele e nem as elites que o apoiavam queriam que ocorresse. Alguns historiadores consideram 7 de março de 1831 a data da independência definitiva do Brasil, pois a partir daí estava praticamente descartada qualquer possibilidade de reunificação das duas coroas, já que o filho de D. Pedro havia nascido no Brasil e o governo regencial, previsto na Constituição, já que o herdeiro do trono ainda não tinha completado nem 5 anos, seria formado por senadores brasileiros. Portanto, para esses historiadores, o marco da abdicação corresponde à independência definitiva do Brasil por dois motivos: primeiro, estava excluída a possibilidade de reunificação das duas coroas e, segundo, porque o governo agora seria formado por brasileiros.

Entre os três marcos históricos aqui discutidos, este último foi o que teve mais impacto quando ocorreu, já que o xenofobismo em relação ao português era muito forte no Brasil e disseminado por praticamente todas as camadas da população, e é bem provável que não poupasse nem o primeiro imperador do Brasil.

Muitos de vocês devem estar se perguntando qual é a importância dessa discussão. Se ela não é apenas uma discussão teórica para historiadores. Na nossa opinião, não. Muito mais que uma discussão puramente acadêmica, esta é uma discussão ideológica. Afinal, qualquer um dos pontos de vista que se adote, implica uma escolha e atribuir maior ou menor valor a um marco econômico (1808), a um marco político (1822) ou marco nacionalista (1831). Além disso, é importante ressaltar que neste breve histórico as camadas mais pobres da população não estão presentes, e isto não se deve a nenhum lapso de nossa parte, mas sim ao fato que esses extratos mais desfavorecidos da sociedade sempre foram colocados à margem da vida política do país, porque no Brasil não nos habituamos ainda a associar a idéia de nação independente à idéia da busca pela inclusão social.

Sugerimos então uma reflexão, não quanto a datas, mas quanto à sua efetivação. Uma nação livre se faz com cidadãos sabedores das necessidades e das dificuldades de seu país, mas também conscientes da sua grandeza. Independência não se faz só nas fronteiras, porém, especialmente, na autonomia das pessoas. Independência não se faz por decretos, mas se constrói nas salas de aula.

Bibliografia

CALMON, Pedro. *História do Brasil.* Vol. 5. Rio de Janeiro: José Olympio, 1961.

PRADO JR. Caio. *História Econômica do Brasil.* 39ª ed. São Paulo: Brasiliense, 1992.

──────. *Evolução Política do Brasil Colônia e Império.* 19ª ed. São Paulo: Brasiliense, 1991.

Física no Café da Manhã e até debaixo d'Água

Márcio Rogério Müller

Aproximar a Física e a realidade é certamente um mecanismo eficaz no resgate da motivação para lecionar e estudar essa disciplina. Neste trabalho, é apresentado o estudo de uma situação do cotidiano e do funcionamento de um submarino como pano de fundo para o aprendizado de alguns conceitos elementares.

Introdução

A falta de conexão com fatos e elementos palpáveis com que alguns tópicos da Física têm sido tratados no ensino médio é certamente desestimulante para professores e alunos. Descrever fisicamente coisas que tenham relação com a realidade pode ser uma alternativa para resgatar o interesse e a motivação dos mestres e aprendizes.

O estudo da desastrada queda de um pão pode ser motivador para revisão de conceitos básicos de mecânica, inclusive o de gravitação universal. Um cálculo, da aceleração da gravidade, com ótima aproximação pode ser realizado nesta atividade.

A densidade e os conceitos de hidrostática são apresentados com o objetivo de explicar o funcionamento de um submarino.

Pão de Pobre sempre Cai com a Manteiga para Baixo?

Na verdade, não é só o pão do pobre, mas o de qualquer um. Alguns conceitos elementares de mecânica são suficientes para explicar isso.

Não é nada fácil ver uma apetitosa fatia de pão com manteiga cair da mesa e pousar no chão. Além da redução da refeição, ainda se tem um piso lambuzado, para uma posterior limpeza ou um perigoso escorregão.

A Física é uma ciência que se encarrega de estudar fenômenos como esse. Não é possível determinar exatamente quando o pão irá cair, mas, sob determinadas condições, pode-se afirmar com segurança que ele cairá com a banda amanteigada para baixo.

Uma agradável e estimulante revisão de alguns conceitos fundamentais da mecânica, como é estudada no nível médio de ensino, pode guiar essa pesquisa e conduzir os alunos desse nível de ensino a um novo modo de ver a Física.

Atração gravitacional

Conforme uma lenda muito difundida, Isaac Newton estava à sombra de uma macieira, quando, atingido pela queda de um fruto, teve uma revelação: massa atrai massa.

O trabalho científico envolve muitas etapas, na verdade, entre a concepção inicial da idéia e a publicação da lei da gravitação universal, Isaac Newton levou mais de 20 anos.

Em sua elaboração final, a lei da gravitação universal pode ser enunciada da seguinte forma: massa atrai massa na razão direta do produto de suas massas e na razão inversa ao quadrado da distância que separa seus centros de gravidade. Este enunciado pode ser sintetizado pela conhecida equação: $F = G \cdot \frac{m_1 \cdot m_2}{d^2}$, onde G é a constante de gravitação universal: $G = 6{,}67 \cdot 10^{-11} \frac{N \cdot m^2}{Kg^2}$

Utilizando os dados a seguir apresentados, pode-se calcular a força de atração do sistema Terra-pão. Para efeito de cálculo, considera-se a distância entre os centros de gravidade, da Terra e do pão, o próprio raio da Terra.

TABELA 1 – Dados para o cálculo da força de atração do sistema Terra-pão.

Descrição	Valores (aproximados) e suas respectivas unidades
Massa da Terra	$m_{Terra} = 6.10^{24}$ Kg
Massa do Pão	$m_{Pão} = 50g = 5.10^{-2}$ Kg
Raio da Terra	$r_{Terra} = d = 6,4.10^{6}$ m

Aplicação de forças iguais em diferentes corpos

Após o cálculo da força de interação entre Terra e pão, uma provável e produtiva pergunta seria: se a força de atração é mútua, por que o pão vai de encontro à Terra e a Terra não se move em direção ao pão?

Uma resposta mais completa à pergunta acima pode elucidar um tópico que notadamente é de difícil assimilação: a aplicação de forças iguais em corpos diferentes.

A força de atração entre os corpos, calculada com os dados fornecidos, seria de aproximadamente 0,49 N; sabemos que a mudança de velocidade, ou seja, aceleração, à qual um corpo está sujeito por causa da ação de uma força, é obtida pela equação de Newton, apresentada geralmente na forma: F = m.a

A aplicação dos valores da força e da massa do pão, na equação acima, resultaria em uma aceleração de a = 9,8m/s², sendo esse o valor da aceleração da gravidade terrestre. Embora seja possível utilizar diretamente o valor da aceleração da gravidade diretamente g = 9,8 m/s², o caminho investigativo é certamente mais produtivo e interessante.

Novamente utilizando a mesma equação, só que agora utilizando a massa da Terra, o resultado seria uma aceleração praticamente igual à zero, a = 8.10⁻²⁶ m/s². Conforme o cálculo, a Terra se move na direção do pão, mas, com essa aceleração e o pequeno tempo de queda, a Terra se move uma distância infinitamente menor que o raio de um átomo, deslocamento imperceptível aos sentidos e certamente impossível de ser detectado por qualquer instrumento.

Para reduzir qualquer possibilidade de percepção ou detecção do movimento da Terra na direção do pão, seria interessante imaginar que, no momento da queda do pão, acontece exatamente o mesmo evento no Japão. Talvez não seja o melhor exemplo, pois a refeição noturna dos japoneses não costuma incluir pão, no entanto é importante salientar a infinidade de interações a que a Terra está sujeita o tempo todo.

Movimento angular

O movimento angular, ou rotacional, é a denominação formal do movimento de giro realizado pelo pão.

A queda do pão geralmente ocorre em um momento de distração; quando é empurrado com o cotovelo, por exemplo, esse movimento é feito, quase sempre, lentamente.

O pão, geralmente próximo à beirada da mesa, com o lado amanteigado para cima, é empurrado para fora dela. Nesse momento, uma das extremidades do pão fica sujeita à força da gravidade (sem o suporte da mesa), antes das demais porções do corpo.

Quando, durante o movimento, ultrapassamos o centro de gravidade do pão, uma extremidade inicia o movimento de queda antes da outra. O pão começa a girar, está iniciado o movimento angular.

Dada a altura média das mesas, a aceleração da gravidade e a velocidade do movimento angular, o tempo de queda é somente suficiente para o pão dar meia volta antes que atinja o chão e, dessa forma, pousar com a banda amanteigada para baixo.

Possíveis soluções?

Para evitar que o pão caia com a banda amanteigada para baixo, seguem algumas, bem humoradas, sugestões, com seus respectivos fundamentos físicos:

1) Deixar o pão sobre a mesa com a manteiga voltada para baixo; nas mesmas condições, o pão dará meia volta e cairá no chão com a manteiga voltada para cima. O problema é sujar a mesa diariamente, porém evitará surpresas.

2) Comprar uma mesa bem mais alta. Isso objetiva aumentar o tempo de queda; a altura da mesa deve ser suficiente para que o pão complete uma ou mais voltas inteiras de forma que o pão caia com a banda amanteigada para cima. Para saber a altura ideal faça como Galileu: experimente, faça testes. Concluída esta etapa, a dificuldade passa ser se sentar à mesa, para isso fica como sugestão uma escada.

3) Empurrar o pão rapidamente, dessa forma a extremidade que inicia a queda ficará menos tempo exposta a força da gravidade (sem o suporte da mesa), antes das demais porções do corpo. Neste caso, a velocidade do movimento rotacional é minimizada e o tempo de queda não será suficiente para que o pão dê meia volta. O problema neste caso é que a queda quase sempre é um acidente e, causar um acidente programado e calculado, descaracterizaria o próprio.

4) Uma última sugestão, que exige a agilidade e o reflexo de um Jedi, é dar um tapa no pão no início de sua queda. Isso aumentaria a velocidade vertical e conseqüentemente diminuiria o tempo de queda; dessa forma, o pão cairia triunfantemente com a banda amanteigada voltada para cima. Perdeu o pão, sujou a mão, mas salvou o piso.

Água e Submarino

Para compreensão adequada do funcionamento de um submarino é necessário o conhecimento de alguns princípios físicos fundamentais: densidade e o empuxo.

A discussão sobre densidade é fundamental, pois, em geral, é confundida com peso ou mesmo tamanho. Um dos indícios disso é o grande mistério que envolve os fatos de um pequeno prego afundar na água e um enorme navio não.

Teorema de Arquimedes

O conjunto de princípios conhecido como Teorema de Arquimedes, conhecido pensador grego, pode ser enunciado da seguinte forma:

Um corpo imerso, parcial ou totalmente em um fluido em equilíbrio, está sujeito à ação de uma força vertical, atuando de cima para baixo e de intensidade igual ao peso do volume do fluido deslocado. Essa força de resistência é conhecida como empuxo.

Densidade

A densidade de um corpo é o quociente entre sua massa e seu volume. A expressão para seu cálculo é:

$$d = \frac{m}{V}$$

Quando se trata de um material maciço e homogêneo, essa propriedade é denominada de massa específica.

A massa específica da água pura a 14,5°C é exatamente igual a um, isto significa que cada unidade de massa ocupa uma unidade de volume, ou melhor, um grama de água ocupa exatamente um centímetro cúbico, ou ainda um quilograma de água ocupa um litro.

O funcionamento

Pelo teorema de Arquimedes, a água sempre exerce uma força de resistência de valor igual ao peso do volume do fluido deslocado pelo corpo que tenta penetrá-la.

Sendo assim, e considerando a massa específica da água igual a um, qualquer corpo com volume de um litro ao tentar penetrar a água estará sujeito a uma força contrária de aproximadamente 10 N; neste caso, se corpo tiver peso maior do que ele, afundará; se tiver peso menor não.

Por exemplo, se o mesmo corpo de volume um litro tiver massa de 2 kg, conseqüentemente terá um peso de 20 N, que é maior do que a força de resistência; sendo assim, irá afundar. Se um corpo com mesmo volume apresentar massa de 0,5 kg, ficará parcialmente imerso, mas não afundará.

Se pensarmos em termos de densidade, pode-se dizer que qualquer corpo que tiver densidade maior do que um afundará na água; já os corpos que tiverem densidade menor do que um, ficarão parcialmente imersos, mas não vão afundar.

E é dessa forma que funciona o submarino, seu volume é fixo; para diminuir ou aumentar sua densidade, altera-se a massa. Existe um compartimento interno que é inundado, aumentando seu peso e conseqüentemente tornando sua densidade maior do que a unidade, quando o submarino precisa submergir. Se o submarino precisa vir à superfície, a água é expulsa do compartimento, tornando a densidade do submarino menor do que um.

Considerações Finais

Desmistificar o ensino da Física, e as demais ciências, constitui, já há algum tempo, a principal atividade de muitos professores; espera-se com esse trabalho dar uma pequena contribuição neste sentido.

Bibliografia

GRUPO DE REELABORAÇÃO DO ENSINO DE FÍSICA. *Física 1: Mecânica*. 5. ed. São Paulo: Edusp, 1999.

HEWITT, P. P. *Física Conceitual*. 9. ed. Porto Alegre: Bookman, 2002.

HALLIDAY, D.; RESNICK, R.; WALKER, J. *Fundamentos de Física 1: Mecânica*. 4. ed. LTC – Livros Técnicos e Científicos S.A., 1996.

Interfaces entre Física, Biologia e Psicologia no Livro *Física Atômica e Conhecimento Humano* de Niels Bohr

Ricardo Roberto Plaza Teixeira
Reinaldo Ferreira Braga

A Física Quântica não é completamente compreensível a partir do senso comum, mas, apenas, a partir de uma epistemologia que usa uma linguagem adequada para explicar fenômenos mutuamente excludentes. O livro Física Atômica e Conhecimento Humano, *escrito pelo eminente cientista Niels Bohr – um dos físicos revolucionários que participou das mudanças nos conceitos físicos no início do século XX, permite-nos uma reflexão a respeito da aplicação deste ponto de vista epistemológico em outras áreas das ciências, como a Biologia e a Psicologia.*

Introdução

O livro: *Física Atômica e Conhecimento Humano – Ensaios 1932-1957* de autoria de Niels Bohr, contém uma coletânea de sete artigos escritos entre 1932 e 1957. Publicado originalmente em inglês em 1958, a sua tradução para o português ocorreu em 1995 pela editora Contraponto – a qual tem editado vários textos clássicos escritos por cientistas historicamente importantes.

Mesmo pretendendo atingir leitores não formados em Física, o autor utiliza uma linguagem científica rigorosa de modo a gradativamente, em cada capítulo, ir discutindo conceitos e construindo uma imagem epistemológica da Física Quântica com exemplos de sua aplicabilidade em outros ramos do conhecimento.

Ao longo dos artigos, percebe-se que o autor procura trabalhar em outros campos do conhecimento – além da Física – com cautela, mas com imaginação, procurando ser sugestivo, porém sem conclusões apressadas no que diz respeito a essas áreas científicas. Isto, no entanto, não o impede de fazer interessantes analogias com outras áreas do conhecimento. Discutindo a complementaridade e a globalidade dos conceitos da Física Quântica, Bohr procura construir uma epistemologia que permita uma interpretação coerente dos conceitos envolvidos, de modo que possam constituir-se em uma base que possibilite a compreensão de fatos e fenômenos de outras áreas. Esta compreensão decorre do fato de que muitos conceitos abstratos que fogem do nosso senso comum – isto é, aqueles que se referem a características que não podem ser observadas diretamente pelo fato de pertencerem ao mundo atômico – podem ser analisados e avaliados por meio da medição de quantidades observáveis utilizando experimentos adequados.

Os três primeiros artigos – escritos nos anos 30 do século XX – discutem problemas biológicos e antropológicos referentes às características complementares apresentadas pelos organismos vivos e pelas culturas humanas. O quarto artigo – escrito em 1949 – trata da famosa polêmica com Einstein acerca do caráter da realidade sob a ótica da mecânica quântica e dos problemas epistemológicos decorrentes. Já os três últimos artigos voltam a enfocar os mesmos problemas discutidos nos três primeiros, usando uma linguagem mais atualizada, visto que foram escritos duas décadas após os três primeiros, ou seja, nos anos 1950. No período em que foram escritos esses artigos, muitas descobertas sobre a Biologia e outras áreas do conhecimento (como o DNA, por exemplo) ou eram recentes ou inexistiam por depender de tecnologias que ainda não haviam sido criadas.

É surpreendente notar que tentativas interessantes visando ao estabelecimento de "pontes interdisciplinares" entre diferentes campos das ciências naturais e humanas já aconteciam desde a elaboração da Física Quântica, nas primeiras décadas do século XX. Para os estudiosos da área de educação fica a seguinte questão: será que este "movimento" atual na educação – brasileira e mundial – visando contextualizar e interdisciplinarizar as diversas áreas do conhecimento pode ser também um efeito da influência epistemológica da complementaridade que Bohr e outros cientistas propuseram?

A Vida de Niels Bohr

Niels Henrik David Bohr nasceu em 7 de outubro de 1885 em Copenhague, Dinamarca, e faleceu em 1962 na mesma cidade. Uma das figuras centrais da revolução científica do século XX, este físico de origem judia foi diretor do Instituto de Física Teórica da Universidade de Copenhague de 1920 até a sua morte. Participou ativamente na elaboração e interpretação da "nova" física quântica mostrando uma "mentalidade aberta" para novas realidades quando percebeu que as suas idéias careciam de maiores conceituações.

Elaborou um modelo de estrutura do átomo que permitiu interpretar a forma "planetária" sugerida por Ernest Rutherford (1871-1937), segundo os postulados da teoria quântica. As órbitas estacionárias dos elétrons em torno do núcleo seriam análogas às dos planetas em torno do Sol. Desta forma, esclareceu-se a forma como acontece a emissão de luz. Como o modelo não abandonava de todo as contribuições de teorias físicas clássicas, hoje é considerado um modelo semiclássico.

Posteriormente, esse modelo foi substituído pela idéia de que os elétrons apresentavam órbitas difusas – constituindo o conceito de nuvem eletrônica –, o que explicou as incertezas quanto à localização e à velocidade dessas partículas em movimento quando fossem medidas simultaneamente. Por meio de seu princípio de complementaridade – que se aplica a observáveis "incompatíveis" entre si, ou seja, que se refere a operadores que não comutam –, estabeleceu a interpretação quântica da natureza conhecida como Escola de Copenhagen, pela qual, embora os objetos quânticos não pudessem ser ao mesmo tempo ondas e partículas, as descrições dos fenômenos físicos seriam complementares apesar das aparentes incompatibilidades entre os conceitos. Contribuiu decisivamente para o desenvolvimento da Física

Quântica com o seu modelo de átomo – o "átomo de Bohr". Finalmente, com o princípio da correspondência permitiu a compreensão a respeito das interfaces entre a física clássica e a física quântica, ou seja, entre o mundo macroscópico e o mundo microscópico. Conquistou o Nobel de Física de 1922 pelo seu antigo modelo quântico do átomo planetário.

Em 1943, com a invasão da Dinamarca pelos alemães, pediu asilo aos Estados Unidos; a fuga de seu país natal ocorreu de forma improvisada em um pequeno barco. Lá colaborou com o esforço para a construção da primeira bomba atômica, convencido de que os nazistas faziam a mesma coisa sob a direção do amigo e discípulo Heisenberg. Esta convicção pode ter sido adquirida após um famoso encontro que teve com Heisenberg em 1941 – encontro este que já foi retratado pela peça *Copenhagen* – quando ele percebeu o esforço alemão para a construção de um artefato bélico que utilizasse a energia da fissão do átomo.

Depois da Segunda Guerra Mundial, em 1955, promoveu a I Conferência "Átomos para a Paz", que lutou por restrições para a fabricação de armas nucleares. Além de vários artigos de cunho científico, Bohr escreveu os ensaios que constituem a coletânea *Física Atômica e Conhecimento Humano*, na qual aliou a divulgação da física contemporânea a discussões epistemológicas e reflexões sobre as ciências biológicas e humanas. Até hoje, o Instituto Niels Bohr, com sede em Copenhague, é uma das mais ativas instituições de pesquisa em física do planeta.

As Condições para o Surgimento da Física Quântica

A Física Clássica é determinista e reducionista, pois possui a pretensão da construção de uma descrição total e exata, associando conceitos mais "abstratos" – como força, energia, quantidade de movimento e momento angular – a conceitos mais "concretos" – como velocidade e posição –, que podem ser observados diretamente. Assim sendo, de certa forma, o determinismo da mecânica clássica, modelo para toda ciência que se seguiu, eliminava o livre-arbítrio, já que, conhecidas as condições iniciais (posição e velocidade) de todas as partículas do Universo e conhecidas as forças de interação entre elas, poderia prever-se todo o seu futuro, inclusive o que você, leitor, fará no próximo instante! Este é o problema – ou paradoxo – que ficou conhecido historicamente como o "demônio de Laplace".

Com o livre-arbítrio, conceitos como o de responsabilidade ou o de esperança também perderiam significado.

Galileu, 400 anos atrás, refletiu sobre o problema da descrição objetiva da experiência e a Matemática tomou o papel de ser a "linguagem comum" que evita a referência ao sujeito consciente e elimina visões animistas ou finalistas. Um exemplo de um fenômeno físico clássico é o movimento uniformemente variado, que tem a posição em função do tempo determinada pela equação $S = S_0 + V_0 t + (1/2)a.t^2$. Esta descrição é determinista já que S é o espaço percorrido, grandeza possível de ser medida e observada diretamente com a precisão que se queira e que obviamente o instrumento de medida comporte. Dadas as condições iniciais – a posição S_0 e a velocidade V_0 para o tempo inicial t = 0 – é possível, segundo a Física Clássica, determinar a posição em qualquer instante posterior.

Mas, na virada do século XIX para o século XX, começaram a aparecer alguns problemas com a teoria clássica. O matemático francês Jules-Henri Poincaré, em 1905, observava as limitações da lei da gravitação já que para efeito de cálculos, muitas vezes negligenciavam-se outras influências sobre o objeto estudado, o que acarretava incertezas: por exemplo, no movimento da Lua em torno da Terra não se consideravam as influências da atração do Sol e dos outros planetas do Sistema Solar. Isto está associado ao problema que aparece ao tentarmos resolver as equações da mecânica clássica para três corpos que interagem entre si – neste caso, não haveria uma solução exata para o problema. A termodinâmica também não conseguia explicar alguns valores experimentais de calores específicos, bem como existia uma completa inadequação com os dados experimentais referentes à chamada radiação de cavidade – mais conhecida como radiação de corpo negro – no que diz respeito a altas freqüências (baixos comprimentos de onda). Na espectroscopia, as bandas ou faixas de irradiação e absorção para os elementos apresentavam "raias" estreitas que não encontravam explicação da Física Clássica que previa que o espectro de energia fosse contínuo. No eletromagnetismo, as equações de Maxwell implicavam que a existência da força magnética dependeria do referencial inercial usado, em flagrante contradição com a relatividade galileana. Finalmente, os esforços para medir a velocidade da Terra em relação ao éter – meio que transmitiria as ondas eletromagnéticas – foram todos em vão, indicando a possibilidade que tal meio inexistisse.

Todo esse "terreno" preparava as idéias revolucionárias que resultariam nas duas grandes revoluções científicas da Física no século XX: a Mecânica Quântica e a Teoria da Relatividade. Em 1900, após estudar a irradiação em corpos negros, Planck determinou que a energia deveria ser irradiada em quantidades discretas e proporcionais a uma quantidade fundamental que denominou de *quantum* de ação, dado pela famosa constante de Planck h=$6,626.10^{-34}$. J.S. Einstein, em 1905, explicou os paradoxos causados pelas equações de Maxwell por meio da sua Teoria da Relatividade Restrita, na qual remodela toda a mecânica clássica de Newton, introduzindo, dentre outros efeitos, a dilatação do tempo, a contração do espaço e a relatividade da simultaneidade. Einstein – no mesmo ano "milagroso" de 1905 – continuou o trabalho realizado por Planck, ao elaborar uma teoria do efeito fotoelétrico que estivesse de acordo com os dados experimentais; assim, postulou que a luz se propaga em pequenos pacotes de energia – os *quanta* de luz – que denominou de fótons, retomando uma idéia que remonta a Newton, segundo a qual a luz consistiria em corpúsculos. Como se vê, quanto às idéias newtonianas, Einstein deu "uma no cravo e outra na ferradura"!

No final do século XIX, as experiências de Thomson já haviam comprovado a existência do elétron e, assim sendo, o átomo – conceito sobre o qual não havia consenso no início do século XX – não seria mais indivisível. Rutherford daria um passo além, comprovando a existência do núcleo, que concentraria quase toda a massa atômica, mas seria pequeníssimo em relação ao tamanho do átomo. Essa constatação levou ao modelo planetário que continha contradições em relação à Física Clássica, visto que uma carga elétrica – como o elétron – orbitando ao redor do núcleo estaria sendo continuamente acelerada por uma aceleração centrípeta e deveria emitir energia e, gradativamente, "espiralar", chocando-se enfim com o núcleo – este efeito de "colapso central" não permitiria a existência de um átomo estável!

Foi Bohr quem primeiro, com a "velha" Física Quântica – na segunda década do século XX –, simplesmente postulou que as órbitas dos elétrons seriam estáveis e apenas algumas energias seriam permitidas; as transições destes elétrons entre diferentes órbitas corresponderiam à emissão ou à absorção de fótons. Esta velha Física Quântica acabou sendo substituída nos anos 1920 pela Mecânica Quântica, como a conhecemos hoje, em suas duas versões equivalentes: a mecânica quântica "racional", que utiliza o formalismo matricial de Heisenberg, e a mecânica quântica ondulatória, obtida a partir da equação de Schrödinger. Todos estes fatos históricos acabaram por alterar a perspectiva da Ciência acerca da natureza, trocando conceitos como os de fixidez, absolutismo e determinismo exato por conceitos como os de probabilidade, relatividade e incerteza, "limitando o domínio do conhecimento e da tecnologia humanas sobre os fenômenos naturais e reconhecendo a influência do observador sobre o fenômeno observado" (Rocha Filho, 2003).

A Interpretação de Bohr para a Física Quântica

O determinismo das leis clássicas torna-se problemático nas experiências que tentam medir partículas subatômicas. A dificuldade de medição decorre do fato de que o próprio ato de observação de uma partícula altera a posição e a velocidade da partícula examinada. A Física Quântica pressupõe a impossibilidade de se prever a trajetória exata de um elétron no intervalo entre os momentos inicial e final de uma experiência, por mais preciso que seja o instrumento – ao contrário do que acontece com o movimento clássico de uma bola de bilhar. Esta não é uma impossibilidade técnica ou tecnológica, mas teórica e conceitual! Além disso, dependendo do arranjo experimental, o fenômeno apresenta-se de maneira peculiar: ou o objeto se comporta como partícula, ou se comporta como onda e em qualquer dos casos existirão incertezas na posição ou na velocidade, incertezas estas inversamente proporcionais entre si. Assim as "ocorrências" ou medidas têm um caráter estatístico. Se repetirmos um grande número de vezes a mesma experiência nas mesmas condições, teremos apenas probabilidades de se obterem certas medidas ou efeitos – algo impensável para a Física Clássica.

Mas nós, os observadores, somos sem sombra de dúvida clássicos! Assim sendo, Niels Bohr propôs que, apesar de os fenômenos transcenderem "o âmbito da explicação da Física Clássica, a descrição de todos os dados deve ser expressa em termos clássicos" já que é assim que compreendemos o mundo. Dessa forma, ele interpretou os fenômenos do mundo microscópico por meio de uma linguagem "complementar" que utilizasse os termos consagrados pela tradição, mas que fosse além da perspectiva determinista e reducionista da mecânica clássica. Ou seja, os "dados obtidos em diferentes condições experimentais e de maneiras mutuamente excludentes não podem ser compreendidos dentro de um quadro único, mas devem ser considerados complementares, no sentido de que só a totalidade dos fenômenos esgota as informações possíveis sobre os objetos". Assim, a nova interpretação quântica dos fenômenos atômicos, sob a ótica da matemática formal da mecânica quântica, proporcionou uma precisão notável na explicação de uma infinidade de eventos físicos ao longo do século XX.

Para Bohr, qualquer desarmonia na Ciência só pode ser superada por uma ampliação adequada do quadro conceitual; é neste contexto que teve um papel fundamental o seu princípio da complementaridade. Segundo Eisberg e Resnick em seu livro *Física Quântica*: "Os modelos corpuscular e ondulatório são complementares; se uma medida prova o caráter ondulatório da radiação ou da matéria, então é possível provar o caráter corpuscular na mesma medida, e vice-versa. A escolha de que modelo usar é determinada pela natureza da medida. Além disso, nossa compreensão da radiação ou da matéria está incompleta a menos que levemos em consideração tanto as medidas que revelem os aspectos ondulatórios quanto as que revelem os aspectos corpusculares". Bohr resume suas idéias afirmando que existem dois tipos de verdades. Em primeiro lugar, há as verdades simples – o oposto destas seria obviamente algo indefensável. Mas haveria também as verdades profundas – mas, neste caso, o oposto de uma verdade profunda também é uma verdade profunda! Talvez este seja o cerne da idéia de "complementaridade".

O princípio da complementaridade pressupõe a existência de variáveis complementares, definidas por Albert Messiah – em seu livro sobre a mecânica quântica – da seguinte forma: "Diz-se que as variáveis x e p formam um par de variáveis complementares. Assim sendo, enuncia-se de forma mais restrita o princípio de complementaridade da seguinte forma: a descrição em linguagem clássica das propriedades físicas dos objetos microscópicos necessita do emprego de pares de variáveis complementares, não podendo estar um membro deste par melhor definido graças à perda correspondente no grau de definição do outro membro. Este enunciado assinala o ponto essencial na diferença entre a mecânica quântica e a mecânica clássica, a saber, que as variáveis dinâmicas de um sistema quântico não podem definir-se com uma precisão infinita".

Já na termodinâmica clássica, de certa forma uma esfera com gás – uma bexiga, por exemplo – também não é tão "clássica" assim, pois não se consegue "enxergar" diretamente as moléculas que são "reduzidas" a imagens de corpúsculos esféricos perfeitos – modelo do gás ideal – sobre os quais o tratamento da mecânica estatística, utilizando-se dos conceitos clássicos de velocidade, quantidade de movimento e energia, permite explicar os conceitos macroscópicos de pressão, temperatura e volume. Por sua vez, o átomo é uma "esfera" preenchida por objetos subatômicos de natureza dual, presumidos indiretamente por experiências, mas não observáveis diretamente e, portanto, não redutíveis facilmente a imagens do senso comum. Este exemplo permite concluir que "aquilo que não é diretamente observável" pode ser compreendido em termos de uma linguagem complementar que utilize símbolos adequados ao nosso senso comum.

O quarto ensaio do livro *O Debate com Einstein sobre Problemas Epistemológicos na Física Atômica* nos remete às discussões entre a denominada escola (ou interpretação) de Copenhague – interpretação de Bohr e seus seguidores – e aquela dos físicos que não aceitavam a indeterminação subjacente a esta interpretação – o principal expoente desta corrente de pensamento foi o físico Albert Einstein.

Einstein acreditava que a mecânica quântica – e, sobretudo, a sua renúncia ao determinismo – era provisória e logo se descobriria as causas mais profundas dos fenômenos microscópicos ou, ainda, as variáveis "escondidas" por trás das interpretações probabilísticas: "Acreditar nisso [na interpretação probabilística da mecânica quântica] é possível, logicamente, sem contradição; mas é tão sumamente contrário a meu instinto científico, que não posso renunciar à busca de uma concepção mais completa". Para Einstein o paradoxo estava no fato de que a interpretação de Copenhague da física quântica era não-determinística e não-causal, mesmo usando como linguagem complementar conceitos da física clássica. Esse paradoxo, aliado ao princípio da incerteza de Heisenberg – que afirma que "as funções de distribuição de posição e momento não podem ser tornadas arbitrariamente estreitas ao mesmo tempo" (Tipler, 2001) –, foi o cerne das discussões entre Bohr e Einstein.

O princípio da incerteza relaciona-se ao fato de que não é possível aprimorar o arranjo experimental sem que se interfira nos resultados. Bohr a este respeito afirma em seu ensaio: "Qualquer medida da posição de um elétron por meio de um aparelho, tal como o microscópio, que utilize radiação de alta freqüência estará, segundo as relações fundamentais, ligada a uma troca de momento entre o elétron e o instrumento de medida, que será tanto maior quanto mais exata for a medida da posição que se procurar obter". É, portanto, impossível separar o comportamento dos objetos subatômicos da interação destes com os instrumentos de medida que permitem definir as condições em que os fenômenos acontecem. Os instrumentos de medida só nos permitem uma escolha entre os fenômenos complementares (corpusculares ou ondulatórios) que desejamos analisar.

Mas o conflito entre forma e conteúdo não se restringiria à questão do instrumento de medida: "nenhum conteúdo pode ser apreendido sem arcabouço formal e qualquer forma, por mais útil que tenha se mostrado antes, pode revelar-se estreita demais para abarcar novas experiências". Assim sendo, não somos uma tábua rasa teórica!

Enfim, no mundo quântico, não podemos confiar nos princípios costumeiros do senso comum por mais amplos que sejam; há uma "transcendência" que, segundo Bohr, ficava fora até mesmo do alcance de uma "visualização pictórica" – o trabalho posterior do físico Richard Feynman com seus diagramas atenuou um pouco este ponto de vista. Respondendo ao trabalho "Pode a descrição quântica da realidade física ser considerada completa?" – publicado em 1935 por Einstein, Podolsky e Rosen –, Bohr afirmou que a física quântica implicava a "necessidade de uma renúncia definitiva ao ideal clássico de causalidade e de uma revisão radical de nossa atitude ante o problema da realidade física". Esta de certa forma é uma revolução muito mais intensa do que a própria Teoria da Relatividade que, apesar de tudo, ainda havia preservado o conceito de determinismo. Mas, por outro lado, é o próprio Bohr que nos lembra que a própria mecânica clássica já renunciava a uma causa para o movimento retilíneo uniforme quando Galileu propôs o seu princípio da inércia!

Assim sendo, é de entender que à provocação de Einstein com a célebre frase "Deus não joga dados", Bohr tenha retrucado "apontando para a cautela, já recomendada pelos pensadores antigos, ao se conferirem atributos à Providência na linguagem cotidiana!"

Aplicações da Epistemologia da Física Quântica à Biologia

Além das contribuições da Física para os recursos tecnológicos utilizados para estudar os organismos vivos (como os raios X, por exemplo), a epistemologia da física quântica poderia ser aplicada para melhor compreensão dos organismos vivos e de seu comportamento. Os seres vivos caracterizam-se pela organização de enormes quantidades de átomos em moléculas (algumas fundamentais para a vida, como a clorofila e a hemoglobina) e em células com contínuas trocas de matéria e energia, auto-reguladas pelo metabolismo biológico.

O eletromagnetismo, por exemplo, é uma área da Física cujo germe brotou em experiências de pesquisas voltadas para fins biológicos. A própria Física originalmente, como "filosofia natural", pretendia estudar toda a natureza, mas atualmente tem como objetivo tratar a matéria inanimada com enfoque específico – no caso da Física Quântica – para as propriedades dos átomos individuais. Mas estudar desta forma os organismos implicaria tirar-lhes a vida, o que prejudicaria evidentemente o objeto de observação – logo, as condições em que ocorrem a pesquisa física/química e a pesquisa biológica não são comparáveis! A troca de matéria e energia implica a impossibilidade de definir-se um organismo vivo como um sistema de partículas materiais! O reducionismo não é uma ferramenta tão útil à Biologia, como é à Física.

Os organismos vivos – caracterizados pela sua integridade e adaptabilidade – têm mecanismos auto-reguladores que possuem uma "memória residual" para sua existência e manutenção; isto provoca o funcionamento involuntário da sua estrutura fisiológica. Mas há também mecanismos que os levam a agir no sentido de adequarem o seu comportamento ao meio ambiente para sobreviver e se adaptar às suas necessidades externas. A adaptação é a base até mesmo da idéia darwiniana de evolução. Bohr sugere adotar a visão epistemológica da física quântica e considerar essas duas características, as fisiológicas e as volitivas, como mutuamente excludentes, mas complementares. Esta visão supera a inadequação da concepção mecanicista e cartesiana de distinção entre corpo e "alma" – mesmo no que diz respeito aos seres vivos em geral, que também têm "vontades".

É importante lembrar também que os seres vivos não violam a Segunda Lei da Termodinâmica de acordo com a qual a entropia não poderia diminuir: os organismos vivos não são sistemas fechados e são continuamente supridos de energia pela nutrição e pela respiração, podendo localmente diminuir a sua entropia às custas de um aumento da entropia do "universo".

Mas pelo menos uma característica dos seres vivos seguramente se aproxima do nível dos processos quânticos individuais: a sensibilidade dos órgãos de percepção, sobretudo da visão. A base da evolução – desconhecida de Darwin – é a idéia de mutação que é também essencialmente um fenômeno quântico de interação entre, por exemplo, raios cósmicos e as moléculas de DNA dos genes.

Aplicações da Epistemologia da Física Quântica às Ciências Humanas e à Psicologia

O observador das diferentes sociedades – o antropólogo ou o cientista social – interfere nos estudos de Antropologia e Sociologia das diversas culturas ao interagirem com elas. Assim como acontece com os experimentos físicos, etnólogos podem corromper as culturas estudadas por meio do contato necessário para este estudo: há novamente uma inseparabilidade entre conteúdo objetivo e sujeito observador.

Além disso, os ensinamentos de pensadores como Buda e Lao Tsé nos trazem uma importante lição: somos, ao mesmo tempo, atores e espectadores. Aqui não está sendo feita nenhuma concessão para qualquer misticismo contrário ao espírito da Ciência. Tomando os devidos cuidados com os exageros nas metáforas, pode-se compreender este nosso caráter duplo – de atores e de espectadores – como uma analogia interessante do princípio da complementaridade da mecânica quântica. A complementaridade entre seriedade e humor, entre tragédia e comédia, entre a filosofia natural e a cultura humana, entre natureza e cultura, entre genótipo e fenótipo, entre análise e síntese, entre pensamento e sentimento, entre corpo e alma, remete-nos à coexistência entre o Yin e o Yang – os dois princípios cósmicos primários e complementares do Universo de acordo com a antiga tradição filosófica oriental.

Mas mesmo essas analogias encontram limites: as diversas culturas humanas são complementares entre si, mas não excludentes – como acontece em experimentos físicos sobre o comportamento corpuscular ou ondulatório de objetos atômicos bem definidos –, pois pode haver uma fusão gradativa de tradições de culturas em contato. O sincretismo religioso existente no Brasil é um exemplo claro disto. Pontos de vista relativistas – dentro de um certo limite – são interessantes para estabelecer uma atitude de maior tolerância para com as relações entre as diferentes culturas humanas cujas diferenças tradicionais se assemelham às diferentes maneiras de se descrever uma experiência física – aqui reside a utilidade do ponto de vista da complementaridade! Portanto, é um erro julgar outras culturas apenas pelo nosso ponto de vista. A Terra é um pequeno planeta que todos nós dividimos: diferentes culturas, etnias, religiões, histórias. Há, por exemplo, sociedades em que se inverteram os papéis tradicionais de homens e mulheres e que podem ser estudadas e consideradas complementares às nossas sociedades!

Os seres humanos possuem uma estrutura biológica e uma psicológica: estas estruturas podem ser vistas como mutuamente excludentes, mas de caráter complementar. Porém a estrutura psicológica também se subdivide em mental e emocional, que podem ser consideradas, do ponto de vista epistemológico que estamos estudando, como complementares e mutuamente excludentes. Existe toda uma linguagem (pensamento e sentimento; intuição e razão; etc.) que pode representar essa explicação "complementar" da Psicologia. A mente também pode ser subdividida em mente consciente, aquela que é atuante, e mente introspectiva, aquela que é avaliativa. Ambas também podem ser tratadas como mutuamente excludentes e complementares. Da mesma forma, para prevermos o que uma pessoa fará devemos nos colocar em seu lugar e, se tentarmos analisar nossas emoções, dificilmente continuaremos a possuí-las.

São complementares também as situações em que ponderamos sobre os motivos de nossos atos e as situações nas quais experimentamos um sentimento de volição; esta complementaridade permite compreender melhor sintomas como aqueles caracterizados pela "confusão de egos" e que podem levar à dissolução da personalidade. Todos estes aspectos contrastantes da mente humana permitem analogias com os fenômenos complementares da física quântica e há um paralelo entre as experiências conscientes e as observações da Física. Dito de outro modo, existe uma impossibilidade de compreender de forma não ambígua os conteúdos do subconsciente, assim como existe uma impossibilidade de interpretação estritamente causal do formalismo quântico: "o tratamento psicanalítico das neuroses restabelece o equilíbrio do conteúdo da memória do paciente por lhe trazer uma nova experiência consciente, e não por ajudá-lo a sondar os abismos de seu subconsciente".

A quantidade cada vez maior de textos na área de Psicologia que envolvem conceitos extraídos da física quântica está relacionada ao fato de que o princípio da causalidade – no sentido estrito – é estreito demais para tratamos de seres humanos! A noção exata de um "sujeito último" é uma quimera! Alguns fenômenos encontram limitações quando estudados apenas e tão-somente pelas ciências naturais: o livre-arbítrio, as crenças, os desejos, a liberdade e a vontade. Todos eles podem ser atribuídos a intenções dos agentes humanos envolvidos. Assim sendo, há verdades poéticas, espirituais e culturais, distintas das verdades científicas.

Considerações Finais

As características aleatórias e não-deterministas da natureza microscópica serviram para apontar as limitações do reducionismo no conhecimento científico produzido pela física clássica. A complementaridade mostrou a não-neutralidade nossa enquanto observadores. A física quântica não só rompeu o paradigma da física clássica como reacendeu a discussão em torno de outros pensadores da Antiguidade, dentre os quais Pitágoras e Platão. Os pitagóricos diziam que tudo podia ser descrito por meio da Matemática. A escola de Pitágoras descobriu as notas musicais em cordas com ondas estacionárias e eles foram os primeiros a quantizar o número e o comprimento das ondas de um instrumento musical. A física quântica explicou o mundo microscópico a partir dos números quânticos relacionados às "ondas de matéria" de Louis de Broglie. Os platônicos também afirmavam que o mundo podia ser descrito pela matemática, que, para eles, era o mais alto nível de entendimento do mundo perfeito das formas, do inteligível ou das idéias – das essências enfim. Tais idéias perfeitas seriam os modelos das realidades terrenas, que são um "reflexo" daquelas, com diferentes graus de erro. Podemos perceber aqui também o princípio quântico de que a observação altera o fenômeno observado.

O terceiro ensaio do livro, "Filosofia natural e culturas humanas", foi escrito em 1938, um ano antes do início da segunda guerra mundial, uma tragédia para a humanidade – foram dezenas de milhões de mortos – e para o próprio Bohr que teve que fugir dos nazistas quando estes ocuparam o seu país. Bohr ressaltou neste texto a importância do intercâmbio e da cooperação internacional na Ciência de forma a tentar estabelecer a paz e a harmonia entre os povos. Para ele o esforço pela compreensão universal é um meio para elevar a cultura humana: "Na verdade, a grande perspectiva dos estudos humanistas talvez consista em contribuírem, por meio de um crescente conhecimento da história e do desenvolvimento culturais, para a eliminação gradativa de preconceitos, que é a meta comum de todas as ciências".

Em pleno século XXI, estas palavras de Niels Bohr continuam sendo tão importantes e tão reveladoras da nossa realidade quanto naquela época. Em um planeta ainda com tantas desigualdades e tantos preconceitos, adotar o ponto de vista da complementaridade continua sendo uma atitude sábia e uma estratégia correta para a melhor compreensão do mundo no qual vivemos!

Bibliografia

BOHR, Niels. *Física Atômica e conhecimento humano: Ensaios 1932 – 1957*. Rio de Janeiro: Contraponto, 1995.
EINSTEIN, A., PODOLKY, B. e ROSEN, N. *Pode a descrição quântica da realidade física ser considerada completa?* Physical Review, 47, 777 (1935).
EISBERG, Robert e RESNICK, Robert. *Física quântica – Átomos, moléculas, sólidos, núcleos e partículas*. Rio de Janeiro, Editora Campus, 1979.
MESSIAH, Albert. *Mecânica Cuântica*. Madrid: Editorial Tecnos, 1983.
PIZA, Antônio F. R. de Toledo. *Schrödinger & Heisenberg – A Física além do senso comum (Coleção Imortais da Ciência)*. São Paulo: Odysseus Editora, 2003.
ROCHA FILHO, João B. *Física e Psicologia*. Porto Alegre, EDIPUCRS, 2003.
SEGRÈ, Emilio. *Dos raios X aos Quarks – Físicos modernos e suas descobertas*. Brasília: Editora da Universidade de Brasília, 1980.
TIPLER, Paul A. e LLEWELLYN, Ralph A. *Física Moderna*. Rio de Janeiro: Livros Técnicos e Científicos, 2001.
ZINGANO, Marco. *Platão & Aristóteles – O fascínio da Filosofia (Coleção Imortais da Ciência)*. São Paulo: Odysseus Editora, 2002.

O Calendário Cósmico de Carl Sagan

Raul Habesch

Em seu livro Dragões do Éden e, posteriormente, na série de TV "Cosmos", Carl Sagan descreve um recurso que possibilita construir uma noção da evolução do Universo: o Calendário Cósmico. Neste trabalho, é descrita a construção desse calendário e suas aplicações como recurso didático no ensino de ciências.

Introdução

Nossa experiência cotidiana envolve intervalos de tempo que vão dos segundos até as décadas, quando muito um século. No entanto, a história natural do planeta em que vivemos abrange períodos de bilhões de anos, e estima-se que o Universo tenha cerca de 15 bilhões de anos de idade – escalas de tempo muito além de nossa percepção. Em seu livro *Dragões do Éden* e, posteriormente na série de TV "Cosmos", Carl Sagan (1934-1996) descreve um recurso que permite, por meio de analogia, construir uma noção destes grandes intervalos de tempo: o Calendário Cósmico. Esse recurso pode ser desenvolvido em sala de aula, abrindo um grande leque de assuntos para discussão.

O Ano Cósmico

Observações astronômicas sugerem que o Universo surgiu entre 12 e 15 bilhões de anos atrás, em um processo de rápida expansão conhecido como "Grande Explosão" ou "Big Bang", a partir de um estado altamente concentrado de matéria (WYNN, 1997). Especula-se se essa explosão realmente criou o Universo, ou se foi apenas uma transição de um estado anterior – com certeza, trata-se do evento mais antigo de que se tem conhecimento atualmente. Para nosso estudo, consideraremos como data do "nascimento" do Universo o Big Bang, há 15 bilhões de anos.

O Calendário Cósmico é construído da seguinte forma: um ano deste calendário (chamaremos de ano c.c.) corresponde a 15 bilhões de anos. No primeiro segundo do primeiro dia do ano 1 c.c. ocorreu o Big Bang, e o ano cósmico termina nos dias de hoje.

Quanto vale um mês do calendário cósmico em nossas unidades de medida? E um dia? A correspondência pode ser calculada por regra de três, a partir da correspondência entre 15 bilhões de anos e 1 ano c.c. Por exemplo:
   15 000 000 000 anos   – 12 meses c.c
   X anos   – 1 mês
de onde tiramos que um mês do calendário cósmico corresponde a 1,25 bilhões de anos. A tabela abaixo mostra as correspondências com outros intervalos de tempo.

Calendário Cósmico	Calendário "normal"
1 ano c.c	15 000 000 000 anos
1 mês c.c	125 000 000 anos
1 dia c.c	41 095 890 anos
1 hora c.c	1 712 328 anos
1 minuto c.c	28 538 anos
1 segundo c.c	476 anos

A seguir, determina-se a correspondência dos meses cósmicos ao calendário normal: o primeiro mês (janeiro) corresponde ao intervalo entre 15 000 000 000 e 13 750 000 000 anos a.p. (antes do presente). Dezembro corresponde ao último intervalo de 1,25 bilhões de anos que antecede os dias atuais.

O mês de dezembro traz a maior parte dos eventos conhecidos, incluindo o surgimento do ser humano e toda a sua história. Isto não significa, necessariamente, que mais coisas aconteceram nesse intervalo: nossas informações sobre a Terra e o Universo são mais completas sobre épocas mais próximas. Ainda assim, acredita-se que o maior desenvolvimento da vida na terra ocorreu a partir do período cambriano – a chamada "explosão do cambriano", iniciada no dia 17 de dezembro.

Em seu livro, Sagan fornece alguns eventos já situados no calendário cósmico. A tabela abaixo mostra alguns eventos antes de dezembro (SAGAN, 1977): Evento	Data no calendário cósmico
Grande Explosão ("Big Bang")	1º de janeiro
Origem da Via Láctea	1º de maio
Origem do Sistema Solar	9 de setembro
Formação da Terra	14 de setembro
Origem da vida na Terra	~25 de setembro
Formação das rochas mais antigas que se conhecem	~1º de novembro
Fósseis mais antigos (bactérias e algas verde-azuladas)	9 de outubro
Surgimento do sexo (microorganismos)	~1º de novembro
Plantas fotossintéticas fósseis mais antigas	12 de novembro
Eucariotas (primeiras células providas de núcleo)	15 de novembro

Os primeiros hominídeos ancestrais surgiram apenas na metade do último dia do ano cósmico, e os primeiros *Homo sapiens*, após as 22 horas. Se considerarmos, convencionalmente, a invenção da escrita marcando o início da História, esta ocorreu apenas às 23h 59min51s do dia 31 de dezembro. Toda a história escrita da Humanidade tem apenas 9 segundos no calendário cósmico. O florescimento da cultura grega ocorreu 5 segundos antes do ano-novo. O Brasil tem pouco mais de um segundo de existência. Uma vida humana, menos de três décimos de segundo. Em uma escala de tempo cósmica, nossa existência é quase infinitesimal.

O Calendário na Sala de Aula

> *"Não há realidade objetiva sem história."*
> Cesar Lattes

O Calendário Cósmico permite perceber o Universo como um sistema em mudança, situando eventos e permitindo discutir a importância destes para a existência humana. Além da aplicação cosmológica, permite também ter maior intimidade com o nosso calendário "normal", ao qual o calendário cósmico é análogo. Ao ser colocado diante do problema de montar um calendário cósmico, o aluno desenvolverá habilidade para converter unidades (unidades de tempo padrão x cósmicas) e será motivado a pesquisar a história do Universo e da Terra.

Calendário Cósmico – Dezembro (adaptado de SAGAN, 1977)

SEG	TER	QUA	QUIN	SEX	SAB	DOM
1 Começa a surgir na Terra a atmosfera de oxigênio.	2	3	4	5 Extremo vulcanismo e formação de canais em Marte.	6	7
8	9	10	11	12	13	14
15	16 Primeiros vermes.	17 Fim da era pré-cambriana. Proliferam os invertebrados.	18 Primeiro Plâncton oânico. Prosperam os trilobitas.	19 Primeiros peixes e vertebrados.	20 Primeiras plantas vascularizadas. Plantas começam a colonizar a	21 Primeiros insetos. Animais começam a colonizar a Terra
22 Primeiros anfíbios e insetos alados.	23 Primeiras árvores e répteis.	24 Primeiros dinossauros.	25	26 Primeiros mamíferos.	27 Continentes se separam. Período jurássico, primeiras aves.	28 Primeiras flores. Extinção dos dinossauros.
29 Primeiros cetáceos e primatas.	30 Primeiros hominídeos. Mamíferos gigantes prosperam.	31 Primeiros seres humanos.				

Calendário Cósmico – 31 de dezembro (adaptado de SAGAN, 1977)

Origem do Proconsul e do Ramapithecus, prováveis ancestrais dos antropóides e do homem	~13h30min
Primeiros seres humanos	22h30 min
Uso disseminado de instrumentos de pedra	23 horas
Domesticação do fogo pelo homem de Pequim	23h46min
Início da era glacial mais recente	23h56min
Numerosas pinturas nas cavernas da Austrália	23h59min
Criação da agricultura	23h59min20s
Civilização neolítica. Primeiras cidades	23h59min35s
Invenção do Alfabeto	23h59min51s
Reino médio no Egito	23h59min52s
Metalurgia do bronze; cultura micênica; guerra de Tróia	23h59min53s
Metalurgia do ferro; primeiro Império assírio; Reino de Israel	23h59min54s

Origem do Proconsul e do Ramapithecus, prováveis ancestrais dos antropóides e do homem.	~13h30min
Dinastia Ch'in na China; Atenas de Péricles; Nascimento de	23h59min55s
Geometria euclidiana; Aristóteles; Ptolomeu; Império Romano; Jesus Cristo.	23h 59min56s
Zero e decimais inventados na aritmética indiana; queda de Roma; conquistas muçulmanas.	23h59min57s
Civilização maia; Império bizantino; Cruzadas.	23h59min58s
Renascimento na Europa; surgimento do método experimental científico; viagens de descobrimentos; Brasil.	23h59min59s
Amplo desenvolvimento da ciência e tecnologia; surgimento de uma cultura global; aquisição de meios de autodestruição da espécie humana; primeiros passos na exploração do espaço.	Agora; primeiro segundo do ano-novo

Bibliografia

ASIMOV, Isaac. *A medida do Universo*. São Paulo: Francisco Alves, 1985.
SAGAN, Carl. *Dragões do Éden*. São Paulo: Francisco Alves, 1977.
—————. "Cosmos". São Paulo: Francisco Alves, 1985.
WYNN, Charles & WIGGINS, Arthur. *As cinco maiores idéias da Ciência*. São Paulo: Ediouro, 2002.

A Escrita como Ferramenta para a Aprendizagem

Ana Paula Pires Trindade

O texto discorre sobre a evolução histórica da escrita e suas primeiras funções, seguindo para o papel da escrita no contexto atual e sua relação com o sucesso ou fracasso do indivíduo, passando pelo processo de alfabetização e finalmente a importância da escrita na formação do sujeito.

A Origem da Escrita Ocidental

Podemos dizer que uma das grandes "invenções" da humanidade até hoje foi a escrita, que surge a partir da necessidade que o homem tem de criar registros, armazenar dados, enfim, de preservar sua história. Os vestígios mais antigos da escrita são originários da região baixa da antiga Mesopotâmia e datam de mais de 5.500 anos. Primeiramente a escrita era formada por ideogramas que representavam uma palavra; assim sendo, eram necessários diversos signos pictóricos para representar tantos objetos ou idéias quanto fossem necessários.

Em uma segunda fase, a escrita passou a adquirir valores fonéticos e menos signos foram necessários para exprimir as idéias de um idioma. O alfabeto surgiu a partir da decomposição da palavra em sons simples e o primeiro povo a decodificá-las em sons e a criar signos para representá-los foram os fenícios.

A escrita então evoluiu e passou a ser alfabética, e foi o alfabeto fenício arcaico, que surgiu pela primeira vez em Biblos, que deu origem a todos os alfabetos atuais. O alfabeto fenício expandiu-se até o Egito através de colônias fenícias fundadas no Chipre e no Norte da África, e do Egito este alfabeto foi expandido para as regiões que não sofriam influências fenícias diretas.

O alfabeto fenício arcaico foi o mais perfeito e difundido do mundo antigo e é anterior ao século XV a.c. Este alfabeto era constituído de 22 signos que permitiam escrever qualquer palavra. Sua popularização e expansão foram rápidas por causa da sua simplicidade.

Um fato importante para a nossa civilização foi a adoção desse alfabeto pelos gregos no século VIII a.c. Incorporaram a ele alguns sons vocálicos, chegando até nós composto de 24 letras, vogais e consoantes. Dele, originou-se o alfabeto etrusco que, junto com o gótico da Idade Média (também originário do alfabeto grego clássico), deu origem ao nosso alfabeto latino, que dominou o mundo ocidental em virtude da expansão do Império Romano.

A Escrita e o Fracasso Escolar

A escrita surgiu quando o homem passou de nômade a sedentário e começou a cultivar seu alimento e criar animais, ou seja, o homem precisava de um recurso para registrar o número de animais que possuía, quanto alimento havia estocado. Mais tarde, a escrita foi utilizada para registrar os dias do ano (calendário), posteriormente se começou a usar a escrita para registrar grandes feitos, batalhas, tratados, proclamações de governantes, casamentos, empréstimos, orações, e assim por diante. Não era necessário que pessoas comuns dominassem a escrita, pois seus ofícios não exigiam tal conhecimento. Mais tarde, obras literárias começavam a ser registradas e pessoas de classe mais alta também aprendiam a ler para ter acesso a tal conhecimento. Ainda assim, dominar ou não a escrita não fazia diferença para a maioria das pessoas.

No final do século XVIII, ocorreram mudanças drásticas em nossas sociedades. A Revolução Industrial e seus avanços tecnológicos diminuíram a quantidade de pequenas oficinas e deram lugar aos produtos fabricados em massa; restringiu-se a classe de artesãos e trabalhadores rurais, surgindo uma classe de operários, que eram explorados até o fim da vida.

Em uma tentativa de melhorar a situação e o perfil da população no final do século XIX, foi instaurada a escolaridade obrigatória; e foi a partir desse momento que aquisição da escrita passa a ser sinônimo de sucesso.

Até o final do século XIX e início do século XX, a sociedade possuía uma hierarquia social bem definida, e o desconhecimento da escrita (analfabetismo) não era considerado uma deficiência, pois todos podiam ter acesso a ofícios que permitiam que a pessoa tivesse uma vida bem-sucedida que gerasse conforto para si e suas famílias.

Atualmente, o não-conhecimento da leitura e da escrita (analfabetismo) é sinônimo de fracasso escolar e conseqüentemente do fracasso do indivíduo como ser social, uma vez que para os padrões da nossa sociedade é somente por meio da escolaridade que a pessoa poderá vir a "ser alguém", ou seja, ter acesso à cultura, ao dinheiro, ao poder e à felicidade.

A Aquisição da Leitura e da Escrita

A escola funciona baseada no código escrito e, sendo a instrução escolar o pré-requisito necessário para o sucesso do indivíduo, a primeira coisa que criança aprenderá ao ingressar na escola será a ler e a escrever, e este será o enfoque durante os primeiros anos da sua vida escolar, uma vez que para desenvolver-se no ambiente de ensino necessita dominar o código escrito.

Dadas as informações acima é importante salientar a importância da alfabetização na vida social do indivíduo. Segundo Ferreiro (2002), *"o que acontece no primeiro ano da escola tem reflexos não apenas na alfabetização, mas na confiança básica que cerca toda a escolaridade posterior"*.

A criança inicia o aprendizado do aspecto formal da escrita com cerca de 3 ou 4 anos e esse processo segue até aproximadamente 10 anos. Durante esse período passa por algumas etapas de desenvolvimento da linguagem escrita, as quais serão descritas abaixo.

Primeiramente, a criança passa pela fase *pré-silábica* ou *pré-comunicativa*; essa fase acontece entre 3 e 4 anos, que é quando ela passa a distinguir a escrita do desenho e começa a querer escrever. Quando inicia a escrita, esta se parece com rabiscos e em um segundo momento aparecem as letras e os números, mas a criança não diferencia uns dos outros e não associa a escrita com a fala. Na segunda fase, chamada de *silábica* ou *semifonética*, já sabe que a escrita está relacionada com a fala e cada letra representará um som para ela e lentamente aparecerá o valor sonoro correto das letras. Nessa fase, a criança tem de 5 a 6 anos. Na terceira fase, entre 6 e 7 anos, a escrita representa a fala com diferenças sonoras, compondo vogais e consoantes. Essa fase se chama *alfabética* ou *fonética*. Aos 8 anos, geralmente na 2ª série do ensino fundamental, ela começa a adquirir padrões ortográficos, morfológicos e visuais. A fase é chamada de *transicional*. Finalmente, aos 10 anos, durante a fase *ortográfica correta*, o aluno já domina regras básicas de ortografia, sinais de acentuação, grupos consonantais, e começa a acumular o vocabulário aprendido.

Após esse árduo e longo processo de alfabetização, a criança começa a produzir frases, ampliar o seu vocabulário, utilizar sinônimos, mas somente a aquisição da linguagem escrita não garante o sucesso na escola nem na vida do indivíduo; ele precisa dar significado a tudo que aprendeu. Porém, para a sociedade atual, não basta que o indivíduo reconheça e reproduza os signos que formam a palavra, pois isoladas e fora de contexto não bastam. É necessário que a criança e o adolescente sejam capazes de compreender e interpretar textos, bem como produzir textos próprios.

O Papel da Escrita na Formação do Sujeito

Se, a princípio, a escrita era utilizada somente para o registro de informações importantes e reservada a uma elite seleta, nos dias de hoje seu papel é completamente diferente e é pré-requisito na formação do ser. O papel da escrita na formação do sujeito é muito mais profundo do que se pensa. É a porta de entrada para a cultura, saber tecnológico, científico, erudito, etc.

Além de sua função básica utilizada no dia-a-dia, como ler nomes de ruas, de ônibus, consultar listas, telefones, rótulos de produtos, revistas, jornais, a leitura também é um meio de comunicação entre as pessoas, seja por cartas, e-mails, telegramas, etc. Sem um conhecimento básico da leitura e da escrita, o indivíduo fica fadado ao trabalho braçal (sem desmerecer esse tipo de emprego, que é tão digno quanto todos outros), que é o temor da maioria dos pais, atualmente. A escrita é um fator eliminatório na hora da busca por qualquer emprego.

Saber decodificar o código escrito, ou seja, ler é muito mais que atribuir significados a palavras isoladas, resumindo-se a um processo mecânico. O ato de saber ler como patamar para atingir o sucesso implica construir conhecimento, gerar reflexões e desenvolver uma consciência crítica sobre o que é lido.

É por meio da leitura e da interpretação de textos que se compreendem os direitos e os deveres reservados às pessoas na sociedade, que é possível apropriar-se de bens culturais, que se preservam e disseminam-se a história e os hábitos de um povo ou povos e, como conseqüência, é também pela escrita e leitura que são transmitidos valores sociais, morais e culturais de uma geração a outra.

A leitura também porta prazer ao sujeito, pois, pela literatura (seja comédia, romance, aventura, suspense, etc), é ativada a sua sensibilidade e em alguns casos a sua criatividade, porque quando lemos imaginamos cenários, personagens e situações. É a literatura que desperta a produção de textos nos alunos, pois escrever é tomar o caminho oposto: imaginar primeiro e transcrever depois.

Então, é de fundamental importância que a escola ensine aos alunos não somente o aspecto formal da escrita, mas também como fazer bom uso dela e o porquê da sua importância. Os professores (sejam eles de qualquer disciplina, uma vez que a escrita e leitura são o canal principal da aquisição do conhecimento) devem estimular os alunos a compreender textos, interpretá-los e a levantar hipóteses sobre eles. Além disso, deve-se incentivar os alunos a usar a criatividade e desenvolver seus próprios textos, sejam eles sobre qualquer assunto. Somente desta maneira o aprendizado da escrita se dá por completo e funciona como alavanca para o sucesso em diversas áreas não se tornando um processo maçante, mecânico e sem propósito.

Bibliografia

CARVALHO, Denise Maria. *Usos e funções da escrita: O saber da criança e o fazer da escola.* http://www.educacaoonline.pro.br/usos_e_funcoes.asp, capturado em 07/06/2005 16:54:54
CONDEMARIN, Mabel; CHADWICK, Mariana; *Escrita criativa e formal.* Porto Alegre: Artes Médicas, 1987.
CORDIÉ, Anny. *Os atrasados não existem: psicanálise de crianças com fracasso escolar.* Porto Alegre: Artes Médicas, 1996
FERREIRO, Emília. *Reflexões sobre a alfabetização.* São Paulo: Cortez, 2000.

GERALDI, João Wanderley (org.) *O texto na sala de aula: leitura e produção*. São Paulo, Ática, 1999.
HIGOUNET, Charles. *História concisa da escrita*. São Paulo: Parábola, 2003.
PEDROSA, Maria da Graça Silva Pedrosa. *A apropriação da palavra escrita como condicionante do sucesso escolar em um enfoque psicanalítico*. Parte da monografia apresentada como conclusão do Curso Psicanálise, Infância e Educação, realizado na faculdade de Educação da USP/ LEPSI no ano de 2002.

Do Fetiche ao Espetáculo: um Breve Comentário acerca da Alienação Coletiva sob o Domínio da Mercadoria

Luiz Felipe dos Santos Pinto Garcia

Assim como o sistema capitalista se produz e reproduz economicamente a uma escala cada vez mais alargada, também, no decurso da evolução do capitalismo, a estrutura de reificação penetra cada vez mais profundamente, fatalmente, constitutivamente, na consciência dos homens.

Lukács

No mundo realmente invertido, a verdade é um momento do que é falso.

Debord

O objetivo deste texto é fazer uma história do desenvolvimento do conceito de fetichismo da mercadoria, analisando e contextualizando esse conceito a partir de três autores, em três momentos históricos distintos:

Marx, o primeiro a desenvolver o conceito, Benjamin e a reprodutibilidade técnica da obra de arte e Debord e a sociedade do espetáculo. Os textos que serviram de base para essa discussão foram algumas teorias de Marx (capítulos 1 e 24 do Capital, vol.1) e Benjamin, A Obra de Arte na Época da Sua Reprodutibilidade Técnica, bem como o livro Sociedade do Espetáculo *de Debord e o texto "História e Consciência de Classe" de Lukács, conversa com amigos, bebedeiras em bares, observações próprias e outras coisas mais.*

Como diz Benjamin, logo no início de *A Obra de Arte na Época de Sua Reprodutibilidade Técnica*, "*Quando Marx empreendeu sua análise do modo de produção capitalista esse modo de produção ainda estava em seus primórdios (...), remontou relações fundamentais da produção capitalista e, ao descrevê-las, previu o futuro do capitalismo*". Uma dessas "relações fundamentais" percebidas por Marx na sua análise do capitalismo foi com certeza o caráter fetichista da mercadoria, pois, ao descrever esse caráter da mercadoria, percebeu o poder que o modo de produção capitalista tem sobre as relações sociais e as relações entre as pessoas e a realidade. Para Marx, o caráter fetichista era inerente à mercadoria, ou seja, à própria produção de objetos de maneira privada. A origem do fetichismo da mercadoria está no trabalho alienado, fragmentado, em que o produtor domina apenas uma parte da produção e trabalha isoladamente, sem relação com as outras pessoas. Dessa maneira, o produtor não se reconhece naquilo que produziu, a mercadoria "*reflete aos homens as características sociais de seu próprio trabalho como características objetivas dos próprios produtos de trabalho* **como propriedades naturais** *sociais dessas coisas, por isso também reflete a relação social dos produtores com o trabalho total como uma relação social existente fora deles, entre objetos...*". É a emancipação da mercadoria e o aprisionamento das pessoas fora da realidade, que passa a ser a da mercadoria.

No sistema produtor de mercadorias, a relação social se dá no momento da troca da mercadoria pelo equivalente universal (dinheiro) que iguala e, portanto, abstrai o trabalho real que existe por trás da coisa. Com as relações sociais mediadas pelas mercadorias, que refletem de forma distorcida essas mesmas relações, os indivíduos relacionam-se de maneira indireta, o que equivale a dizer que eles não se relacionam, o que faz com que a produção se torne cada vez mais alienada, já que se produz não se sabe para quem nem com qual finalidade. Marx descreve esses processos no momento em que na Europa o modo capitalista está se consolidando como hegemônico, a organização fabril do trabalho ainda está nas suas primeiras experiências, o Estado capitalista está dando seus primeiros passos como gestor dessa sociedade, a superespecialização do trabalho ainda é um horizonte pouco definido, a produção de mercadorias ainda está restrita a alguns bens de consumo. Portanto, eram basicamente esses produtos que Marx analisava para compreender a sociedade capitalista nascente.

Com o desenvolvimento das forças produtivas, a maior necessidade de circulação e, portanto, de produção das mercadorias, aliado ao desenvolvimento dos meios de comunicação (que se tornam propagandistas da mercadoria), faz-se necessário aumentar o consumo, mercantilizando coisas que até então não eram produzidas no modo capitalista e ampliando a mediação e a mercantilização da vida. A reprodutibilidade técnica da obra de arte abriu caminho para que esta se torne a nova mercadoria. Para Benjamin, a forma mais acabada dessa forma de arte é o cinema que, assim como as demais mercadorias, tem a troca e não o uso (culto) como sua finalidade. Ao perceber a mercantilização da arte, Benjamin apropria-se do conceito de fetichismo da mercadoria e o aplica ao desenvolvimento do capitalismo e sua apropriação da arte.

Penso que duas discussões explicam bem o que eu quero dizer: a discussão sobre a autenticidade e sobre a destruição da aura da obra de arte. Quando discute a autenticidade da obra de arte, Benjamin diz que *mesmo na reprodução mais perfeita, um elemento está ausente: o aqui e agora da obra de arte, sua existência única, no lugar em que ela se encontra. É nessa existência única, e somente nela, que se desdobra a história da obra.* A obra aparentemente se torna mais próxima do espectador, transformado agora em consumidor; mas essa aparente proximidade é vazia, pois a obra aparece descontextualizada, separada daquelas relações sociais que são partes constitutivas da sua criação; é a destruição da aura. É nesse movimento que a obra de arte deixa a práxis do ritual e passa para a práxis política. A obra perde o seu valor de culto e ganha valor de exposição, que, graças à reprodutibilidade, passa a ser sua comercialização. Essa conceitualização é muito próxima da definição de Marx das coisas como mercadorias fetichizadas, já que estas também aparecem como entes que se relacionam de maneira autônoma em relação aos seus produtores e que têm o seu principal fim na sua própria reprodução como produto gerador de lucro (produto final do modo de produção capitalista) e não algo a ser produzido para suprir necessidades de determinada coletividade.

A arte descontextualizada, mercantilizada, passa a existir como práxis política (entendida aqui como disputa pela gestão da sociedade), não mais cumpre o papel de culto que tinha antes, ela se transforma na exposição massificada dos valores de quem a produz. O cinema, no qual a distribuição massificada está implícita na produção (assim como nas demais mercadorias), deixa claro isso. Na época em que Benjamin escreve, é ele o meio de comunicação (ou seria a obra de arte???) de que tanto o capitalismo fascista quanto o democrata se utilizam para vender suas mercadorias e suas ideologias. Isso se torna ainda mais evidente se levarmos em conta que o cinema se utiliza de recursos puramente técnicos para expressar uma representação como sendo a própria realidade, servindo para a reprodução de modelos dos valores daqueles que controlam o enorme capital necessário para se fazer um filme.

Muito mais direta é a relação entre o conceito de sociedade do espetáculo, criado por Debord na década de 1960, e o conceito de fetichismo da mercadoria. Segundo o próprio Debord: *O princípio do fetichismo da mercadoria, a dominação da sociedade por "coisas supra-sensíveis embora sensíveis", realiza-se completamente no espetáculo, no qual o mundo sensível é substituído por uma seleção de imagens que existe acima dele, e que ao mesmo tempo se faz reconhecer como o sensível por excelência.* É a sociedade completamente dominada pela mercadoria fetichizada fruto do trabalho alienado. Enquanto Marx viveu e analisou a produção dos bens de consumo transformados em mercadorias e Benjamin, a obra de arte, Debord presenciou e analisou todo o conjunto das relações humanas transformadas em relações mercantis.

Com a produção cada vez mais mecanizada pelo avanço tecnológico do capitalismo, torna-se necessária a transformação de outras esferas da vida em mercadorias. O espetáculo, através, principalmente, dos meios de comunicação de massa, transforma a própria vida em mercadoria. As opções de vida tornam-se as opções de se consumir as mercadorias que circulam, por meio dessa inversão, que se tornam a realidade objetiva dos homens. Realidade distorcida, invertida, já que a produção e a circulação das mercadorias apenas apresentam o conjunto das relações sociais da maneira fragmentada da sociedade. Na superprodução do capitalismo avançado, tudo precisa ser consumido. O lazer passa a ser um serviço, uma mercadoria. O sexo transforma-se em mercadoria na medida em que se criam mercadorias sem as quais o sexo não pode ser realizado. Será que você vai trepar com alguém se você não usar a gilete Prestobarba XIII, ou se você não usar a calcinha mega-bunda? A realização pessoal, a felicidade, é alcançada pelo consumo ou pela simples promessa do consumo.

Se no final do século XIX a mercadoria conquista sua autonomia, no final do século XX ela se impõe aparentemente como a gestora e regente da sociedade. É nela que se esconde a relação real de dominação existente na sociedade capitalista contemporânea, onde a relação entre produtores é ainda mais mediada e invertida, tanto pelo desenvolvimento da tecnologia quanto pelas novas formas de produção fabril, por meio, por exemplo, da descentralização da produção, mas não do capital. Nesse contexto, surge a comunicação mercantilizada como monopólio exclusivo daqueles que detêm o capital. Toda a estrutura da sociedade passa a ser um instrumento do consumo alienado e infinito, vendido como o apanágio de todas as infelicidades. A mercadoria passa a ser o exemplo, ela deve estar contida no produtor e o produtor não deve estar contido nela. O ideal é que não se tenha mais produtores de mercadoria, e sim promotores e distribuidores da mercadoria, os prestadores de serviço. Esse processo é duplamente vantajoso, já que permite o emprego da mão-de-obra, cada vez mais desnecessária na produção, e amplia a capacidade de reprodução da mercadoria de maneira mais fetichizada e alienada, já que o prestador de serviço não tem nenhuma relação com o produto que ele vende.

Ao escolher o conceito de fetiche da mercadoria como eixo da análise dos três autores, pretendi analisar o desenvolvimento do capitalismo a partir da sua capacidade de apresentar de maneira distorcida as relações sociais. Creio que tanto a reprodutibilidade técnica da obra de arte quanto a sociedade do espetáculo se apropriam do conceito de fetichismo da mercadoria para descrever o desenvolvimento do capitalismo em períodos posteriores a Marx. Eles representam um aprofundamento da crítica marxista ao capitalismo e à mercadoria principalmente por encontrarem o processo de mercantilização da vida com um poder hegemônico totalizante, de esfera global, principalmente no caso de Debord.

A Utilização de Textos Alternativos para o Ensino da Biologia na Sala de Aula

Utabajara Rodrigues Pinto

O objetivo deste trabalho é mostrar aos professores de Biologia a possibilidade do uso de textos contextualizados, como alternativa ou complemento ao livro didático no sentido de proporcionar aos alunos condições de acesso a uma compreensão conceitual e formal consistente do pensamento científico.

Introdução

Na área das ciências, sobretudo em Biologia, apesar da tentativa de alguns autores, há muito vimos sentindo a falta de um material de apoio que possa substituir o velho e anacrônico livro didático, cuja leitura possa levar o leitor ao raciocínio lógico inerente ao pensamento científico e, simultaneamente, possibilite a exploração da inteligência emocional do aluno levando-o a discutir situações, identificar problemas, levantar hipóteses e, principalmente, propor soluções.

"O estudo das Ciências da Natureza, essencial para a compreensão da vida e do mundo em que vivemos, por sua rara beleza de conteúdo, poderia, por si só, tornar seu aprendizado agradável. No entanto, toda essa beleza é prejudicada por mecanismos pedagógicos inadequados que, freqüentemente, são usados no ensino dessas ciências, impondo aos alunos um amontoado de fórmulas e conceitos antes mesmo de terem compreendido os fenômenos a que tais fórmulas e conceitos devem corresponder." (*Física I: Mecânica*/GREF, 1990, p. 16.)

Com a utilização de temas contextualizados, como estes textos que apresento, vamos, de forma sutil, formulando os princípios gerais das Ciências da Natureza e possibilitando a percepção de sua utilidade e de sua universalidade. Assim, tentamos proporcionar a todos os alunos iguais condições de acesso a uma compreensão conceitual e formal consistente, essencial para sua cultura.

Espero conseguir demonstrar aos colegas professores que redigir textos para suas próprias aulas não deve ser encarado como um "bicho de sete cabeças", uma tarefa enfadonha ou às vezes uma obrigação formal, mas sim como um dos momentos mais importantes de sua preparação para entrar em sala de aula. Esta é uma atividade que exige muita criatividade e flexibilidade, mas que, ao longo da prática, lhe dará em troca uma enorme satisfação.

A utilização desses textos em sala de aula além, de servir para interpretações individuais dos alunos ou em dinâmicas de grupos, pode também ser trabalhada em atividades interdisciplinares e ainda como processo de avaliação, ajudando o professor a romper com as clássicas provas na forma de perguntas e respostas, do certo e errado, do falso e verdadeiro.

Conforme Ronca (1992):

O texto tem por meta apresentar o contexto, tornando a análise obrigatoriamente mais profunda e abrangente. Nesta técnica de avaliação, ler torna-se exercício obrigatório.

A contextualização impressa nas questões impõe ao aluno que deixe de lado a simples ação da memorização para poder colocá-la (a ação) a serviço e em função do que foi lido. A relação que se estabelece já não é mais leitor-pergunta, mas, leitor-contexto, via texto.

Nas questões que formulamos a partir desses textos, o mundo é apresentado ao aluno através de um leque aberto de assuntos e fatos. A tarefa primordial de cada questão é discutir o mundo em que vivemos cuja temática é sempre a da existência.

Só poderão, pois, sair-se bem neste tipo de avaliação aqueles que lêem, opinam, discutem, argumentam, que estão inseridos dinamicamente no mundo, na vida. Os que têm projetos.

Não tenho a pretensão de afirmar que este processo seja o mais adequado. Para mim ele representa apenas um ponto de partida para maior reflexão sobre avaliação, um estímulo para adaptá-lo às situações concretas e um incentivo para criarmos novos processos.

De acordo com Bordenave e Pereira (1978):

> Em todo momento o professor deve lembrar que o propósito real da avaliação não é premiar ou punir o aluno, mas ajudá-lo a conhecer seu progresso real no difícil caminho da aprendizagem.

Os textos que apresento a seguir, com as respectivas sugestões de avaliação, vêm sendo trabalhados por mim e por outros colegas em diversas escolas e têm apresentado resultados muito positivos. O primeiro, sobre ecologia e botânica, é uma alusão aos 500 anos do nosso Brasil, uma terra vasta e bela onde tudo era perfeito até a chegada dos exploradores que se diziam descobridores. Uma terra que, ao contrário do que diziam os antigos historiadores, não foi descoberta, mas invadida, saqueada e seus verdadeiros donos escravizados. Mas, apesar de tudo, após tantos anos, o povo que ali se desenvolveu ainda mantém a esperança de ver novamente aquele "paraíso perdido" fulgurar como um "florão da América".

O segundo texto faz uma analogia entre o que seria a invasão de um ser extraterrestre no planeta Terra e a de um parasita no organismo humano, comparando assim, metaforicamente, uma patologia social com uma patologia orgânica de ocorrência muito atual.

O Paraíso Perdido (Texto 1)

Havia antigamente uma grande terra que estava perdida em plena América do Sul. Sua fauna e flora acumulavam exemplares que constituíam a mais rica biodiversidade do Planeta, em perfeito equilíbrio ecológico (homeostase). Frondosas árvores contrastavam com a vegetação diminuta que, nas regiões úmidas e sombrias, cobria o solo como se fosse um suave tapete verde. Belas samambaias serviam de adornos nas pequenas ocas e malocas que eram habitadas pela população autóctone. Enormes lagos de água cristalina ficavam escondidos entre árvores, pássaros, flores e o verde do plâncton. Vastas e variadas florestas completavam a comunidade autótrofa daquele lugar. Lá, quando caía a tarde, bandos de aves migravam para seus ninhos criando o mais lindo cenário natural do Mundo e o mais belo festival de cores e planos. Contudo, sabemos que a perfeição não é estável. Na natureza tudo é relativo e, em diferentes aspectos, tudo muda o tempo todo. Para isso, ela conta com a ajuda de sua obra mais perfeita: O SER HUMANO. Para o homem, nenhum lugar pode ser tão belo impunemente e assim seria ali também.

Em um domingo de Páscoa, ancorou naquelas terras uma frota formada por treze embarcações. Delas desceram muitos homens de aspecto não muito agradável. Estavam famintos, exaustos e agressivos. Mesmo assim, ao verem toda aquela exuberante natureza, ficaram felizes e abismados. Acreditavam ter chegado ao paraíso. Criam que haviam descoberto aquele horizonte perdido e, por isso, proclamaram-se donos do lugar. Assim, logo foram se instalando. Construíram uma pequena vila usando uma madeira de cor vermelha, extraída de árvores nativas muito abundantes na região e, também, a mão-de-obra gratuita dos legítimos donos da "casa". Ali começaram os primeiros passos de uma exploração avassaladora.

A natureza estava assustada. PINDORAMA fora invadido. Algumas florestas, amedrontadas, faziam um enorme silêncio ante a iminente devastação. Afinal, suas árvores, além de não "dar frutos", tinham troncos que eram excelentes fontes de madeira de lei. Outras, no entanto, eram de árvores com frutos jamais vistos ou saboreados por aqueles homens e talvez, por isso, pudessem ser preservadas.

A cada dia chegavam mais e mais imigrantes – homens e mulheres. Alguns para mandar, outros para obedecer. Alguns para ficarem deitados ao som do mar e à sombra, outros para trabalhar sob a luz do sol profundo... e foi assim durante 500 anos. Mas, dessa miscigenação, surgiu um povo e uma Nação. Um povo heróico que não foge à luta e que não teme, sequer, a própria morte... que sofre e, ainda assim, é feliz. De gente que ainda alimenta a esperança de ter novamente aquela Pátria. Um país onde existam "campos com mais flores... bosques com mais vida... e vidas em seu seio com mais amores". Enfim, que essa TERRA volte a ser o BRASIL.

Utabajara Rodrigues Pinto

Sugestão de questões para avaliação

1. No primeiro parágrafo, no trecho: *"a vegetação diminuta que, nas regiões úmidas e sombrias, cobria o solo como se fosse um suave tapete verde"*, o autor se refere a que grupo de plantas? Justifique sua resposta.
2. Destaque no texto o trecho em que o autor cita exemplos de uma pteridófita.
   - O exemplo citado é um gametófito ou esporófito? Por quê?
   - Suas células devem ser haplóides ou diplóides? Justifique.
3. No primeiro parágrafo do texto apresentado, que grupos vegetais podemos destacar na seguinte frase:

   "ficavam escondidos entre árvores, pássaros, flores e o verde do plâncton". Justifique sua resposta.
4. No penúltimo parágrafo, analise o seguinte trecho: *"Algumas florestas, amedrontadas, faziam um enorme silêncio ante a iminente devastação. Afinal, suas árvores, além de não 'dar frutos', tinham troncos que eram excelentes fontes de madeira de lei".*

   (a) Que grupo vegetal está claramente representado neste trecho?

   (b) Em que você se baseou para responder o item a?

   (c) Por que as florestas com esse tipo de vegetação são, do ponto de vista biológico, "**silenciosas**"?
5. Em que trecho do texto apresentado o autor se refere às angiospermas? Justifique.

O Invasor (Texto 2)

Em uma belíssima cidade, dona do mais lindo cenário da Natureza, uma população vivia tranqüila e feliz. Porém, subitamente, o local foi invadido por um ser extraterrestre. Esse incrível **invasor** chegou, sorrateiramente, em um dia de festa... em um dia em que a população estava tão eufórica que nem se preocupava com quem chegava ou saía. Valendo-se desse momento, o extraterrestre entrou e, por algum tempo, ficou bem quietinho, sem se manifestar, mas, logo, logo, como em um passe de mágica, ele se multiplicou dando origem a "cópias" exatamente iguais. Transformara-se em uma quadrilha de bandidos, um bando de vândalos, saqueadores e assassinos inconseqüentes. Aos poucos, agindo como um "arrastão", foram assaltando as casas, os cidadãos, e, assim, as pessoas iam perdendo seus parentes e amigos que, a cada dia, eram cruelmente assassinados. As fábricas perdiam seus melhores operários. Os hospitais perdiam seus melhores médicos. As escolas perdiam seus melhores mestres. Enfim, a cidade perdia seus filhos mais queridos. Os soldados da Polícia e do Corpo de Bombeiros foram todos dominados pelos bandidos e trancafiados em seus quartéis e de lá nada podiam fazer para defender a população e o patrimônio público. O governo, indefeso, sem ter mais com quem contar, perdeu o controle da situação... Estabeleceu-se a desordem e sobreveio, então, o caos. A população, exposta ao perigo e à ação de outros bandidos invasores oportunistas, começou a entrar em pânico e a abandonar suas tarefas básicas. Os operários abandonaram seus empregos, as crianças já não iam para as escolas, os médicos abandonaram os hospitais e mais e mais pessoas morriam. Os serviços públicos já não funcionavam como antes e a população sofria. O serviço de transporte funcionava precariamente. A central de abastecimento – Ceasa – já não tinha como distribuir os alimentos para os supermercados e daí para a população.

Além de toda essa patologia social, o local era ainda discriminado pelas outras cidades que temiam aqueles malditos bandidos. Essas cidades vizinhas sabiam que aqueles parasitas tentariam migrar para outros locais, quando já não mais tivessem o que explorar ali, afinal, isso era óbvio, os parasitas se comportam assim.

O era mais frustrante, todavia, a constatação de que aqueles seres extraterrestres eram imunes às nossas armas. Toda a ciência, em um esforço concentrado, trabalhava na tentativa de criar uma arma capaz de destruí-los, mas isso ainda não fora possível. Naquele momento a única coisa que, realmente, podia ser feita, era evitar que eles atravessassem a fronteira e esperar..., esperar que a Ciência, embora com muitas vítimas, conseguisse, finalmente, vencer a guerra e os expulsasse para bem longe dali, para outra galáxia onde não existisse vida.

Embora possa parecer ficção, esta história, infelizmente, é real e atual. Contudo, tenho fé... Fé em Deus e na Ciência de que, em um breve amanhã, ao criar outros textos, eu possa então escrever:
"Era uma vez um vírus chamado **HIV**..."

Utabajara Rodrigues Pinto

Sugestão de questões para avaliação

1. Na analogia feita neste texto, o autor descreve uma **DST** (doença sexualmente transmitida). Qual é essa doença? Qual a principal característica dessa doença que você pode identificar no texto?
2. O que seria essa belíssima cidade e a população a que se refere o autor, respectivamente?
3. Qual seria esse invasor? Justifique sua resposta.
4. Em que trecho está evidente a principal característica da ação desse invasor?
5. Em que trecho fica evidente a falta de prevenção nas relações sexuais?
6. Na frase: *"A população, exposta ao perigo e à ação de outros bandidos invasores oportunistas"* Quais seriam esses *"outros bandidos"* a que se refere o autor?
7. Na frase: *"O governo, indefeso, sem ter mais com quem contar, perdeu o controle da situação... Estabeleceu-se a desordem e sobreveio, então, o caos"*, o que seria o Governo?
8. O que o autor critica com a seguinte frase: *"o local era ainda discriminado pelas outras cidades que temiam aqueles malditos bandidos. Essas cidades vizinhas sabiam que aqueles parasitas tentariam migrar para outros locais, quando já não mais tivessem o que explorar ali"*?
9. O que o autor tentou alertar ao dizer: *"aqueles seres extraterrestres eram imunes às nossas armas"*?
10. Em que frase o autor alerta para a necessidade de usar preservativos nas relações sexuais como forma eficiente de evitar a contaminação?

Bibliografia

ABREU, M.C.T.A. & MASETTO, M.T. *O professor universitário em aula*. 3 ed. São Paulo:MG Editores Associados,1983.
BORDENAVE, J.D. & PEREIRA, M. *Estratégias de ensino-aprendizagem*. Petrópolis: Vozes, 1978.
GREF. *Física I: Mecânica*. 2 ed. São Paulo; Edusp, 1991.
RONCA, Paulo Afonso & TERZI, Cleide Alves. *A Prova Operatória*. 2 ed. São Paulo: Edesplan,*1992*.

Leitura Recomendada

Não Tropece na Língua
As Maiores Confusões da Língua Portuguesa
Alceu Leite Ribeiro
Não Tropece na Língua é um livro que oferecerá ao leitor um conhecimento mais abrangente sobre a Língua Portuguesa. O objetivo do autor é dar importantes dicas que nos ajudarão a evitar os erros mais comuns que cometemos quando vamos elaborar um texto, seja ele escrito ou falado.

Manual de Inteligência Emocional
Curso Intensivo com Exercícios Práticos
Denis Bridoux, Patrick E. Merlevede e Rudy Vandamme
Nessa obra, o leitor encontrará elementos vinculados tanto à Inteligência Emocional (IE) quanto à Inteligência Clássica (QI). Aprenderá a definir objetivamente um problema, encontrando soluções inteligentes e maneiras eficazes de colocá-las em prática. Além disso, irá entender até que ponto as inteligências (QI e IE) estão interligadas.

Aprender com Mapas Mentais
Uma Estratégia para Pensar e Estudar
Ontoria, A. de Luque e J. P. R. Gómez
Esse livro mostra como os mapas mentais constituem uma técnica que contribui para o funcionamento do cérebro e faz com que ele atinja um maior rendimento por meio da estimulação do pensamento e do uso de imagens, símbolos, cores e palavras.

Conjugação de Verbos para Concursos
Sandra Ceraldi Carrasco
Conjugação de Verbos para Concursos contém um subsídio vasto e prático sobre todas as conjugações verbais. Você poderá utilizar esse material didático como parâmetro para o desenvolvimento intelectual a fim de garantir êxito, seja em concursos, na escola ou mesmo no dia-a-dia.

VISITE NOSSO SITE: www.madras.com.br

MADRAS Editora ® CADASTRO/MALA DIRETA

Envie este cadastro preenchido e passará a receber informações dos nossos lançamentos, nas áreas que determinar.

Nome _____
RG _____ CPF _____
Endereço Residencial _____
Bairro _____ Cidade _____ Estado ____
CEP _____ Fone _____
E-mail _____
Sexo ❑ Fem. ❑ Masc.   Nascimento _____
Profissão _____ Escolaridade (Nível/Curso) _____

Você compra livros:
❑ livrarias   ❑ feiras   ❑ telefone   ❑ Sedex livro (reembolso postal mais rápido)
❑ outros: _____

Quais os tipos de literatura que você lê:
❑ Jurídicos   ❑ Pedagogia   ❑ Business   ❑ Romances/espíritas
❑ Esoterismo   ❑ Psicologia   ❑ Saúde   ❑ Espíritas/doutrinas
❑ Bruxaria   ❑ Auto-ajuda   ❑ Maçonaria   ❑ Outros:

Qual a sua opinião a respeito dessa obra? _____
_____

Indique amigos que gostariam de receber MALA DIRETA:
Nome _____
Endereço Residencial _____
Bairro _____ Cidade _____ CEP _____

Nome do livro adquirido: *Os Caminhos da Ciência e os Caminhos da Educação*

Para receber catálogos, lista de preços e outras informações, escreva para:

MADRAS EDITORA LTDA.
Rua Paulo Gonçalves, 88 — Santana — 02403-020 — São Paulo/SP
Caixa Postal 12299 — CEP 02013-970 — SP
Tel.: (11) 6281-5555/6959-1127 — Fax.:(11) 6959-3090
www.madras.com.br

Este livro foi composto em Times New Roman, corpo 11/12.
Papel Offset 75g
Impressão e Acabamento
Assahi Gráfica e Editora Ltda. – Rua Luzitania, 306 – Vila Luzitania
CEP 09725-150 – Tel.: (0_ _11) 4123-0455